Paris
1890

Friedrich von Schiller

Guillaume Tell

PRIX 2 F

GUILLAUME TELL

DRAME

DE FR. SCHILLER

TRADUCTION FRANÇAISE

PAR TH. FIX

AVEC LE TEXTE ALLEMAND

PARIS

LIBRAIRIE HACHETTE ET Cie

79, BOULEVARD SAINT-GERMAIN, 79

1899

GUILLAUME TELL

DRAME

DE FR. SCHILLER

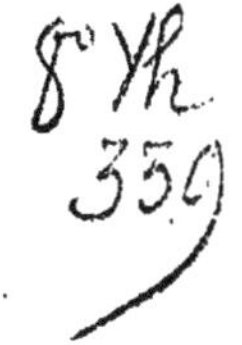

A LA MÊME LIBRAIRIE :

21367. — Imprimerie Lahure, rue de Fleurus, 9, à Paris.

GUILLAUME TELL

DRAME

DE FR. SCHILLER

TRADUCTION FRANÇAISE

PAR TH. FIX

AVEC LE TEXTE ALLEMAND

PARIS

LIBRAIRIE HACHETTE ET Cie

79, BOULEVARD SAINT-GERMAIN, 79

1890

Wilhelm Tell.

GUILLAUME TELL.

Personen.

Hermann Geßler, Reichsvogt in Schwytz und Uri.
Werner, Freiherr v. Attinghausen, Bannerherr.
Ulrich von Rudenz, sein Neffe

Werner Stauffacher,	Landleute aus Schwytz.
Konrad Hunn,	
Itel Reding,	
Hans auf der Mauer,	
Jörg im Hofe,	
Ulrich der Schmidt,	
Jost von Weiler,	
Walther Fürst,	aus Uri.
Wilhelm Tell,	
Rösselmann, der Pfarrer,	
Petermann, der Sigrist,	
Kuoni, der Hirt,	
Werni, der Jäger,	
Ruodi, der Fischer,	

PERSONNAGES.

HERMANN GESSLER, bailli de l'empereur à Schwytz et à Uri.
WERNER, baron d'Attinghausen, seigneur banneret.
ULRICH DE RUDENZ, son neveu.

WERNER STAUFFACHER,	habitants de Schwytz.
CONRAD HUNN,	
ITEL REDING,	
JEAN AUF DER MAUER,	
JOERG IM HOF,	
ULRICH SCHMIDT,	
JOSSE DE WEILER,	
WALTHER FURST,	habitants d'Uri.
GUILLAUME TELL,	
ROESSELMANN, le curé,	
PETERMANN, le sacristain,	
KUONI, le berger,	
WERNI, le chasseur,	
RUODI, le pêcheur,	

Arnold vom Melchthal,
Konrad Baumgarten,
Meier von Sarnen,
Struth von Winkelried, } aus Unterwalden.
Klaus von der Flüe,
Burkhart am Bühel,
Arnold von Sewa,
Pfeiffer von Luzern.
Kunz von Gersau.
Jenni, Fischerknabe.
Seppi, Hirtenknabe.
Gertrud, Stauffachers Gattin.
Hedwig, Tells Gattin, Fürsts Tochter.
Bertha von Bruneck, eine reiche Erbin.
Armgart,
Mechthild, } Bäuerinnen.
Elsbeth,
Hildegard,
Walther, } Tells Knaben.
Wilhelm,

ARNOLD DU MELCHTHAL,
CONRAD BAUMGARTEN,
MEIER DE SARNEN,
STRUTH DE WINKELRIED, } habitants d'Unterwalden.
NICOLAS DE FLUE,
BURKHARDT DU BUHEL,
ARNOLD DE SEWA,
PFEIFFER, de Lucerne.
KUNZ, de Gersau.
JENNI, jeune pêcheur.
SEPPI, jeune berger.
GERTRUDE, femme de Stauffacher.
HEDWIG, femme de Tell, fille de Furst.
BERTHE DE BRUNECK, riche héritière.
HERMENGARDE,
MATHILDE, } paysannes.
ELISABETH,
HILDEGARDE,
WALTHER, } fils de Tell.
GUILLAUME,

Frießhardt, } Söldner.
Leuthold, }
Rudolph der Harras, Geßlers Stallmeister.
Johannes Parricida, Herzog von Schwaben.
Stüssi, der Flurschütz.
Der Stier von Uri.
Ein Reichsbote.
Frohnvogt.
Meister Steinmetz, Gesellen und Handlanger.
Oeffentliche Ausrufer.
Barmherzige Brüder.
Geßlerische und Landenbergische Reiter.
Viele Landleute, Männer und Weiber aus den Waldstädten.

FRIESSHARDT, } soldats de Gessler.
LEUTHOLD, }
RODOLPHE HARRAS, écuyer de Gessler.
JEAN LE PARRICIDE, duc de Souabe.
STUSSI, le messier.
La trompe d'Uri.
Un messager de l'empire.
Un piqueur de corvée.
Un maître tailleur de pierres, des compagnons, des manœuvres.
Un crieur public.
Des frères de la charité.
Des cavaliers de Gessler et de Landenberg.
Des paysans et des paysannes des trois cantons.

Erster Aufzug.

Erste Scene.

Hohes Felsenufer des Vierwaldstädtersees, Schwytz gegenüber. Der See macht eine Bucht ins Land, eine Hütte ist unweit dem Ufer, Fischerknabe fährt sich in einem Kahn. Ueber den See hinweg sieht man die grünen Matten, Dörfer und Höfe von Schwytz im hellen Sonnenschein liegen. Zur Linken des Zuschauers zeigen sich die Spitzen des Haken, mit Wolken umgeben; zur Rechten im fernen Hintergrund sieht man die Eisgebirge. Noch ehe der Vorhang aufgeht, hört man den Kuhreihen und das harmonische Geläute der Heerdenglocken, welches sich auch bei eröffneter Scene noch eine Zeitlang fortsetzt.

Fischerknabe (singt im Kahn).

(Melodie des Kuhreihens.)

Es lächelt der See, er ladet zum Bade,
Der Knabe schlief ein am grünen Gestade,

ACTE PREMIER.

SCÈNE I.

Le théâtre représente les rochers escarpés qui bordent le lac des Quatre-Cantons, en face de Schwytz. Le lac forme une baie en s'avançant dans les terres. Près du rivage est une cabane; un jeune pêcheur conduit sa barque sur l'eau. Au delà du lac, on aperçoit les vertes prairies, les villages, et les métairies de Schwytz éclairées par les rayons du soleil. A gauche du spectateur se découvrent les pics du Haken entourés de nuages; à droite, dans un arrière-plan lointain, on aperçoit les glaciers. Avant que le rideau se lève, on entend le ranz des vaches et le bruit harmonieux des clochettes de troupeaux, qui se prolonge encore après que la toile est levée.

LE JEUNE PÊCHEUR *chante dans sa barque sur l'air du ranz des vaches.* « Le lac sourit, il invite à se baigner. L'enfant s'était endormi sur le gazon du rivage; il entend alors une harmonie aussi

Da hört er ein Klingen,
Wie Flöten so süß,
Wie Stimmen der Engel
Im Paradies.
Und wie er erwachet in seliger Lust,
Da spülen die Wasser ihm um die Brust,
Und es ruft aus den Tiefen:
Lieb Knabe, bist mein!
Ich locke den Schläfer,
Ich zieh' ihn herein.

Hirt (singt auf dem Berge).

(Variation des Kuhreihens.)

Ihr Matten, lebt wohl,
Ihr sonnige Weiden!
Der Senne muß scheiden
Der Sommer ist hin.
Wir fahren zu Berg, wir kommen wieder,
Wenn der Kukuk ruft, wenn erwachen die Lieder,
Wenn mit Blumen die Erde sich kleidet neu,
Wenn die Brünnlein fließen im lieblichen Mai.
Ihr Matten, lebt wohl,
Ihr sonnige Weiden!
Der Senne muß scheiden;
Der Sommer ist hin.

« douce que celle de la flûte, douce comme les voix des anges dans le « paradis; à l'instant où il s'éveille dans un céleste ravissement, les « vagues ondulaient autour de sa poitrine, et une voix sortant du « fond des eaux lui dit: Cher enfant, tu es à moi; je te surprends « dans ton sommeil, je t'attire en mon séjour. »

UN BERGER *chante sur la montagne. Variation du ranz des vaches.* « Adieu, pâturages, prairies dorées par le soleil; il faut que « le berger vous quitte, l'été s'est enfui. Nous reviendrons à la mon- « tagne, nous reviendrons alors que le coucou se fait entendre, quand « les chants se réveillent, quand la terre se revêt de fleurs nouvelles, « quand les ruisseaux coulent au doux mois de mai. Adieu, pâturages, « prairies dorées par le soleil; il faut que le berger vous quitte; l'été « s'est enfui. »

Alpenjäger

(erscheint gegenüber auf der Höhe des Felsens.)
(Zweite Variation.)

Es donnern die Höhen, es zittert der Steg,
Nicht grauet dem Schützen auf schwindligem Weg;
Er schreitet verwegen
Auf Feldern von Eis;
Da pranget kein Frühling,
Da grünet kein Reis;
Und unter den Füßen ein nebliges Meer,
Erkennt er die Städte der Menschen nicht mehr;
Durch den Riß nur der Wolken
Erblickt er die Welt,
Tief unter den Wassern
Das grünende Feld.

(Die Landschaft verändert sich, man hört ein dumpfes Krachen von den Bergen, Schatten von Wolken laufen über die Gegend.)

Ruodi, der Fischer, kommt aus der Hütte. Werni, der Jäger, steigt vom Felsen. Kuoni, der Hirt, kommt mit dem Melknapf auf der Schulter. Seppi, sein Handbub, folgt ihm.

Ruodi.

Mach' hurtig, Jenni! Zieh' die Naue ein!

UN CHASSEUR DES ALPES *paraît en face sur le haut des rochers. Seconde variation.* « Les glaciers tonnent, le sentier tremble; le « chasseur poursuit sans crainte sa route effrayante : il s'avance hardiment sur des champs de glace. Là, nul printemps n'étale sa ma- « gnificence, là ne verdoie nul rameau. Une mer de nuages sous ses « pieds, il ne reconnaît plus les cités des hommes; il n'aperçoit le « monde qu'à travers la déchirure des nuages, et loin au-dessous des « torrents les vertes campagnes. »

(*L'aspect du paysage change, on entend un bruit sourd dans les montagnes, et des nuages courent sur la contrée.*)

RUODI, *le pêcheur, sort de sa cabane.* WERNI, *le chasseur, descend des rochers.* KUONI, *le berger, s'avance, portant sur l'épaule un vase de lait.* SEPPI, *son jeune valet, le suit.*

RUODI. Hâte-toi, Jenni, amène la barque; l'orage approche; le

Der graue Thalvogt kommt, dumpf brüllt der Firn,
Der Mythenstein zieht seine Haube an,
Und kalt her bläs't es aus dem Wetterloch;
Der Sturm, ich mein', wird da sein, eh' wir's denken.

Kuoni.

's kommt Regen, Fährmann. Meine Schafe fressen
Mit Begierde Gras, und Wächter scharrt die Erde.

Werni.

Die Fische springen, und das Wasserhuhn
Taucht unter. Ein Gewitter ist im Anzug.

Kuoni (zum Buben).

Lug', Seppi, ob das Vieh sich nicht verlaufen.

Seppi.

Die braune Liesel kenn' ich am Geläut'.

Kuoni.

So fehlt uns keine mehr, die geht am weitsten.

Ruodi.

Ihr habt ein schön Geläute, Meister Hirt.

Werni.

Und schmuckes Vieh — Ist's Euer eignes, Landsmann?

---

glacier mugit sourdement; le pic du Mythen se coiffe de nuages; un vent froid souffle du Wetterloch; l'orage, sans doute, éclatera plutôt que nous ne pensons.

KUONI. Il va pleuvoir, batelier. Mes brebis broutent l'herbe avec avidité, et mon chien gratte la terre.

WERNI. Les poissons sautillent, la poule d'eau plonge, l'orage s'avance.

KUONI, *à son valet*. Regarde, Seppi, si le bétail ne s'est pas écarté.

SEPPI. Je reconnais la brune Lisette à sa clochette.

KUONI. Ainsi il n'en manque plus aucune, car celle-là revient toujours la dernière.

RUODI. Berger, vous avez là un beau carillon.

WERNI. Et un beau troupeau. Est-il à vous, ami?

Kuoni.

Bin nit so reich — 's ist meines gnäd'gen Herrn,
Des Attinghäusers, und mir zugezählt.

Ruodi.

Wie schön der Kuh das Band zu Halse steht!

Kuoni.

Das weiß sie auch, daß sie den Reihen führt,
Und nähm' ich ihr's, sie hörte auf zu fressen.

Ruodi.

Ihr seid nicht klug! Ein unvernünft'ges Vieh —

Werni.

Ist bald gesagt. Das Thier hat auch Vernunft;
Das wissen wir, die wir die Gemsen jagen.
Die stellen klug, wo sie zur Weide gehn,
'ne Vorhut aus; die spitzt das Ohr und warnet
Mit heller Pfeife, wenn der Jäger naht.

Ruodi (zum Hirten).

Treibt Ihr jetzt heim?

Kuoni.

Die Alp ist abgeweidet.

Werni.

Glückseel'ge Heimkehr, Senn'!

Kuoni.

Die wünsch' ich Euch.
Von Eurer Fahrt kehrt sich's nicht immer wieder.

KUONI. Je ne suis pas si riche. Il appartient à mon digne seigneur d'Attinghausen, et il m'a été confié.

RUODI. Que ce collier va bien au cou de cette vache!

KUONI. Elle sait bien que c'est elle qui conduit le troupeau, et si je le lui enlevais, elle cesserait de manger.

RUODI. Quelle folie! une bête sans raison...

WERNI. C'est bientôt dit. Les animaux ont aussi leur raison. Nous le savons, nous qui chassons le chamois. Quand ils vont paître, ils placent prudemment devant eux une sentinelle qui dresse l'oreille, et les avertit par un cri aigu de l'approche du chasseur.

RUODI *au berger*. Retournez-vous maintenant chez vous?

KUONI. L'Alpe est épuisée.

WERNI. Je vous souhaite un heureux retour, berger!

KUONI. C'est moi qui vous le souhaite. De vos excursions on ne revient pas toujours.

Ruodi.

Dort kommt ein Mann in voller Hast gelaufen

Werni.

Ich kenn' ihn, 's ist der Baumgart von Alzellen.

Konrad Baumgarten (athemlos hereinstürzend).

Baumgarten.

Um Gottes willen, Fährmann, Euren Kahn!

Ruodi.

Nun, nun, was gibt's so eilig?

Baumgarten.

Bindet los!

Ihr rettet mich vom Tode! Setzt mich über!

Kuoni.

Landsmann, was habt Ihr?

Werni.

Wer verfolgt Euch denn?

Baumgarten (zum Fischer).

Eilt, eilt, sie sind mir dicht schon an den Fersen!
Des Landvogts Reiter kommen hinter mir;
Ich bin ein Mann des Tods, wenn sie mich greifen.

Ruodi.

Warum verfolgen Euch die Reisigen?

Baumgarten.

Erst rettet mich, und dann steh' ich Euch Rede.

Werni.

Ihr seid mit Blut befleckt, was hat's gegeben?

RUODI. Voici un homme qui accourt en toute hâte.

WERNI. Je le connais, c'est Baumgarten d'Alzellen.

CONRAD BAUMGARTEN, *entrant hors d'haleine.* Au nom du ciel, batelier, votre canot.

RUODI. Eh bien, eh bien, qu'y a-t-il de si pressé?

BAUMGARTEN. Démarrez, vous me sauvez la vie. Passez-moi de l'autre côté.

KUONI. Ami, qu'avez-vous?

WERNI. Qui donc vous poursuit?

BAUMGARTEN *au pêcheur.* Vite, vite! Ils sont déjà sur mes talons. Les cavaliers du bailli me poursuivent; je suis un homme mort, s'ils me saisissent.

RUODI. Pourquoi ces cavaliers vous poursuivent-ils?

BAUMGARTEN. Sauvez-moi d'abord, ensuite je vous le dirai.

WERNI. Vous êtes taché de sang, que s'est-il passé?

Baumgarten.

Des Kaisers Burgvogt, der auf Roßberg saß —

Kuoni.

Der Wolfenschießen? Läßt Euch der verfolgen?

Baumgarten.

Der schadet nicht mehr; ich hab' ihn erschlagen.

Alle (fahren zurück).

Gott sei Euch gnädig! Was habt Ihr gethan!

Baumgarten.

Was jeder freie Mann an meinem Platz!
Mein gutes Hausrecht hab' ich ausgeübt
Am Schänder meiner Ehr' und meines Weibes.

Kuoni.

Hat Euch der Burgvogt an der Ehr' geschädigt?

Baumgarten.

Daß er sein bös Gelüsten nicht vollbracht,
Hat Gott und meine gute Axt verhütet.

Werni.

Ihr habt ihm mit der Axt den Kopf zerspalten

Kuoni.

O, laßt uns alles hören, Ihr habt Zeit,
Bis er den Kahn vom Ufer losgebunden.

BAUMGARTEN. Le bailli de l'empereur qui demeurait à Rossberg...

KUONI. Wolfenschiessen! Est-ce lui qui vous fait poursuivre?

BAUMGARTEN. Celui-là ne fera plus de mal, je l'ai tué.

TOUS, *reculant*. Que Dieu ait pitié de vous! Qu'avez-vous fait?

BAUMGARTEN. Ce que tout homme libre eût fait à ma place. J'ai usé de mon droit domestique sur celui qui a attenté à mon honneur et outragé ma femme.

KUONI. Est-ce que le bailli a attenté à votre honneur?

BAUMGARTEN. S'il n'a pas accompli son mauvais dessein, c'est que Dieu et ma bonne hache l'en ont empêché.

WERNI. Vous lui avez fendu la tête avec votre hache?

KUONI. Oh! racontez-nous cela! vous en avez le temps, avant que le canot soit détaché du rivage.

Baumgarten.

Ich hatte Holz gefällt im Wald, da kommt
Mein Weib gelaufen in der Angst des Todes:
„Der Burgvogt lieg' in meinem Haus, er hab'
Ihr anbefohlen, ihm ein Bad zu rüsten.
Drauf hab' er Ungebührliches von ihr
Verlangt, sie sei entsprungen, mich zu suchen."
Da lief ich frisch hinzu, so wie ich war,
Und mit der Axt hab' ich ihm 's Bad gesegnet.

Werni.

Ihr thatet wohl; kein Mensch kann Euch drum schelten.

Kuoni.

Der Wütherich! Der hat nun seinen Lohn!
Hat's lang verdient um's Volk von Unterwalden.

Baumgarten.

Die That ward ruchbar; mir wird nachgesetzt —
Indem wir sprechen — Gott — verrinnt die Zeit —

(Es fängt an zu donnern.)

Kuoni.

Frisch, Fährmann — Schaff' den Biedermann hinüber!

BAUMGARTEN. J'étais à couper du bois dans la forêt, lorsque ma femme accourt dans des transes mortelles, et me dit que le bailli est dans ma maison, qu'il lui a ordonné de lui préparer un bain, qu'il a voulu obtenir d'elle des choses indignes, et qu'elle s'est échappée pour venir me chercher. Je m'élance aussitôt comme j'étais, et de ma hache je lui ai béni son bain.

WERNI. Vous avez bien fait, personne ne peut vous en blâmer.

KUONI. Le tyran! Il a maintenant sa récompense. Il y a longtemps que le peuple d'Unterwald lui en devait une semblable.

BAUMGARTEN. Le fait est devenu public, on me poursuit, et pendant que nous causons... Dieu! le temps s'écoule. (*On entend le tonnerre.*)

KUONI. Allons, batelier! passe ce brave homme de l'autre côté.

RUODI. Impossible! un orage terrible est en marche, il faut attendre.

BAUMGARTEN. Dieu tout-puissant! je ne puis attendre, tout retard est mortel...

Ruodi.

Geht nicht. Ein schweres Ungewitter ist
Im Anzug. Ihr müßt warten.

Baumgarten.

Heil'ger Gott!
Ich kann nicht warten. Jeder Aufschub tödtet —

Kuoni (zum Fischer).

Greif' an mit Gott! Dem Nächsten muß man helfen;
Es kann uns allen Gleiches ja begegnen. (Brausen und Donnern.)

Ruodi.

Der Föhn ist los; ihr seht, wie hoch der See geht,
Ich kann nicht steuern gegen Sturm und Wellen.

Baumgarten (umfaßt seine Kniee).

So helf' Euch Gott, wie Ihr euch mein erbarmet —

Werni.

's geht ums Leben. Sei barmherzig, Fährmann!

Kuoni.

's ist ein Hausvater, und hat Weib und Kinder!
(Wiederholte Donnerschläge.)

Ruodi.

Was? Ich hab' auch ein Leben zu verlieren,

KUONI *au pêcheur.* Essaye, avec l'aide de Dieu; il faut aider son prochain: car enfin pareille chose peut arriver à chacun de nous. (*Éclats de tonnerre.*)

RUODI. La tempête est déchaînée. Voyez comme les vagues s'élèvent. Je ne pourrai gouverner contre l'orage et les flots.

BAUMGARTEN *embrasse ses genoux.* Que Dieu vous aide comme vous aurez pitié de moi!

WERNI. Il y va de la vie! sois compatissant, batelier.

KUONI. C'est un père de famille, il a femme et enfants. (*On entend des coups de tonnerre répétés.*)

RUODI. Comment! J'ai aussi une vie à perdre, j'ai, comme lui,

Hab' Weib und Kind daheim wie er — Seht hin,
Wie's brandet, wie es wogt und Wirbel zieht,
Und alle Wasser aufrührt in der Tiefe.
— Ich wollte gern den Biedermann erretten;
Doch es ist rein unmöglich, Ihr seht selbst.

Baumgarten (noch auf den Knieen).

So muß ich fallen in des Feindes Hand,
Das nahe Rettungsufer im Gesichte!
— Dort liegt's! Ich kann's erreichen mit den Augen,
Hinüberdringen kann der Stimme Schall,
Da ist der Kahn, der mich hinüberträge,
Und muß hier liegen, hülflos, und verzagen!

Kuoni.

Seht, wer da kommt!

Werni.

Es ist der Tell aus Bürglen.

Tell (mit der Armbrust).

Tell.

Wer ist der Mann, der hier um Hülfe fleht?

femme et enfants chez moi. Voyez comme les lames se brisent, comme elles s'amoncellent, comme elles tourbillonnent, comme tous les flots se soulèvent dans les profondeurs du lac. Je voudrais de bon cœur sauver ce brave homme; mais cela est tout à fait impossible, vous le voyez vous-mêmes.

BAUMGARTEN, *encore à genoux*. Il faut donc que je tombe entre les mains de l'ennemi, et le rivage qui me sauverait est là tout près, en face de moi! Il est là, mes regards l'atteignent, le son de ma voix y parvient; voici la barque qui m'y porterait, et il faut que je reste ici sans secours et désespéré!

KUONI. Qui vient là?

WERNI. C'est Tell de Burglen.

GUILLAUME TELL, *avec son arbalète*. Quel est cet homme qui implore ici du secours?

Kuoni.

's ist ein Alzeller Mann; er hat sein' Ehr'
Vertheidigt, und den Wolfenschieß erschlagen,
Des Königs Burgvogt, der auf Roßberg saß —
Des Landvogts Reiter sind ihm auf den Fersen.
Er fleht den Schiffer um die Ueberfahrt,
Der fürcht't sich vor dem Sturm und will nicht fahren.

Ruodi.

Da ist der Tell, er führt das Ruder auch;
Der soll mir's zeugen, ob die Fahrt zu wagen.
(Heftige Donnerschläge, der See rauscht auf.)
Ich soll mich in den Höllenrachen stürzen?
Das thäte keiner, der bei Sinnen ist.

Tell.

Der brave Mann denkt an sich selbst zuletzt.
Vertrau' auf Gott und rette den Bedrängten.

Ruodi.

Vom sichern Port läßt sich's gemächlich rathen!
Da ist der Kahn und dort der See! Versucht's!

Tell.

Der See kann sich, der Landvogt nicht erbarmen.
Versuch' es, Fährmann!

KUONI. C'est un homme d'Alzellen : il a défendu son honneur, et tué Wolfenschiess, le bailli royal qui demeurait à Rossberg. Les cavaliers du bailli Landenberg sont sur ses talons; il prie le batelier de le passer de l'autre côté; mais celui-ci a peur de l'orage et ne veut point partir.

RUODI. Voilà Tell qui sait aussi manier la rame, il peut vous dire si la traversée est possible. (*Violents coups de tonnerre, le lac mugit.*) J'irai me jeter dans la gueule de l'enfer? C'est ce que ne ferait aucun homme qui est dans son bon sens.

TELL. Un brave homme ne songe à lui qu'en dernier lieu. Aie confiance en Dieu, et sauve l'opprimé.

RUODI. Quand on est à l'abri dans le port, il est aisé de conseiller. Voici la barque et voici le lac, essayez.

TELL. Le lac peut se laisser toucher, non le bailli. Essaie, batelier.

Hirten und Jäger.

Rett' ihn! Rett' ihn! Rett' ihn!

Ruodi.

Und wär's mein Bruder und mein leiblich Kind,
Es kann nicht sein; 's ist heut Simons und Judä
Da ras't der See und will sein Opfer haben.

Tell.

Mit eitler Rede wird hier nichts geschafft;
Die Stunde dringt, dem Mann muß Hülfe werden.
Sprich, Fährmann, willst du fahren?

Ruodi.

Nein, nicht ich!

Tell.

In Gottes Namen denn! Gib her den Kahn!
Ich will's mit meiner schwachen Kraft versuchen.

Kuoni.

Ha, wackrer Tell!

Werni.

Das gleicht dem Waidgesellen!

Baumgarten.

Mein Retter seid Ihr und mein Engel, Tell!

Tell.

Wohl aus des Vogts Gewalt errett' ich Euch!
Aus Sturmes Nöthen muß ein andrer helfen.
Doch besser ist's, Ihr fallt in Gottes Hand,

DES BERGERS et DES CHASSEURS. Sauve-le! sauve-le! sauve-le!

RUODI. Quand ce serait mon frère, mon propre enfant, c'est impossible. C'est aujourd'hui Saint-Simon et Saint-Jude; le lac est en fureur et veut sa victime.

TELL. De vaines paroles ne mènent à rien; le moment presse, il faut secourir cet homme. Dis-moi, batelier, veux-tu le passer?

RUODI. Non, pas moi.

TELL. Eh bien donc, à la garde de Dieu! Donne-moi le canot; je l'essayerai avec mon faible bras.

KUONI. Ah! brave Tell!

WERNI. Voilà bien le brave chasseur!

BAUMGARTEN. Tell, vous êtes mon sauveur, mon ange.

TELL. Je vous arracherai bien à la colère du bailli, mais il faut qu'un autre vous protége contre le danger des flots. Après tout, mieux vaut que vous tombiez dans les mains de Dieu que dans celles

Als in der Menschen!

(Zu dem Hirten.)

Landsmann, tröstet Ihr
Mein Weib, wenn mir was Menschliches begegnet.
Ich hab' gethan, was ich nicht lassen konnte.

(Er springt in den Kahn.)

Kuoni (zum Fischer).

Ihr seid ein Meister Steuermann. Was sich
Der Tell getraut, das konntet Ihr nicht wagen?

Ruodi.

Wohl beßre Männer thun's dem Tell nicht nach;
Es gibt nicht zwei, wie der ist, im Gebirge.

Werni (ist auf den Fels gestiegen).

Er stößt schon ab. Gott helf' dir, braver Schwimmer!
Sieh', wie das Schifflein auf den Wellen schwankt.

Kuoni (am Ufer).

Die Fluth geht drüber weg — Ich seh's nicht mehr.
Doch halt', da ist es wieder! Kräftiglich
Arbeitet sich der Wackre durch die Brandung.

Seppi.

Des Landvogts Reiter kommen angesprengt.

des hommes. (*Au berger.*) Ami, consolez ma femme, s'il m'arrive quelque malheur. J'ai fait ce que je ne pouvais me dispenser de faire. (*Il saute dans le canot.*)

KUONI *au pêcheur.* Vous êtes un maître pilote! ce que Tell a osé, vous ne pouviez pas le risquer, vous?

RUODI. Des gens qui valent mieux que moi ne feraient pas ce que fait Tell. Il n'y en a pas deux comme lui dans les montagnes.

WERNI, *monté sur un rocher.* Le voilà parti. Que Dieu te soit en aide, hardi batelier! Voyez comme la barque danse sur les flots.

KUONI, *sur le rivage.* La vague passe par dessus le canot... Je ne le vois plus... Un instant! le voilà qui reparaît. Le brave lutte vigoureusement contre la lame.

SEPPI. Les cavaliers du bailli accourent à toute bride.

Kuoni.

Weiß Gott, sie sind's! Das war Hülf' in der Noth.

Ein Trupp Landenbergischer Reiter.

Erster Reiter.

Den Mörder gebt heraus, den Ihr verborgen!

Zweiter.

Des Wegs kam er; umsonst verhehlt ihr ihn.

Kuoni und Ruodi.

Wen meint ihr, Reiter?

Erster Reiter (entdeckt den Nachen).

Ha, was seh' ich! Teufel!

Werni (oben).

Ist's der im Nachen, den ihr sucht? — Reit zu!
Wenn ihr frisch beilegt, holt ihr ihn noch ein.

Zweiter.

Verwünscht! Er ist entwischt.

Erster (zum Hirten und Fischer).

Ihr habt ihm fortgeholfen.
Ihr sollt uns büßen — Fallt in ihre Heerde!
Die Hütte reißet ein, brennt und schlagt nieder!

(Eilen fort.)

Seppi (stürzt nach).

O meine Lämmer!

KUONI. Dieu ! ce sont eux. Il était temps de le secourir. (*Une troupe de cavaliers de Landenberg arrive.*)

PREMIER CAVALIER. Livrez le meurtrier que vous avez caché.

LE SECOND. Il a pris ce chemin, vous essayeriez en vain de le cacher.

KUONI *et* RUODI. De qui parlez-vous, cavaliers?

LE PREMIER CAVALIER, *découvrant la nacelle!* Ah! que vois-je? Diable!

WERNI. Est-ce celui qui est dans cette barque que vous cherchez? Alors courez! si vous piquez vivement des deux, vous pourrez encore l'atteindre.

LE SECOND CAVALIER. Malédiction ! Il nous échappe.

LE PREMIER CAVALIER *au berger et au pêcheur.* Vous l'avez aidé à fuir, vous allez nous le payer. Tombez sur leurs troupeaux, détruisez leurs cabanes, brûlez et saccagez. (*Ils s'éloignent.*)

SEPPI *court après eux.* O mes agneaux!

Kuoni (folgt).
Weh mir! meine Heerde!

Werni.
Die Wüthriche!

Ruodi (ringt die Hände).
Gerechtigkeit des Himmels,
Wann wird der Retter kommen diesem Lande?
(Folgt ihnen).

Zweite Scene.

(Zu Steinen in Schwytz, eine Linde vor des Stauffachers Hause an der Landstraße, zunächst bei der Brücke.)

Werner Stauffacher, Pfeiffer von Luzern
(kommen im Gespräche).

Pfeiffer.
Ja, ja, Herr Stauffacher, wie ich Euch sagte,
Schwört nicht zu Oestreich, wenn Ihr's könnt vermeiden!
Haltet fest am Reich und wacker, wie bisher!
Gott schirme euch bei Eurer alten Freiheit!
(Drückt ihm herzlich die Hand und will gehen.)

Stauffacher.
Bleibt doch, bis meine Wirthin kommt — Ihr seid
Mein Gast zu Schwytz, ich in Luzern der Eure.

KUONI *le suit.* Malheur à moi! Mon troupeau!

WERNI. Les barbares!

RUODI, *se tordant les mains.* Justice du ciel! quand viendra le libérateur de cette contrée? (*Il les suit.*)

SCÈNE II.

La scène est à Steinen dans le canton de Schwytz. Un tilleul est planté devant la maison de Stauffacher sur le grand chemin, près du pont.

WERNER STAUFFACHER, PFEIFFER DE LUCERNE *viennent en causant.*

PFEIFFER. Oui, oui, maître Stauffacher, comme je vous le disais, ne prêtez pas serment à l'Autriche, si vous pouvez vous en dispenser. Attachez-vous résolument à l'empire, comme par le passé, et que Dieu vous maintienne dans votre antique liberté! (*Il lui serre cordialement la main et veut s'éloigner.*)

STAUFFACHER. Restez donc jusqu'au retour de ma femme. Vous êtes mon hôte à Schwytz, moi le vôtre à Lucerne.

Pfeiffer.

Viel Dank! Muß heute Gersau noch erreichen.
— Was Ihr auch Schweres mögt zu leiden haben
Von Eurer Vögte Geiz und Uebermuth,
Tragt's in Geduld! Es kann sich ändern schnell;
Ein andrer Kaiser kann ans Reich gelangen.
Seid Ihr erst Oesterreichs, seid Ihr's auf immer.

(Er geht ab. Stauffacher setzt sich kummervoll auf eine Bank unter der Linde. So findet ihn Gertrud, seine Frau, die sich neben ihn stellt, und ihn eine Zeit lang schweigend betrachtet.)

Gertrud.

So ernst, mein Freund! Ich kenne dich nicht mehr.
Schon viele Tage seh' ich's schweigend an,
Wie finstrer Trübsinn deine Stirne furcht.
Auf deinem Herzen drückt ein still Gebresten.
Vertrau' es mir; ich bin dein treues Weib,

PFEIFFER. Grand merci, il faut que je sois aujourd'hui même à Gersau. Quoi que vous ayez à souffrir de la rapacité et de l'insolence de vos baillis, supportez-le avec patience; les choses peuvent changer promptement; un autre Empereur peut arriver au trône. Mais si vous êtes une fois à l'Autriche, c'est pour toujours. (*Il s'éloigne.*)

STAUFFACHER *s'assied sur un banc, sous le tilleul; il paraît soucieux. C'est dans cet état que le trouve Gertrude, sa femme; elle se place à côté de lui, et le regarde quelque temps en silence.*

GERTRUDE. Si sérieux, mon ami! Je ne te reconnais plus; voilà déjà plusieurs jours que j'observe en silence le sombre chagrin qui ride ton frond. Une peine muette pèse sur ton cœur. Confie-la-moi. Je suis ta femme fidèle et je réclame ma part de tes chagrins. (*Stauf-*

Und meine Hälfte ford'r ich deines Grams.

(Stauffacher reicht ihr die Hand und schweigt.)

Was kann dein Herz beklemmen? sag' es mir.
Gesegnet ist dein Fleiß, dein Glücksstand blüht,
Voll sind die Scheunen; und der Rinder Schaaren,
Der glatten Pferde wohlgenährte Zucht
Ist von den Bergen glücklich heimgebracht
Zur Winterung in den bequemen Ställen.
— Da steht dein Haus, reich wie ein Edelsitz;
Von schönem Stammholz ist es neu gezimmert
Und nach dem Richtmaß ordentlich gefügt;
Von vielen Fenstern glänzt es wohnlich hell;
Mit bunten Wappenschildern ist's bemalt
Und weisen Sprüchen, die der Wandersmann
Verweilend liest und ihren Sinn bewundert.

Stauffacher.

Wohl steht das Haus gezimmert und gefügt,
Doch ach — es wankt der Grund, auf den wir bauten.

Gertrud.

Mein Werner, sage, wie verstehst du das?

---

facher lui tend la main et garde le silence.) Qui peut attrister ton cœur? dis-le-moi. Ton travail est béni, ta fortune est florissante; tes greniers sont pleins, et tes troupeaux de bœufs et tes chevaux bien nourris, au poil luisant, sont revenus heureusement de la montagne pour passer l'hiver dans des étables commodes. Voici ta maison, riche comme un noble manoir; elle est revêtue de beaux lambris neufs, disposés avec ordre et symétrie: quantité de fenêtres y laissent pénétrer l'éclat du jour; elle est ornée d'écussons aux couleurs variées et de sages maximes que le voyageur lit en s'arrêtant, et dont il admire le sens.

STAUFFACHER. Cette maison est, il est vrai, commode et bien construite; mais, hélas! le sol tremble, sur lequel nous avons bâti.

GERTRUDE. Mon Werner, dis-moi, qu'entends-tu par là?

Stauffacher.

Vor dieser Linde saß ich jüngst wie heut',
Das schön Vollbrachte freudig überdenkend;
Da kam daher von Küßnacht, seiner Burg,
Der Vogt mit seinen Reisigen geritten.
Vor diesem Hause hielt er wundernd an;
Doch ich erhob mich schnell; und unterwürfig,
Wie sich's gebührt, trat ich dem Herrn entgegen,
Der uns des Kaisers richterliche Macht
Vorstellt im Lande. "Wessen ist das Haus?"
Fragt' er bösmeinend, denn er wußt' es wohl.
Doch schnell besonnen ich entgegn' ihm so:
"Dies Haus, Herr Vogt, ist meines Herrn des Kaisers,
Und Eures, und mein Lehen." — Da versetzt er:
"Ich bin Regent im Land an Kaisers Statt,
Und will nicht, daß der Bauer Häuser baue
Auf seine eigne Hand, und also frei
Hinleb', als ob er Herr wär' in dem Lande;
Ich werd' mich unterstehn, Euch das zu wehren."

STAUFFACHER. J'étais dernièrement assis comme aujourd'hui sous ce tilleul, songeant avec plaisir à mon heureuse fortune, quand le bailli arriva de son château de Kussnacht avec ses cavaliers. Il s'arrêta devant cette maison avec surprise. Moi, je me levai sur-le-champ et je m'avançai respectueusement, comme il convient, au-devant de celui qui représente en ce pays la justice seigneuriale de l'Empereur. — « A qui est cette maison ? » demanda-t-il avec malice, car il le savait bien. Je lui réponds soudain : — « Seigneur bailli, cette maison est à l'Empereur, mon maître, elle est à vous, et je la tiens en fief. » Il reprit : « Je gouverne le pays au nom de l'Empereur, et je ne veux pas que les paysans bâtissent des maisons de leur propre chef et prennent ainsi leurs aises, comme s'ils étaient les maîtres du pays ; j'aviserai aux moyens de vous en empêcher. » En

Dieß sagend ritt er trutziglich von dannen;
Ich aber blieb mit kummervoller Seele,
Das Wort bedenkend, das der Böse sprach.

Gertrud.

Mein lieber Herr und Ehewirth! Magst du
Ein redlich Wort von deinem Weib vernehmen?
Des edeln Ibergs Tochter rühm' ich mich,
Des vielerfahrnen Manns. Wir Schwestern saßen,
Die Wolle spinnend, in den langen Nächten,
Wenn bei dem Vater sich des Volkes Häupter
Versammelten, die Pergamente lasen
Der alten Kaiser, und des Landes Wohl
Bedachten in vernünftigem Gespräch.
Aufmerkend hört' ich da manch kluges Wort,
Was der Verständ'ge denkt, der Gute wünscht,
Und still im Herzen hab' ich mir's bewahrt.
So höre denn und acht' auf meine Rede!
Denn was dich preßte, sieh', das wußt' ich längst.
— Dir grollt der Landvogt, möchte gern dir schaden,

disant cela, il partit d'un air menaçant et je restai, le souci dans l'âme, songeant aux paroles que ce méchant avait prononcées.

GERTRUDE. Mon cher époux et maître, veux-tu recevoir un loyal conseil de ta femme ? Je me glorifie d'être la fille du noble Iberg, ce sage vieillard. Assise auprès de mes sœurs, je filais avec elles la laine durant les longues soirées, tandis que les principaux du peuple, rassemblés chez mon père, lisaient les chartes des anciens Empereurs et discutaient dans leurs sages entretiens sur le bien-être du pays. Là j'entendais mainte parole sensée, je notais les réflexions de l'homme intelligent, les désirs de l'homme de bien, et j'en ai conservé le souvenir dans mon cœur. Fais donc attention et réfléchis à ce que je vais te dire, car ce qui te tourmente, vois-tu, je le savais depuis longtemps. Le bailli est irrité contre toi et voudrait te nuire, car tu mets ob-

Denn du bist ihm ein Hinderniß, daß sich
Der Schwytzer nicht dem neuen Fürstenhaus
Will unterwerfen, sondern treu und fest
Beim Reich beharren, wie die würdigen
Altvordern es gehalten und gethan. —
Ist's nicht so, Werner? Sag' es, wenn ich lüge!

Stauffacher.

So ist's, das ist des Geßlers Groll auf mich.

Gertrud.

Er ist dir neidisch, weil du glücklich wohnst,
Ein freier Mann auf deinem eignen Erbe
— Denn er hat keins. Vom Kaiser selbst und Reich
Trägst du dieß Haus zu Lehn; du darfst es zeigen,
So gut der Reichsfürst seine Länder zeigt:
Denn über dir erkennst du keinen Herrn,
Als nur den Höchsten in der Christenheit —
Er ist ein jüngrer Sohn nur seines Hauses;
Nichts nennt er sein als seinen Rittermantel;
Drum sieht er jedes Biedermannes Glück

stacle à ses desseins en empêchant les Suisses de se soumettre à la nouvelle maison princière; ils restent inébranlables dans leur fidélité à l'empire, comme l'ont fait leurs dignes ancêtres. N'est-ce pas cela, Werner? dis si je me trompe.

STAUFFACHER. Il est vrai, c'est là le sujet de la colère de Gessler contre moi.

GERTRUDE. Il te porte envie, parce que tu as le bonheur de vivre en homme libre sur ton propre héritage, car lui n'en a point. Tu tiens cette maison en fief de l'Empereur lui-même et de l'empire; tu peux la montrer avec orgueil aussi bien qu'un prince de l'empire montre ses terres; car tu ne reconnais au-dessus de toi d'autre maître que le premier de la chrétienté. Quant au bailli, c'est le cadet de sa maison; il ne peut se dire le maître que de son manteau de chevalier, et voilà pourquoi il considère le bonheur de tout honnête homme

Mit schelen Augen gift'ger Mißgunst an.
Dir hat er längst den Untergang geschworen —
Noch stehst du unversehrt. — Willst du erwarten,
Bis er die böse Lust an dir gebüßt?
Der kluge Mann baut vor.

Stauffacher.

Was ist zu thun?

Gertrud (tritt näher).

So höre meinen Rath! Du weißt, wie hier
Zu Schwytz sich alle Redlichen beklagen
Ob dieses Landvogts Geiz und Wütherei.
So zweifle nicht, daß sie dort drüben auch
In Unterwalden und im Urner-Land
Des Dranges müd' sind und des harten Jochs —
Denn wie der Geßler hier, so schafft es frech
Der Landenberger drüben überm See —
Es kommt kein Fischerkahn zu uns herüber,
Der nicht ein neues Unheil und Gewalt-
Beginnen von den Vögten uns verkündet.
Drum thät' es gut, daß eurer etliche,

avec le regard oblique d'une jalousie envenimée. Il a depuis longtemps juré ta perte; jusqu'ici tu as été préservé... Veux-tu attendre qu'il accomplisse ses mauvais desseins? L'homme sage prend les devants.

STAUFFACHER. Qu'y a-t-il à faire?

GERTRUDE *se rapprochant*. Écoute mon conseil. Tu sais comme ici tous les gens de bien se plaignent de l'avarice et de la cruauté du bailli. Ne doute pas que de l'autre côté du lac, dans le pays d'Uri et d'Unterwald, on ne soit également las de la pesanteur de ce joug; car Landenberg se conduit là-bas aussi insolemment que Gessler ici. Il ne nous arrive pas une barque de pêcheur qui ne nous apprenne quelque nouveau malheur, quelque violence des baillis. C'est pourquoi il serait bon que quelques-uns d'entre vous, amis du pays, avi-

Die's redlich meinen, still zu Rathe gingen,
Wie man des Drucks sich möcht' erledigen;
So acht' ich wohl, Gott würd' euch nicht verlassen,
Und der gerechten Sache gnädig sein —
Hast du in Uri keinen Gastfreund, sprich,
Dem du dein Herz magst redlich offenbaren?

Stauffacher.

Der wackern Männer kenn' ich viele dort,
Und angesehen große Herrenleute,
Die mir geheim sind und gar wohl vertraut.

(Er steht auf.)

Frau, welchen Sturm gefährlicher Gedanken
Weckst du mir in der stillen Brust! Mein Innerstes
Kehrst du an's Licht des Tages mir entgegen,
Und, was ich mir zu denken still verbot,
Du sprichst's mit leichter Zunge kecklich aus.
— Hast du auch wohl bedacht, was du mir räthst?
Die wilde Zwietracht und den Klang der Waffen
Rufst du in dieses friedgewohnte Thal —

sassent en secret aux moyens de se délivrer de l'oppression. Je crois bien que Dieu ne vous abandonnerait pas et serait favorable à la cause de la justice. N'as-tu pas à Uri, dis-moi, un hôte auquel tu puisses franchement ouvrir ton cœur?

STAUFFACHER. Je connais là beaucoup de braves gens et de vassaux riches et considérés, qui sont mes amis et peuvent entrer dans mes secrets. (*Il se lève.*) Femme, quel tumulte de pensées dangereuses éveilles-tu dans la paix de mon cœur! tu me montres à la lumière du jour l'intérieur de mon âme, et ce que je m'interdisais à moi-même de penser, ta langue le prononce avec une téméraire légèreté. Mais as-tu bien réfléchi à ce que tu me conseilles? Tu appelles dans cette pacifique vallée la sauvage discorde et le bruit des armes. Nous oserions,

Wir wagten es, ein schwaches Volk der Hirten,
In Kampf zu gehen mit dem Herrn der Welt?
Der gute Schein nur ist's, worauf sie warten,
Um loszulassen auf dieß arme Land
Die wilden Horden ihrer Kriegesmacht,
Darin zu schalten mit des Siegers Rechten,
Und unterm Schein gerechter Züchtigung
Die alten Freiheitsbriefe zu vertilgen.

Gertrud.

Ihr seid auch Männer, wisset eure Axt
Zu führen; und dem Muthigen hilft Gott!

Stauffacher.

O Weib! Ein furchtbar wüthend Schreckniß ist
Der Krieg; die Heerde schlägt er und den Hirten.

Gertrud.

Ertragen muß man, was der Himmel sendet;
Unbilliges erträgt kein edles Herz.

Stauffacher.

Dieß Haus erfreut dich, das wir neu erbauten;
Der Krieg, der ungeheure, brennt es nieder.

nous faibles bergers, entrer en lutte avec le maître du monde? Ils n'attendent qu'un prétexte pour lancer sur cette pauvre terre les hordes féroces de leurs soldats, pour y exercer les droits du vainqueur, et, sous l'apparence d'un juste châtiment, anéantir nos anciennes chartes de franchise.

GERTRUDE. Mais vous aussi, vous êtes des hommes; vous savez manier la hache, et Dieu aide les braves.

STAUFFACHER. O femme, la guerre est une calamité terrible; elle frappe le troupeau et le berger.

GERTRUDE. On doit se soumettre aux decrets du ciel; mais aucun noble cœur ne supporte l'injustice.

STAUFFACHER. Tu prends plaisir à cette maison que nous venons de construire; la guerre, l'affreuse guerre, la réduira en cendres.

Gertrud.

Wüßt' ich mein Herz an zeitlich Gut gefesselt,
Den Brand würf' ich hinein mit eigner Hand.

Stauffacher.

Du glaubst an Menschlichkeit! Es schont der Krieg
Auch nicht das zarte Kindlein in der Wiege.

Gertrud.

Die Unschuld hat im Himmel einen Freund!
— Sieh' vorwärts, Werner, und nicht hinter dich!

Stauffacher.

Wir Männer können tapfer fechtend sterben
Welch Schicksal aber wird das eure sein?

Gertrud.

Die letzte Wahl steht auch dem Schwächsten offen:
Ein Sprung von dieser Brücke macht mich frei.

Stauffacher (stürzt in ihre Arme).

Wer solch ein Herz an seinen Busen drückt,
Der kann für Herd und Hof mit Freuden fechten,
Und keines Königs Heermacht fürchtet er —
Nach Uri fahr' ich stehndes Fußes gleich.

GERTRUDE. J'y mettrais le feu de ma propre main, si je savais mon cœur attaché au bien temporel.

STAUFFACHER. Tu crois à l'humanité; la guerre n'épargne pas même le tendre enfant au berceau.

GERTRUDE. L'innocence a un ami dans le ciel! Regarde devant toi, Werner, et non pas en arrière.

STAUFFACHER. Nous autres hommes, nous pouvons mourir en combattant bravement; mais quel destin sera le vôtre?

GERTRUDE. Une dernière ressource reste encore même au plus faible; je m'élance de ce pont, et me voilà libre.

STAUFFACHER *se jette dans ses bras.* Celui qui presse un tel cœur sur sa poitrine, celui-là peut combattre avec joie pour ses foyers, celui-là ne craint les soldats d'aucun roi. Je vais de ce pas à Uri;

Dort lebt ein Gastfreund mir, Herr Walther Fürst,
Der über diese Zeiten denkt wie ich.
Auch find' ich dort den edeln Bannerherrn
Von Attinghaus — obgleich von hohem Stamm,
Liebt er das Volk und ehrt die alten Sitten.
Mit ihnen beiden pfleg' ich Raths, wie man
Der Landesfeinde muthig sich erwehrt —
Leb' wohl — und weil ich fern bin, führe du
Mit klugem Sinn das Regiment des Hauses —
Dem Pilger, der zum Gotteshause wallt,
Dem frommen Mönch, der für sein Kloster sammelt,
Gib reichlich und entlaß' ihn wohl gepflegt!
Stauffachers Haus verbirgt sich nicht. Zu äußerst
Am offnen Heerweg steht's, ein wirthlich Dach
Für alle Wandrer, die des Weges fahren.

(Indem sie nach dem Hintergrund abgehen, tritt Wilhelm Tell mit Baumgarten vorn auf die Scene.)

J'ai là un hôte, un ami, Walther Furst, qui a la même opinion que moi sur les affaires du pays. Je trouverai là aussi le noble banneret Attinghausen; quoique d'une naissance élevée, il aime le peuple et honore les vieilles mœurs. Je tiendrai conseil avec eux sur les moyens de nous défendre courageusement contre l'ennemi. Adieu, et pendant que je serai loin, gère sagement les affaires de la maison. Donne généreusement au pèlerin qui va visiter la maison de Dieu, au moine pieux qui recueille des aumônes pour son couvent, et ne les laisse partir qu'après les avoir bien traités. La maison de Stauffacher ne se cache pas; elle élève à l'extrémité du grand chemin son toit hospitalier pour tous les voyageurs. (*Pendant qu'ils s'éloignent vers le fond du théâtre, Tell s'avance avec Baumgarten sur le devant de la scène.*)

Tell (zu Baumgarten).

Ihr habt jetzt meiner weiter nicht vonnöthen.
Zu jenem Hause gehet ein; dort wohnt
Der Stauffacher, ein Vater der Bedrängten.
— Doch sieh', da ist er selber — Folgt mir, kommt!

(Gehen auf ihn zu; die Scene verwandelt sich.)

Dritte Scene.

Oeffentlicher Platz bei Altdorf.

Auf einer Anhöhe im Hintergrund sieht man eine Veste bauen, welche schon so weit gediehen, daß sich die Form des Ganzen darstellt. Die hintere Seite ist fertig; an der vordern wird eben gebaut, das Gerüste steht noch, an welchem die Werkleute auf und nieder steigen; auf dem höchsten Dache hängt der Schieferdecker. — Alles ist in Bewegung und Arbeit.

Frohnvogt. Meister Steinmetz. Gesellen und Handlanger.

Frohnvogt

(mit dem Stabe, treibt die Arbeiter).

Nicht lang gefeiert, frisch! Die Mauersteine

TELL, *à Baumgarten*. Maintenant vous n'avez plus besoin de moi. Entrez dans cette maison, c'est là que demeure Stauffacher, le père des opprimés: mais, tenez, le voici lui-même... Suivez-moi, venez. (*Ils vont à lui; la scène change.*)

SCÈNE III.

Une place publique d'Altorf. Sur une hauteur, dans le fond, on voit s'élever une forteresse qui est déjà assez avancée pour qu'on distingue la forme de l'édifice. La partie la plus reculée est achevée; on travaille sur le devant, les échafaudages sont encore debout, les ouvriers montent et descendent; un couvreur est sur le sommet du toit. Tout est en mouvement.

LE PIQUEUR DE CORVÉE, LE MAITRE TAILLEUR DE PIERRES, DES COMPAGNONS *et* DES MANOEUVRES.

LE PIQUEUR *avec son bâton excite les ouvriers.* Allons! ne chômez pas si longtemps! Vivement: apportez les pierres, la chaux, le

Herbei! Den Kalk, den Mörtel zugefahren,
Wenn der Herr Landvogt kommt, daß er das Werk
Gewachsen sieht! — Das schlendert wie die Schnecken.

(Zu zwei Handlangern, welche tragen.)

Heißt das geladen? Gleich das Doppelte!
Wie die Tagdiebe ihre Pflicht bestehlen!

Erster Gesell.

Das ist doch hart, daß wir die Steine selbst
Zu unserm Twing und Kerker sollen fahren!

Frohnvogt.

Was murret Ihr? Das ist ein schlechtes Volk,
Zu nichts anstellig, als das Vieh zu melken,
Und faul herum zu schlendern auf den Bergen.

Alter Mann (ruht aus).

Ich kann nicht mehr.

Frohnvogt (schüttelt ihn).

Frisch, Alter, an die Arbeit!

Erster Gesell.

Habt Ihr denn gar kein Eingeweid', daß Ihr

mortier, afin que mon seigneur le bailli, quand il viendra, trouve l'ouvrage avancé. Ça marche comme des limaçons. (*A deux manœuvres.*) Cela s'appelle-t-il une charge? Allons, le double; comme ces fainéants font leur corvée!

LE PREMIER COMPAGNON. Il est pourtant bien dur de porter nous-mêmes les pierres de notre donjon et de notre cachot.

LE PIQUEUR. Que murmurez-vous? Misérable peuple, qui n'est bon qu'à traire les vaches et à se promener sur les montagnes.

UN VIEILLARD, *s'asseyant.* Je n'en puis plus.

LE PIQUEUR *le secoue.* Allons, vieux, à l'œuvre.

LE PREMIER COMPAGNON. Vous n'avez donc pas d'entrailles, de for-

Den Greis, der kaum sich selber schleppen kann,
Zum harten Frohndienst treibt?

Meister Steinmetz und Gesellen.

's ist himmelschreiend!

Frohnvogt.

Sorgt ihr für euch; ich thu', was meines Amts.

Zweiter Gesell.

Frohnvogt, wie wird die Veste denn sich nennen,
Die wir da bau'n?

Frohnvogt.

Zwing Uri soll sie heißen;
Denn unter dieses Joch wird man euch beugen.

Gesellen.

Zwing Uri!

Frohnvogt.

Nun, was gibt's dabei zu lachen?

Zweiter Gesell.

Mit diesem Häuslein wollt ihr Uri zwingen?

Erster Gesell.

Laß seh'n, wie viel man solcher Maulwurfshaufen
Muß über 'nander setzen, bis ein Berg
Draus wird wie der geringste nur in Uri!

(Frohnvogt geht nach dem Hintergrund.)

Meister Steinmetz.

Den Hammer werf' ich in den tiefsten See.

cer ainsi à une rude corvée un vieillard qui peut à peine se traîner?

LE TAILLEUR DE PIERRES *et* LES COMPAGNONS. Cela crie vengeance!

LE PIQUEUR. Mêlez-vous de vos affaires; je fais mon devoir.

LE SECOND COMPAGNON. Piqueur, comment se nommera donc le fort que nous bâtissons?

LE PIQUEUR. Il s'appellera la *Servitude d'Uri*; sous ce joug on courbera vos têtes.

LES COMPAGNONS. La servitude d'Uri?

LE PIQUEUR. Eh bien! qu'avez-vous à rire?

LE SECOND COMPAGNON. Avec cette maisonnette vous voulez asservir Uri?

LE PREMIER COMPAGNON. Voyons combien de pareilles taupinières il vous faudrait élever l'une sur l'autre, pour en faire une montagne égale seulement à la plus petite d'Uri. (*Le piqueur se retire vers le fond du théâtre.*)

LE TAILLEUR DE PIERRES. Je jetterai dans le fond du lac le mar-

Der mir gedient bei diesem Fluchgebäude!

Tell und **Stauffacher** kommen.

Stauffacher.

O hätt' ich nie gelebt, um das zu schauen!

Tell.

Hier ist nicht gut sein. Laßt uns weiter gehn!

Stauffacher.

Bin ich zu Uri in der Freiheit Land?

Meister Steinmetz.

O Herr, wenn Ihr die Keller erst gesehn
Unter den Thürmen! Ja, wer die bewohnt,
Der wird den Hahn nicht fürder krähen hören.

Stauffacher.

O Gott!

Steinmetz.

Seht diese Flanken, diese Strebepfeiler,
Die stehn, wie für die Ewigkeit gebaut!

Tell.

Was Hände bauten, können Hände stürzen.

(Nach den Bergen zeigend.)

Das Haus der Freiheit hat uns Gott gegründet.

(Man hört eine Trommel; es kommen Leute, die einen Hut auf einer Stange tragen, ein Ausrufer folgt ihnen, Weiber und Kinder dringen tumultuarisch nach.)

teau qui m'a servi à construire cet édifice de malheur. (*Tell et Stauffacher arrivent.*)

STAUFFACHER. Oh! n'ai-je donc vécu que pour voir de telles choses!

TELL. Il ne fait pas bon ici, allons plus loin.

STAUFFACHER. Suis-je à Uri, sur la terre de la liberté?

LE TAILLEUR DE PIERRES. Ah! seigneur, si vous aviez vu les cachots sous les tours! Celui qui les habitera, je vous en réponds, n'entendra plus le chant du coq.

STAUFFACHER. O Dieu!

LE TAILLEUR DE PIERRES. Voyez ces bastions, ces contre-forts qui semblent bâtis pour l'éternité.

TELL. Ce que des mains ont élevé, des mains peuvent le renverser. (*Il indique les montagnes.*) Dieu nous a bâti la maison de la liberté. (*On entend un tambour, des hommes arrivent portant un chapeau sur une perche. Un crieur les suit. Des femmes et des enfants se pressent en tumulte sur leurs pas.*)

Erster Gesell.

Was will die Trommel? Gebet Acht!

Meister Steinmetz.

Was für
Ein Faßnachtsaufzug, und was soll der Hut?

Ausrufer.

In des Kaisers Namen! Höret!

Gesellen.

Still doch! Höret!

Ausrufer.

Ihr sehet diesen Hut, Männer von Uri!
Aufrichten wird man ihn auf hoher Säule,
Mitten in Altdorf, an dem höchsten Ort,
Und dieses ist des Landvogts Will' und Meinung:
Dem Hut soll gleiche Ehre wie ihm selbst gescheh'n.
Man soll ihn mit gebognem Knie und mit
Entblößtem Haupt verehren — Daran will
Der König die Gehorsamen erkennen.
Verfallen ist mit seinem Leib und Gut
Dem Könige, wer das Gebot verachtet.

(Das Volk lacht laut auf, die Trommel wird gerührt, sie gehen vorüber.)

Erster Gesell.

Welch neues Unerhörtes hat der Vogt

LE PREMIER COMPAGNON. Que signifie ce tambour? Attention!

LE TAILLEUR DE PIERRES. Quelle procession de carnaval! Et que veut dire ce chapeau?

LE CRIEUR. Au nom de l'Empereur, écoutez!

LES COMPAGNONS. Silence, écoutez donc!

LE CRIEUR. Vous voyez, hommes d'Uri, vous voyez ce chapeau; on va le placer au haut d'un mât, au milieu d'Altorf, sur le point le plus élevé. Et voici la volonté et le bon plaisir du bailli: vous rendrez à ce chapeau les mêmes honneurs qu'à lui-même; on doit fléchir le genou devant lui et se découvrir la tête. Le Roi reconnaîtra par là ceux qui lui sont soumis. Quiconque méprisera cet ordre sera puni dans sa personne, et ses biens seront confisqués. (*Le peuple éclate de rire, le tambour bat, la troupe passe.*)

LE PREMIER COMPAGNON. Quel étrange caprice s'est donc encore mis

Sich ausgesonnen? Wir 'nen Hut verehren!
Sagt! Hat man je vernommen von dergleichen?

Meister Steinmetz.

Wir unsre Kniee beugen einem Hut!
Treibt er sein Spiel mit ernsthaft würd'gen Leuten?

Erster Gesell.

Wär's noch die kaiserliche Kron'! So ist's
Der Hut von Oesterreich; ich sah ihn hangen
Ueber dem Thron, wo man die Lehen gibt!

Meister Steinmetz.

Der Hut von Oesterreich! Gebt Acht, es ist
Ein Fallstrick, uns an Oestreich zu verrathen!

Gesellen.

Kein Ehrenmann wird sich der Schmach bequemen.

Meister Steinmetz.

Kommt, laßt uns mit den andern Abred' nehmen!

(Sie gehen nach der Tiefe.

Tell (zum Stauffacher).

Ihr wisset nun Bescheid. Lebt wohl, Herr Werner!

en tête le bailli? Nous! honorer un chapeau! Dites, a-t-on jamais rien vu de pareil?

LE TAILLEUR DE PIERRES. Nous, fléchir le genou devant un chapeau! se joue-t-il d'un peuple sérieux et respectable?

LE PREMIER COMPAGNON. Encore si c'était la couronne impériale! mais c'est le chapeau de l'Autriche, tel que je l'ai vu suspendu au-dessus du trône où nous allons porter notre hommage.

LE TAILLEUR DE PIERRES. Le chapeau de l'Autriche! Prenez garde! c'est un piége pour nous livrer à l'Autriche.

LES COMPAGNONS. Quel homme d'honneur se soumettrait à cette honte?

LE TAILLEUR DE PIERRES. Venez; allons nous concerter avec les autres. (*Ils se retirent au fond du théâtre.*)

TELL, *à Stauffacher*. Vous êtes maintenant au fait. Adieu, maître Werner.

Stauffacher.

Wo wollt Ihr hin? O, eilt nicht so von dannen!

Tell.

Mein Haus entbehrt des Vaters. Lebet wohl!

Stauffacher.

Mir ist das Herz so voll, mit Euch zu reden.

Tell.

Das schwere Herz wird nicht durch Worte leicht.

Stauffacher.

Doch könnten Worte uns zu Thaten führen

Tell.

Die einz'ge That ist jetzt Geduld und Schweigen.

Stauffacher.

Soll man ertragen, was unleidlich ist?

Tell.

Die schnellen Herrscher sind's, die kurz regieren.
— Wenn sich der Föhn erhebt aus seinen Schlünden,
Löscht man die Feuer aus, die Schiffe suchen
Eilends den Hafen, und der mächt'ge Geist
Geht ohne Schaden spurlos über die Erde.
Ein jeder lebe still bei sich daheim;
Dem Friedlichen gewährt man gern den Frieden.

STAUFFACHER. Où voulez-vous aller? Oh! ne vous hâtez pas ta[illegible]
TELL. Mes enfants ont besoin de leur père : adieu.
STAUFFACHER. Mon cœur déborde ; je voudrais vous parler.
TELL. Les paroles ne soulagent pas un cœur oppressé.
STAUFFACHER. Mais les paroles pourraient nous conduire aux actions
TELL. Ce qu'il faut à présent, c'est la résignation et le silence.
STAUFFACHER. Doit-on souffrir ce qui est insupportable?
TELL. Les maîtres violents sont ceux dont le règne dure le moins. Quand le vent de l'orage s'élève de ses gouffres, on éteint les feux, les barques entrent à la hâte dans le port, et l'esprit de la tempête passe sur la terre sans faire de mal et sans laisser de traces. Que chacun vive tranquille dans sa demeure; on accorde volontiers la paix à ceux qui sont pacifiques.

Stauffacher.

Meint Ihr?

Tell.

Die Schlange sticht nicht ungereizt.
Sie werden endlich doch von selbst ermüden,
Wenn sie die Lande ruhig bleiben seh'n.

Stauffacher.

Wir könnten viel, wenn wir zusammen stünden.

Tell.

Beim Schiffbruch hilft der Einzelne sich leichter.

Stauffacher.

So kalt verlaßt Ihr die gemeine Sache?

Tell.

Ein jeder zählt nur sicher auf sich selbst.

Stauffacher.

Verbunden werden auch die Schwachen mächtig.

Tell.

Der Starke ist am mächtigsten allein.

Stauffacher.

So kann das Vaterland auf Euch nicht zählen,
Wenn es verzweiflungsvoll zur Nothwehr greift?

Tell (gibt ihm die Hand).

Der Tell holt ein verlornes Lamm vom Abgrund,
Und sollte seinen Freunden sich entziehen?

STAUFFACHER. Croyez-vous?

TELL. Le serpent ne pique pas sans être excité. Ils finiront par se lasser d'eux-mêmes, s'ils voient le pays rester tranquille.

STAUFFACHER. Nous pourrions beaucoup, si nous étions unis.

TELL. Dans un naufrage, celui qui est seul se sauve plus facilement.

STAUFFACHER. Abandonnez-vous si froidement la cause commune?

TELL. Chacun ne peut compter sûrement que sur lui-même.

STAUFFACHER. Les faibles, en s'unissant, deviennent forts.

TELL. Le fort n'est jamais plus puissant que quand il est seul.

STAUFFACHER. Ainsi la patrie ne pourrait compter sur vous, si, dans son désespoir, elle avait recours à la résistance.

TELL *lui donne la main*. Tell va chercher un agneau tombé dans le précipice; et il abandonnerait ses amis? Mais, quoi que vous fas-

Doch was Ihr thut, laßt mich aus Eurem Rath!
Ich kann nicht lange prüfen oder wählen;
Bedürft ihr meiner zur bestimmten That,
Dann ruft den Tell! Es soll an mir nicht fehlen.

(Gehen ab zu verschiedenen Seiten. Ein plötzlicher Auflauf entsteht um da Gerüste.)

Meister Steinmetz (eilt hin).

Was gibt's?

Erster Gesell (kommt vor, rufend).

Der Schieferdecker ist vom Dach gestürzt.

Bertha (stürzt herein). Gefolge.

Ist er zerschmettert? Rennet, rettet, helft —
Wenn Hülfe möglich, rettet, hier ist Gold —

(Wirft ihr Geschmeide unter das Volk.)

Meister.

Mit eurem Golde — Alles ist euch feil
Um Gold! Wenn ihr den Vater von den Kindern
Gerissen und den Mann von seinem Weibe,

siez, ne m'appelez pas dans vos conseils, je ne puis ni discuter ni réfléchir longuement. Avez-vous besoin de moi pour une action résolue? alors appelez Tell, il ne vous fera pas défaut. (*Ils sortent de différents côtés. Un tumulte subit s'élève autour de l'échafaudage.*)

LE TAILLEUR DE PIERRES *y court.* Qu'y a-t-il?

LE PREMIER COMPAGNON *s'avance en criant.* Le couvreur est tombé du toit.

BERTHE *entre suivie de quelques personnes.* Est-il écrasé? Courez, portez-lui du secours, sauvez-le, si on peut le secourir. Sauvez-le, voilà de l'or. (*Elle jette ses bijoux parmi le peuple.*)

LE TAILLEUR DE PIERRES. Avec votre or!... Vous voulez tout payer avec de l'or: quand vous avez enlevé un père à ses enfants, un mari à sa femme, quand vous avez répandu la désolation dans le monde,

Und Jammer habt gebracht über die Welt,
Denkt ihr's mit Golde zu vergüten — Geht!
Wir waren frohe Menschen, eh' ihr kamt;
Mit euch ist die Verzweiflung eingezogen.

Bertha

(zu dem Frohnvogt, der zurückkommt).

Lebt er?

(Frohnvogt gibt ein Zeichen des Gegentheils.

O unglücksel'ges Schloß, mit Flüchen
Erbaut, und Flüche werden dich bewohnen!

(Geht ab.)

Vierte Scene.

(Walther Fürsts Wohnung.)

Walther Fürst und Arnold vom Melchthal

treten zugleich ein von verschiedenen Seiten.

Melchthal.

Herr Walther Fürst —

Walther Fürst.

Wenn man uns überraschte!
Bleibt, wo Ihr seid. Wir sind umringt von Spähern.

Melchthal.

Bringt Ihr mir nichts von Unterwalden? nichts
Von meinem Vater? Nicht ertrag' ich's länger,

vous croyez pouvoir réparer tout avec de l'or! Allez, nous étions heureux avant votre arrivée; avec vous est entré chez nous le désespoir.

BERTHE, *au piqueur qui revient.* Vit-il encore? (*Le piqueur fait un signe négatif.*) Oh! malheureuse forteresse, bâtie avec des malédictions, et les malédictions t'habiteront. (*Elle sort.*)

SCÈNE IV.

La demeure de Walther Furst.

WALTHER FURST *et* ARNOLD MELCHTHAL *entrant d'un côté différent.*

MELCHTHAL. Maître Walther Furst!...

WALTHER FURST. Si l'on nous surprenait!... Restez où vous êtes. Nous sommes entourés d'espions.

MELCHTHAL. Ne m'apportez-vous point de nouvelles d'Unterwald, point de nouvelles de mon père? Je ne puis supporter plus long-

Als ein Gefangner müßig hier zu liegen.
Was hab' ich denn so Sträfliches gethan,
Um mich gleich einem Mörder zu verbergen?
Dem frechen Buben, der die Ochsen mir,
Das treffliche Gespann, vor meinen Augen
Weg wollte treiben auf des Vogts Geheiß,
Hab' ich den Finger mit dem Stab gebrochen.

Walther Fürst.

Ihr seid zu rasch. Der Bube war des Vogts;
Von Eurer Obrigkeit war er gesendet.
Ihr wart in Straf' gefallen, mußtet Euch,
Wie schwer sie war, der Buße schweigend fügen.

Melchthal.

Ertragen sollt' ich die leichtfert'ge Rede
Des Unverschämten: „Wenn der Bauer Brod
Wollt' essen, mög' er selbst am Pfluge zieh'n!"
In die Seele schnitt mir's, als der Bub' die Ochsen,
Die schönen Thiere, von dem Pfluge spannte;
Dumpf brüllten sie, als hätten sie Gefühl
Der Ungebühr, und stießen mit den Hörnern;
Da übernahm mich der gerechte Zorn,

temps de demeurer ici dans l'oisiveté, comme un prisonnier. Quel crime ai-je donc commis pour être forcé de me cacher ainsi qu'un assassin? J'ai brisé avec mon bâton un doigt à un impudent valet qui, par l'ordre du bailli, voulait me ravir sous mes yeux mon plus bel attelage.

WALTHER FURST. Vous êtes trop prompt. Cet homme était envoyé par le bailli, par votre supérieur; vous aviez encouru une punition: quelque pénible qu'elle fût, il fallait la supporter en silence.

MELCHTHAL. Devais-je supporter les paroles insultantes de ce misérable? Si le paysan, disait-il, veut manger du pain, il peut bien s'atteler lui-même à la charrue. Je me suis senti le cœur déchiré quand ce valet détela de la charrue mes bœufs, ces magnifiques bêtes; ils mugissaient sourdement comme s'ils avaient ressenti l'in-

Und, meiner selbst nicht Herr, schlug ich den Boten.

Walther Fürst.

O, kaum bezwingen wir das eigne Herz;
Wie soll die rasche Jugend sich bezähmen!

Melchthal.

Mich jammert nur der Vater — Er bedarf
So sehr der Pflege, und sein Sohn ist fern
Der Vogt ist ihm gehässig, weil er stets
Für Recht und Freiheit redlich hat gestritten.
Drum werden sie den alten Mann bedrängen,
Und niemand ist, der ihn vor Unglimpf schütze.
— Werde mit mir, was will, ich muß hinüber.

Walther Fürst.

Erwartet nur und faßt Euch in Geduld,
Bis Nachricht uns herüber kommt vom Walde.
— Ich höre klopfen, geht — Vielleicht ein Bote
Vom Landvogt — Geht hinein — Ihr seid in Uri
Nicht sicher vor des Landenbergers Arm;
Denn die Tyrannen reichen sich die Hände.

jure, et frappaient de leurs cornes. Alors, une juste colère m'a saisi; je n'étais plus maître de moi, et j'ai frappé l'envoyé.

WALTHER FURST. Oh! nous comprimons à peine notre propre cœur, comment l'ardente jeunesse pourrait-elle se dompter?

MELCHTHAL. C'est mon père seulement qui m'afflige. Mes soins lui sont si nécessaires, et son fils est loin! Le bailli le hait, parce qu'il a toujours lutté noblement pour le droit et la liberté. Aussi opprimeront-ils ce vieillard, et personne n'est là pour le défendre d'un affront. Advienne ce qui pourra, je retourne auprès de lui.

WALTHER FURST. Attendez seulement et prenez patience jusqu'à ce qu'il nous vienne des nouvelles d'Unterwald... J'entends frapper, retirez-vous... C'est peut-être un émissaire du bailli... Rentrez; vous n'êtes pas ici à l'abri du pouvoir de Landenberg, car les tyrans se donnent la main.

Melchthal.

Sie lehren uns, was wir thun sollten.

Walther Fürst.

Geht!

Ich ruf' Euch wieder, wenn's hier sicher ist.

(Melchthal geht hinein.)

Der Unglückselige, ich darf ihm nicht
Gestehen, was mir Böses schwant — Wer klopft?
So oft die Thüre rauscht, erwart' ich Unglück.
Verrath und Argwohn lauscht in allen Ecken;
Bis in das Innerste der Häuser dringen
Die Boten der Gewalt; bald thät' es Noth,
Wir hätten Schloß und Riegel an den Thüren.

(Er öffnet, und tritt erstaunt zurück, da Werner Stauffacher hereintritt.)

Was seh' ich? Ihr, Herr Werner! Nun, bei Gott!
Ein werther, theurer Gast — Kein bessrer Mann
Ist über diese Schwelle noch gegangen.
Seid hoch willkommen unter meinem Dach!
Was führt Euch her? Was sucht Ihr hier in Uri?

MELCHTHAL. Ils nous apprennent ce que nous devrions faire.

WALTHER FURST. Rentrez. Je vous appellerai, s'il n'y a rien à craindre. (*Melchthal sort.*) L'infortuné! je n'ose lui avouer le malheur que je pressens. — Qui frappe? Au moindre bruit de la porte, je m'attends à quelque malheur. La trahison et le soupçon veillent dans tous les coins, les satellites de la tyrannie pénètrent jusque dans l'intérieur des maisons; bientôt il sera nécessaire d'avoir des verrous et des serrures aux portes. (*Il ouvre, et recule étonné en apercevant Werner Stauffacher.*) Que vois-je? C'est vous, maître Werner! Ah, par le ciel! un digne et cher hôte! Jamais plus honnête homme n'a encore franchi ce seuil. Soyez le très-bienvenu sous mon toit! Qui vous amène ici? Que cherchez-vous ici à Uri?

Stauffacher (ihm die Hand reichend).

Die alten Zeiten und die alte Schweiz.

Walther Fürst.

Die bringt Ihr mit Euch — Sieh, mir wird so wohl,
Warm geht das Herz mir auf bei Eurem Anblick.
— Setzt Euch, Herr Werner — Wie verließet Ihr
Frau Gertrud, Eure angenehme Wirthin,
Des weisen Ibergs hochverständ'ge Tochter?
Von allen Wandrern aus dem deutschen Land,
Die über Meinrads Zell' nach Welschland fahren,
Rühmt jeder Euer gastlich Haus — Doch sagt,
Kommt Ihr so eben frisch von Fluelen her,
Und habt Euch nirgend sonst noch umgesehn,
Eh' Ihr den Fuß gesetzt auf diese Schwelle?

Stauffacher (setzt sich).

Wohl ein erstaunlich neues Werk hab' ich
Bereiten sehen, das mich nicht erfreute.

Walther Fürst.

O Freund, da habt Ihr's gleich mit einem Blicke!

STAUFFACHER, *lui donnant la main.* Les vieux temps et la vieille Suisse.

WALTHER FURST. Vous les amenez avec vous. Tenez, je suis heureux de vous voir : mon cœur se réchauffe à votre aspect. Asseyez-vous, maître Werner... Comment avez-vous laissé dame Gertrude, votre aimable épouse, la prudente fille du sage Iberg? Tous les voyageurs qui se rendent d'Allemagne en Italie, en passant par la chapelle de Meinrad, vantent votre maison hospitalière. Mais, dites-moi, arrivez-vous directement de Fluelen, et n'avez-vous rien observé nulle part avant d'avoir mis le pied sur ce seuil?

STAUFFACHER *s'assied.* J'ai vu avec étonnement une nouvelle construction qui s'élève, et qui ne m'a pas réjoui.

WALTHER FURST. O mon ami! ce seul coup d'œil vous apprend tout.

Stauffacher.

Ein solches ist in Uri nie gewesen —
Seit Menschendenken war kein Twinghof hier,
Und fest war keine Wohnung, als das Grab.

Walther Fürst.

Ein Grab der Freiheit ist's! Ihr nennt's mit Namen.

Stauffacher.

Herr Walther Fürst, ich will Euch nicht verhalten:
Nicht eine müß'ge Neugier führt mich her;
Mich drücken schwere Sorgen — Drangsal hab' ich
Zu Haus verlassen, Drangsal find' ich hier.
Denn ganz unleidlich ist's, was wir erdulden,
Und dieses Dranges ist kein Ziel zu seh'n.
Frei war der Schweizer von Uralters her;
Wir sind's gewohnt, daß man uns gut begegnet.
Ein Solches war im Lande nie erlebt,
So lang ein Hirte trieb auf diesen Bergen.

STAUFFACHER. Jamais pareille chose ne s'était vue à Uri. De mémoire d'homme, il n'y a eu ici de maison de force; et il n'y avait d'éternelle demeure que le tombeau.

WALTHER FURST. Oui, c'est le tombeau de la liberté; vous l'appelez par son nom.

STAUFFACHER. Maître Walther Furst, je ne veux point vous le dissimuler, ce n'est pas une oisive curiosité qui m'amène ici. De graves soucis me préoccupent: j'ai laissé l'oppression chez moi, je retrouve ici l'oppression. Ce que nous endurons est tout à fait insupportable, et à cette tyrannie l'on ne voit point de terme. Le Suisse a été libre de toute antiquité; nous sommes habitués à être traités avec bonté. Jamais rien de tel ne s'était vu dans le pays, depuis qu'un berger gravit ces montagnes.

Walther Fürst.

Ja, es ist ohne Beispiel, wie sie's treiben!
Auch unser edler Herr von Attinghausen,
Der noch die alten Zeiten hat geseh'n,
Meint selber, es sei nicht mehr zu ertragen.

Stauffacher.

Auch drüben unterm Wald geht Schweres vor,
Und blutig wird's gebüßt — Der Wolfenschießen,
Des Kaisers Vogt, der auf dem Roßberg haus'te,
Gelüsten trug er nach verbotner Frucht;
Baumgartens Weib, der haushält zu Alzellen,
Wollt' er zu frecher Ungebühr mißbrauchen,
Und mit der Axt hat ihn der Mann erschlagen.

Walther Fürst.

O, die Gerichte Gottes sind gerecht!
— Baumgarten, sagt Ihr? Ein bescheidner Mann!
Er ist gerettet doch und wohl geborgen?

Stauffacher.

Euer Eidam hat ihn übern See geflüchtet;

WALTHER FURST. Oui, une pareille conduite est sans exemple, et notre noble seigneur d'Attinghausen, qui se souvient encore des vieux temps, pense lui-même que cela ne peut plus se supporter.

STAUFFACHER. La-bas aussi, à Unterwald, il se passe de graves événements; et la vengeance a été sanglante. Le bailli de l'Empereur, Wolfenschiess, qui demeurait sur le Rossberg, a élevé ses désirs vers le fruit défendu; il a voulu abuser de la femme de Baumgarten qui habite Alzellen, et le mari l'a frappé de sa hache.

WALTHER FURST. Oh! les jugements de Dieu sont justes... Baumgarten, dites-vous? un homme doux et honnête! Il est sauvé, n'est-ce pas, et bien caché?

STAUFFACHER. Votre gendre l'a fait passer de l'autre côté du lac,

Bei mir zu Steinen halt' ich ihn verborgen —
— Noch Gräulichers hat mir derselbe Mann
Berichtet, was zu Sarnen ist geschehn.
Das Herz muß jedem Biedermanne bluten.

Walther Fürst (aufmerksam)

Sagt an, was ist's?

Stauffacher.

Im Melchthal, da, wo man
Eintritt bei Kerns, wohnt ein gerechter Mann,
Sie nennen ihn den Heinrich von der Halden,
Und seine Stimm' gilt was in der Gemeinde.

Walther Fürst.

Wer kennt ihn nicht? Was ist's mit ihm? Vollendet!

Stauffacher.

Der Landenberger büßte seinen Sohn
Um kleinen Fehlers willen, ließ die Ochsen,
Das beste Paar, ihm aus dem Pfluge spannen;
Da schlug der Knab' den Knecht und wurde flüchtig.

Walther Fürst (in höchster Spannung).

Der Vater aber — sagt, wie steht's um den?

et il est caché chez moi à Steinen. Il m'a appris quelque chose de plus affreux encore, qui s'est passé à Sarnen; c'est à faire saigner le cœur de tout honnête homme.

WALTHER FURST, *attentif.* Dites, qu'y a-t-il?

STAUFFACHER. Dans le Melchthal, à l'entrée de Kerns, demeure un honnête homme qu'on appelle Henri de Halden; sa parole a de l'influence sur le peuple.

WALTHER FURST. Qui ne le connaît pas? Eh bien! que lui est-il arrivé? Achevez.

STAUFFACHER. Landenberg, pour punir son fils d'une faute légère, voulut faire dételer de sa charrue le meilleur couple de ses bœufs; le jeune homme a frappé l'envoyé de Landenberg, et a pris la fuite.

WALTHER FURST, *dans une vive anxiété.* Et le père? dites-moi, qu'est-il devenu?

Stauffacher.

Den Vater läßt der Landenberger fordern,
Zur Stelle schaffen soll er ihm den Sohn,
Und da der alte Mann mit Wahrheit schwört,
Er habe von dem Flüchtling keine Kunde,
Da läßt der Vogt die Folterknechte kommen —

Walther Fürst

(springt auf und will ihn auf die andere Seite führen).

O still, nichts mehr!

Stauffacher

(mit steigendem Ton).

„Ist mir der Sohn entgangen,
„So hab' ich dich" — läßt ihn zu Boden werfen,
Den spitz'gen Stahl ihm in die Augen bohren —

Walther Fürst.

Barmherz'ger Himmel!

Melchthal (stürzt heraus).

In die Augen, sagt Ihr?

Stauffacher

(erstaunt zu Walther Fürst).

Wer ist der Jüngling?

Melchthal

(faßt ihn mit krampfhafter Heftigkeit).

In die Augen? Redet!

Walther Fürst.

O der Bejammernswürdige!

STAUFFACHER. Landenberg a fait sommer le père de lui livrer sur-le-champ son fils, et comme le vieillard jurait, et c'était la vérité, qu'il n'avait aucune nouvelle du fugitif, le bailli a fait venir les bourreaux.

WALTHER FURST *se lève précipitamment, et veut l'emmener de l'autre côté.* Oh! silence! pas un mot de plus.

STAUFFACHER, *élevant la voix.* « Le fils m'est échappé, a-t-il dit, mais toi je te tiens... » Il le fait jeter par terre, et un acier aigu lui perce les yeux.

WALTHER FURST. Dieu de miséricorde!

MELCHTHAL *se précipite dans la chambre.* Les yeux, dites-vous?

STAUFFACHER, *étonné, à Walther Furst.* Quel est ce jeune homme?

MELCHTHAL, *saisissant Stauffacher avec un mouvement convulsif.* Les yeux?... Parlez.

WALTHER FURST. Oh! le malheureux!

Stauffacher.

Wer ist's?

(Da Walther Fürst ihm ein Zeichen gibt.)

Der Sohn ist's? Allgerechter Gott!

Melchthal.

Und ich

Muß ferne sein! — In seine beiden Augen?

Walther Fürst.

Bezwinget Euch! Ertragt es, wie ein Mann!

Melchthal.

Um meiner Schuld, um meines Frevels willen!
— Blind also? Wirklich blind, und ganz geblendet?

Stauffacher.

Ich sagt's. Der Quell des Sehns ist ausgeflossen;
Das Licht der Sonne schaut er niemals wieder.

Walther Fürst.

Schont seines Schmerzens!

Melchthal.

Niemals! Niemals wieder!

(Er drückt die Hand vor die Augen und schweigt einige Momente, dann wendet er sich von dem einen zum andern, und spricht mit sanfter von Thränen erstickter Stimme.)

O, eine edle Himmelsgabe ist
Das Licht des Auges — Alle Wesen leben
Vom Lichte, jedes glückliche Geschöpf —

STAUFFACHER. Qui est-ce? (*Walther Furst lui fait un signe.*) C'est le fils? Juste Dieu!

MELCHTHAL. Et moi, j'étais loin!... Les deux yeux?

WALTHER FURST. Maîtrisez-vous; supportez ce malheur en homme.

MELCHTHAL. Pour ma faute, pour mon emportement! Ainsi aveugle, réellement aveugle, tout à fait aveugle?

STAUFFACHER. Je l'ai dit : la source de la lumière est tarie pour lui, jamais plus il ne reverra l'éclat du soleil.

WALTHER FURST. Ménagez sa douleur.

MELCHTHAL. Jamais, jamais! (*Il presse sa main sur ses yeux, et se tait quelques instants; puis il se tourne tantôt vers l'un et tantôt vers l'autre, et parle d'une voix douce, étouffée par les larmes.*) Oh! c'est un noble présent du ciel que la lumière du jour... Tous les êtres, toutes les créatures heureuses vivent de la lumière...

Die Pflanze selbst kehrt freudig sich zum Lichte.
Und er muß sitzen, fühlend, in der Nacht,
Im ewig Finstern — ihn erquickt nicht mehr
Der Matten warmes Grün, der Blumen Schmelz,
Die rothen Firnen kann er nicht mehr schauen —
Sterben ist nichts — doch leben und nicht sehen,
Das ist ein Unglück — Warum seht ihr mich
So jammernd an? Ich hab' zwei frische Augen,
Und kann dem blinden Vater keines geben,
Nicht einen Schimmer von dem Meer des Lichts,
Das glanzvoll, blendend, mir ins Auge dringt.

Stauffacher.

Ach, ich muß Euren Jammer noch vergrößern,
Statt ihn zu heilen — Er bedarf noch mehr!
Denn alles hat der Landvogt ihm geraubt;
Nichts hat er ihm gelassen als den Stab,
Um nackt und blind von Thür zu Thür zu wandern.

Melchthal.

Nichts als den Stab dem augenlosen Greis!
Alles geraubt, und auch das Licht der Sonne,

La plante elle-même se tourne amoureusement vers la lumière ; et lui, avec le sentiment de son malheur, il restera dans la nuit, dans l'éternelle obscurité ! Le vert gazon des prairies ne réjouira plus ses regards, il ne verra plus l'émail des fleurs et les cimes empourprées des glaciers. Mourir n'est rien... mais vivre et ne rien voir, quel malheur !... Pourquoi me regardez-vous avec tant de compassion? Moi, j'ai deux bons yeux et je ne puis en donner un à mon père aveugle, je ne puis lui donner une parcelle de cet océan de lumière dont l'éclat pénètre dans mes yeux éblouis.

STAUFFACHER. Hélas ! il faut que j'augmente encore votre douleur, au lieu de l'adoucir. Votre père est plus malheureux encore, car le bailli lui a tout ravi, et ne lui a rien laissé qu'un bâton pour aller nu et aveugle de porte en porte.

MELCHTHAL. Rien qu'un bâton au vieillard aveugle ! Privé de tout, même de la lumière du soleil, ce bien dont le plus pauvre a sa part !

Des Aermsten allgemeines Gut — Jetzt rede
Mir Keiner mehr von Bleiben, von Verbergen!
Was für ein feiger Elender bin ich,
Daß ich auf meine Sicherheit gedacht,
Und nicht auf deine! — dein geliebtes Haupt
Als Pfand gelassen in des Wüthrichs Händen!
Feigherz'ge Vorsicht, fahre hin — Auf nichts
Als blutige Vergeltung will ich denken.
Hinüber will ich — keiner soll mich halten —
Des Vaters Auge von dem Landvogt fordern —
Aus allen seinen Reisigen heraus
Will ich ihn finden — Nichts liegt mir am Leben,
Wenn ich den heißen ungeheuren Schmerz
In seinem Lebensblute kühle.

(Er will gehen.)

Walther Fürst.

Bleibt!
Was könnt Ihr gegen ihn? Er sitzt zu Sarnen
Auf seiner hohen Herrenburg und spottet
Ohnmächt'gen Zorns in seiner sichern Veste.

Melchthal.

Und wohnt' er droben auf dem Eispalast

Ne me parlez plus de rester ici, de me cacher! Quel misérable lâche j'ai été de songer à ma propre sûreté et non pas à la tienne, de laisser ta tête chérie comme un gage entre les mains de ce barbare! Loin d'ici, honteuse prévoyance! Je ne veux plus penser qu'à une vengeance sanglante. Je veux repasser le lac; nul ne m'en empêchera; je veux aller redemander au bailli les yeux de mon père; je l'irai trouver au milieu de ses cavaliers... Que m'importe la vie, si j'éteins dans son sang l'ardeur de mon affreuse douleur. (*Il veut sortir.*)

WALTHER FURST. Restez! Que pouvez-vous contre lui? Il est à Sarnen dans son château, et, du haut de sa forteresse imprenable, il se rit d'une impuissante fureur.

MELCHTHAL. Et quand il habiterait les palais de glace du Schreckhorn,

Des Schreckhorns oder höher, wo die Jungfrau
Seit Ewigkeit verschleiert sitzt — ich mache
Mir Bahn zu ihm; mit zwanzig Jünglingen,
Gesinnt wie ich, zerbrech' ich seine Veste.
Und wenn mir niemand folgt, und wenn ihr alle,
Für eure Hütten bang und eure Heerden,
Euch dem Tyrannenjoche beugt — die Hirten
Will ich zusammenrufen im Gebirg',
Dort unterm freien Himmelsdache, wo
Der Sinn noch frisch ist und das Herz gesund,
Das ungeheuer Gräßliche erzählen.

Stauffacher (zu Walther Fürst).

Es ist auf seinem Gipfel — Wollen wir
Erwarten, bis das Aeußerste —

Melchthal.

Welch Aeußerstes
Ist noch zu fürchten, wenn der Stern des Auges
In seiner Höhle nicht mehr sicher ist?
— Sind wir denn wehrlos? Wozu lernten wir
Die Armbrust spannen und die schwere Wucht
Der Streitaxt schwingen? Jedem Wesen ward

ou plus haut encore au milieu des neiges dont la *Jungfrau* voile sa cime depuis l'éternité, je m'ouvrirai un chemin jusqu'à lui; avec vingt jeunes hommes résolus comme moi, je renverserai sa forteresse. Et si personne ne veut me suivre, si tous, tremblant pour vos cabanes et vos troupeaux, vous vous courbez sous le joug du tyran, j'appellerai les bergers de la montagne, et là, sous la libre voûte du ciel, là où la pensée est vierge encore, où le cœur est resté pur, je leur raconterai cette monstrueuse cruauté.

STAUFFACHER, *à Walther Furst.* La tyrannie est à son comble.. Voulons-nous attendre jusqu'à l'extrémité?

MELCHTHAL. Quelle extrémité avons-nous encore à craindre, quand la prunelle des yeux n'est plus en sûreté dans son orbite? Sommes-nous donc sans défense? Pourquoi avons-nous appris à tendre l'arbalète et à manier la pesante hache d'armes? Chaque être trouve

Ein Nothgewehr in der Verzweiflung Angst;
Es stellt sich der erschöpfte Hirsch und zeigt
Der Meute sein gefürchtetes Geweih,
Die Gemse reißt den Jäger in den Abgrund —
Der Pflugstier selbst, der sanfte Hausgenoss
Des Menschen, der die ungeheure Kraft
Des Halses duldsam unters Joch gebogen,
Springt auf, gereizt, wetzt sein gewaltig Horn,
Und schleudert seinen Feind den Wolken zu.

Walther Fürst.

Wenn die drei Lande dächten wie wir drei,
So möchten wir vielleicht etwas vermögen.

Stauffacher.

Wenn Uri ruft, wenn Unterwalden hilft,
Der Schwytzer wird die alten Bünde ehren.

Melchthal.

Groß ist in Unterwalden meine Freundschaft,
Und jeder wagt mit Freuden Leib und Blut,
Wenn er am andern einen Rücken hat
Und Schirm — O fromme Väter dieses Landes!

un moyen de défense dans l'angoisse du désespoir ; le cerf épuisé s'arrête, et présente à la meute son bois redoutable ; le chamois entraîne le chasseur dans l'abîme ; le bœuf lui-même, ce docile compagnon de l'homme, qui soumet patiemment à notre joug son front puissant s'élance, si on l'irrite, aiguise sa corne terrible, et lance son ennemi dans les airs.

WALTHER FURST. Si les trois cantons pensaient comme nous trois, nous pourrions peut-être entreprendre quelque chose.

STAUFFACHER. Qu'Uri appelle, qu'Unterwald vienne en aide, Schwytz respectera l'antique alliance.

MELCHTHAL. J'ai de nombreux amis dans Unterwald, et chacun risquera avec joie son sang et sa vie, s'il se sent soutenu et protégé. O vénérables pères de la patrie, me voici, moi, jeune homme, au milieu

Ich stehe, nur ein Jüngling, zwischen euch,
Den Vielerfahrnen — meine Stimme muß
Bescheiden schweigen in der Landsgemeine.
Nicht, weil ich jung bin und nicht viel erlebte,
Verachtet meinen Rath und meine Rede!
Nicht lüstern jugendliches Blut, mich treibt
Des höchsten Jammers schmerzliche Gewalt,
Was auch den Stein des Felsen muß erbarmen.
Ihr selbst seid Väter, Häupter eines Hauses,
Und wünscht euch einen tugendhaften Sohn,
Der eures Hauptes heil'ge Locken ehre,
Und euch den Stern des Auges fromm bewache.
O, weil Ihr selbst an eurem Leib und Gut
Noch nichts erlitten, eure Augen sich
Noch frisch und hell in ihren Kreisen regen,
So sei euch darum unsre Noth nicht fremd!
Auch über euch hängt des Tyrannen Schwert,
Ihr habt das Land von Oestreich abgewendet;

de vous si pleins d'expérience; ma voix doit se taire modestement dans les conseils du pays. Cependant, bien que je sois jeune et que la vie m'ait peu appris, ne méprisez point mes paroles. Ce n'est point la fougue du jeune âge qui m'entraîne, c'est la violence irrésistible d'un désespoir qui attendrirait des rochers. Vous-mêmes vous êtes pères et chefs de famille, vous désirez avoir un fils vertueux qui honore vos cheveux blancs, et qui veille pieusement sur la prunelle de vos yeux. Oh! sans doute, vous n'avez encore rien souffert ni dans votre personne ni dans vos biens; vos yeux roulent encore vifs et perçants dans leur orbite; mais ne restez pas pour cela étrangers à notre malheur. Sur vous aussi est suspendue l'épée du tyran : vous avez détourné le pays de la domination de l'Autriche;

Kein anderes war meines Vaters Unrecht;
Ihr seid in gleicher Mitschuld und Verdammniß.

Stauffacher (zu Walther Fürst)

Beschließet Ihr! Ich bin bereit zu folgen.

Walther Fürst.

Wir wollen hören, was die edeln Herrn
Von Sillinen, von Attinghausen rathen —
Ihr Name, denk' ich, wird uns Freunde werben.

Melchthal.

Wo ist ein Name in dem Waldgebirg'
Ehrwürdiger, als Eurer und der Eure?
An solcher Namen ächte Währung glaubt
Das Volk, sie haben guten Klang im Land
Ihr habt ein reiches Erb' von Vätertugend,
Und habt es selber reich vermehrt — Was braucht's
Des Edelmanns? Laßt's uns allein vollenden!
Wären wir doch allein im Land! Ich meine,
Wir wollten uns schon selbst zu schirmen wissen.

mon père n'a pas eu d'autre tort : vous êtes coupables et condamnés comme lui.

STAUFFACHER, *à Walther Furst.* Décidez ; je suis prêt à vous suivre.

WALTHER FURST. Il faudrait savoir ce que pensent les nobles seigneurs de Sillinen et d'Attinghausen. Leur nom, je pense, nous donnera des amis.

MELCHTHAL. Quel nom dans nos montagnes est plus respectable que les vôtres? Le peuple a toute confiance en de tels noms et leur autorité est grande en ce pays. Vous avez reçu de vos pères un riche héritage de vertus, et vous l'avez vous-mêmes richement augmenté. Qu'avons-nous besoin des nobles? Achevons seuls notre entreprise. Que ne sommes-nous seuls dans le pays! nous saurions bien, je crois, nous défendre nous-mêmes.

Stauffacher.

Die Edeln drängt nicht gleiche Noth mit uns:
Der Strom, der in den Niederungen wüthet,
Bis jetzt hat er die Höh'n noch nicht erreicht —
Doch ihre Hülfe wird uns nicht entgehn,
Wenn sie das Land in Waffen erst erblicken.

Walther Fürst.

Wäre ein Obmann zwischen uns und Oestreich,
So möchte Recht entscheiden und Gesetz.
Doch, der uns unterdrückt, ist unser Kaiser
Und höchster Richter — so muß Gott uns helfen
Durch unsern Arm — Erforschet Ihr die Männer
Von Schwytz, ich will in Uri Freunde werben.
Wen aber senden wir nach Unterwalden?

Melchthal.

Mich sendet hin — Wem läg' es näher an —

Walther Fürst.

Ich geb's nicht zu, Ihr seid mein Gast, ich muß
Für Eure Sicherheit gewähren!

STAUFFACHER. Les mêmes maux ne pèsent point sur les nobles; le torrent qui a dévasté le vallon n'a pas encore atteint les hauteurs. Cependant leurs secours ne nous manqueront pas, quand ils verront une fois le pays en armes.

WALTHER FURST. S'il y avait un arbitre entre l'Autriche et nous, la justice et les lois décideraient peut-être; mais celui qui nous opprime, c'est notre Empereur, c'est le juge souverain. Il faut donc avoir recours à Dieu et à notre bras... Sondez les gens de Schwytz; je trouverai des amis dans Uri... Qui enverrons-nous à Unterwald?

MELCHTHAL. Envoyez-moi... A qui importe-t-il d'avantage..

WALTHER FURST. Je ne peux y consentir; vous êtes mon hôte, et je dois veiller à votre sûreté.

Melchthal.

Laßt mich!

Die Schliche kenn' ich und die Felsensteige;
Auch Freunde find' ich g'nug, die mich dem Feind
Verhehlen und ein Obdach gern gewähren.

Stauffacher.

Laßt ihn mit Gott hinüber gehn! Dort drüben
Ist kein Verräther — So verabscheut ist
Die Tyrannei, daß sie kein Werkzeug findet.
Auch der Alzeller soll uns nid dem Wald
Genossen werben und das Land erregen.

Melchthal.

Wie bringen wir uns sichre Kunde zu,
Daß wir den Argwohn der Tyrannen täuschen?

Stauffacher.

Wir könnten uns zu Brunnen oder Treib
Versammeln, wo die Kaufmannsschiffe landen.

Walther Fürst.

So offen dürfen wir das Werk nicht treiben.
— Hört meine Meinung! Links am See, wenn man

MELCHTHAL. Laissez-moi partir, je connais les sentiers et les passages des rochers; je trouverai assez d'amis qui me déroberont à l'ennemi et me donneront volontiers un asile.

STAUFFACHER. Laissez-le aller à la garde de Dieu. Là-bas il n'y a point de traîtres. La tyrannie y est si abhorrée qu'elle ne trouve aucun instrument... Baumgarten de son côté nous aidera à recruter des auxiliaires dans le Niederwald et à soulever le pays.

MELCHTHAL. Comment nous transmettrons-nous des nouvelles certaines, sans éveiller les soupçons des tyrans?

STAUFFACHER. Nous pourrions nous rassembler à Brunnen ou à Treib, où abordent les barques des marchands.

WALTHER FURST. Nous ne pouvons conduire si ouvertement cette entreprise. Écoutez mon avis : à gauche du lac, en allant vers Brun-

Nach Brunnen fährt, dem Mythenstein grad' über,
Liegt eine Matte heimlich im Gehölz,
Das Rütli heißt sie bei dem Volk der Hirten,
Weil dort die Waldung ausgereutet ward.
Dort ist's, wo unsre Landmark und die Eure

(zu Melchthal.)

Zusammengränzen, und in kurzer Fahrt

(zu Stauffacher.)

Trägt Euch der leichte Kahn von Schwytz herüber.
Auf öden Pfaden können wir dahin
Bei Nachtzeit wandern und uns still berathen.
Dahin mag jeder zehn vertraute Männer
Mitbringen, die herzeinig sind mit uns,
So können wir gemeinsam das Gemeine
Besprechen und mit Gott es frisch beschließen.

Stauffacher.

So sei's! Jetzt reicht mir Eure biedre Rechte,
Reicht Ihr die Eure her, und so wie wir
Drei Männer jetzo, unter uns, die Hände

nen, vis-à-vis du Mythenstein, il y a dans les bois une prairie cachée, les bergers la nomment le Rutli, parce que les bois ont été défrichés. C'est la limite de notre canton et du vôtre (*à Melchthal*), et il suffit d'une courte traversée (*à Stauffacher*) pour qu'un léger canot vous transporte de Schwytz en ce lieu. Nous pouvons nous y rendre par des sentiers déserts, pendant la nuit, et délibérer en sûreté. Que chacun de nous y conduise dix hommes en qui nous ayons confiance et qui soient à nous de cœur. Nous pourrons traiter en commun de l'intérêt général, et avec l'aide de Dieu nous prendrons une résolution courageuse.

STAUFFACHER. Ainsi soit-il. Maintenant, donnez-moi votre main, et vous aussi la vôtre, et de même qu'ici, nous nous serrons tous trois la main, loyalement et sans fausseté, ainsi nos trois cantons seront

Zusammen flechten, redlich, ohne Falsch,
So wollen wir Drei Länder auch, zu Schutz
Und Trutz zusammen steh'n auf Tod und Leben.

Walther Fürst und Melchthal.

Auf Tod und Leben!

(Sie halten die Hände noch einige Pausen lang zusammengeflochten und schweigen.)

Melchthal.

Blinder, alter Vater,
Du kannst den Tag der Freiheit nicht mehr schauen;
Du sollst ihn hören — Wenn von Alp zu Alp
Die Feuerzeichen flammend sich erheben,
Die festen Schlösser der Tyrannen fallen,
In deine Hütte soll der Schweizer wallen,
Zu deinem Ohr die Freudenkunde tragen,
Und hell in deiner Nacht soll es dir tagen!

(Sie gehen auseinander.)

unis pour la défense et pour l'attaque, et se soutiendront à la vie et à la mort.

WALTHER FURST *et* MELCHTHAL. À la vie et à la mort! (*Ils se tiennent quelques instants la main et gardent le silence.*)

MELCHTHAL. Mon vieux père aveugle, tu ne verras plus le jour de la liberté, mais tu l'entendras proclamer. Quand les signaux de feu passeront d'une Alpe à l'autre, et que tomberont les forteresses des tyrans, le Suisse alors visitera ta demeure et fera retentir à tes oreilles l'heureuse nouvelle, et une lumière brillante éclairera la nuit qui t'environne. (*Ils se séparent.*)

Zweiter Aufzug.

Erste Scene.

Edelhof des Freiherrn von Attinghausen.

Ein gothischer Saal, mit Wappenschildern und Helmen verziert. Der Freiherr, ein Greis von fünf und achtzig Jahren, von hoher edler Statur, an einem Stabe, worauf ein Gemsenhorn, und in ein Pelzwams gekleidet. Kuoni und noch sechs Knechte stehen um ihn her mit Rechen und Sensen — Ulrich von Rudenz tritt ein in Ritterkleidung.

Rudenz.

Hier bin ich, Oheim — Was ist Euer Wille?

Attinghausen.

Erlaubt, daß ich nach altem Hausgebrauch
Den Frühtrunk erst mit meinen Knechten theile.
(Er trinkt aus einem Becher, der dann in der Reihe herumgeht.)

ACTE DEUXIÈME.

SCÈNE PREMIÈRE.

Le manoir du baron d'Attinghausen.

Une salle gothique ornée d'écussons et de haumes. Le BARON D'ATTINGHAUSEN, vieillard de quatre-vingt-cinq ans, d'une haute et noble stature, appuyé sur un bâton surmonté d'une corne de chamois, vêtu d'une fourrure. KUONI et six autres serviteurs sont debout autour de lui avec des faux et des râteaux. ULRICH DE RUDENZ s'avance en costume de chevalier.

RUDENZ. Me voici, mon oncle. Que me voulez-vous?

ATTINGHAUSEN. Permets d'abord que, suivant l'ancien usage de la maison, je boive le coup du matin avec mes serviteurs. (*Il boit dans une coupe qui circule ensuite à la ronde.*) Autrefois, j'allais moi-

Sonst war ich selber mit in Feld und Wald,
Mit meinem Auge ihren Fleiß regierend,
Wie sie mein Banner führte in der Schlacht;
Jetzt kann ich nichts mehr als den Schaffner machen,
Und kommt die warme Sonne nicht zu mir,
Ich kann sie nicht mehr suchen auf den Bergen.
Und so in enger stets und engerm Kreis
Beweg' ich mich dem engsten und letzten,
Wo alles Leben still steht, langsam zu.
Mein Schatten bin ich nur, bald nur mein Name.

Kuoni (zu Rudenz mit dem Becher).

Ich bring's Euch, Junker.

(Da Rudenz zaudert, den Becher zu nehmen.)

Trinket frisch! Es geht
Aus einem Becher und aus einem Herzen.

Attinghausen.

Geht, Kinder, und wenn's Feierabend ist,

même avec eux dans les champs et dans les bois, mes yeux dirigeaient leurs travaux et ma bannière les conduisait au combat; maintenant je ne puis que leur donner des ordres, et si la chaleur du soleil ne vient pas jusqu'à moi, je ne peux plus aller la chercher sur les montagnes. Ainsi renfermé dans un cercle chaque jour plus étroit, je m'achemine lentement vers le plus étroit et le dernier de tous, là où toute vie s'arrête. Je ne suis plus que l'ombre de moi-même, et bientôt il ne restera de moi que mon nom.

KUONI, *tenant en main la coupe, à Rudenz.* Je bois à vous, mon jeune maître. (*Rudenz hésite à prendre la coupe.*) Allons, buvez; nous n'avons qu'un cœur et qu'une coupe.

ATTINGHAUSEN. Allez, enfants, et quand viendra l'heure du repos,

Dann reden wir auch von des Lands Geschäften.

(Knechte gehen ab.)

Attinghausen und Rudenz.

Attinghausen.

Ich sehe dich gegürtet und gerüstet;
Du willst nach Altorf in die Herrenburg?

Rudenz.

Ja, Oheim, und ich darf nicht länger säumen —

Attinghausen (setzt sich)

Hast du's so eilig? Wie? Ist deiner Jugend
Die Zeit so karg gemessen, daß du sie
An deinem alten Oheim mußt ersparen?

Rudenz.

Ich sehe, daß Ihr meiner nicht bedürft,
Ich bin ein Fremdling nur in diesem Hause.

Attinghausen

(hat ihn lange mit den Augen gemustert)

Ja, leider bist du's. Leider ist die Heimath
Zur Fremde dir geworden! Uly! Uly!
Ich kenne dich nicht mehr. In Seide prangst du,
Die Pfauenfeder trägst du stolz zur Schau,
Und schlägst den Purpurmantel um die Schultern,

nous parlerons des affaires du pays. (*Les valets sortent. A Rudenz.*) Je te vois habillé et équipé; tu veux aller à Altorf, au château du bailli?

RUDENZ. Oui, mon oncle, et je ne puis tarder plus longtemps.

ATTINGHAUSEN, *s'asseyant.* Es-tu donc si pressé? Eh quoi? le temps est-il si strictement mesuré à ta jeunesse que tu sois obligé de l'économiser auprès de ton vieil oncle?

RUDENZ. Je vois que vous n'avez pas besoin de moi; je ne suis qu'un étranger dans cette maison.

ATTINGHAUSEN, *les yeux longtemps fixés sur lui.* Oui, malheureusement! malheureusement ta patrie t'est devenue étrangère. Ulrich, Ulrich, je ne te reconnais plus; te voilà vêtu de soie; tu montres avec orgueil ces plumes de paon, un manteau d'écarlate flotte sur tes

Den Landmann blickst du mit Verachtung an,
Und schämst dich seiner traulichen Begrüßung.

Rudenz.

Die Ehr', die ihm gebührt, geb' ich ihm gern;
Das Recht, das er sich nimmt, verweigr' ich ihm.

Attinghausen.

Das ganze Land liegt unterm schweren Zorn
Des Königs — Jedes Biedermannes Herz
Ist kummervoll ob der tyrannischen Gewalt,
Die wir erdulden — Dich allein rührt nicht
Der allgemeine Schmerz — Dich siehet man
Abtrünnig von den Deinen auf der Seite
Des Landesfeindes stehen, unsrer Noth
Hohnsprechend nach der leichten Freude jagen,
Und buhlen um die Fürstengunst, indeß
Dein Vaterland von schwerer Geißel blutet.

Rudenz.

Das Land ist schwer bedrängt — Warum, mein Oheim?
Wer ist's, der es gestürzt in diese Noth?
Es kostete ein einzig leichtes Wort,
Um Augenblicks des Dranges los zu sein,

épaules, tu regardes avec mépris le paysan et tu as honte de son salut amical.

RUDENZ. Je lui donne volontiers ce qui lui est dû; mais le droit qu'il s'arroge, je le lui refuse.

ATTINGHAUSEN. Toute la contrée gémit sous la cruelle oppression du roi. La violence tyrannique que nous avons à souffrir remplit de douleur l'âme de tout honnête homme. Toi seul n'es pas ému de la tristesse générale. On te voit, désertant les tiens, te mettre du côté de l'ennemi du pays; insultant à nos maux, tu cours après les plaisirs frivoles, et tu brigues la faveur des princes, tandis que ta patrie saigne sous la verge des tyrans.

RUDENZ. Le pays est opprimé — pourquoi, mon oncle? Qui l'a jeté dans ces malheurs? Il n'en coûterait qu'un seul mot, un simple mot pour être à l'instant délivré de ce joug et se rendre l'Empereur favo-

Und einen gnäd'gen Kaiser zu gewinnen.
Weh ihnen, die dem Volk die Augen halten,
Daß es dem wahren Besten widerstrebt.
Um eignen Vortheils willen hindern sie,
Daß die Waldstädte nicht zu Oestreich schwören,
Wie ringsum alle Lande doch gethan.
Wohl thut es ihnen, auf der Herrenbank
Zu sitzen mit dem Edelmann — den Kaiser
Will man zum Herrn, um keinen Herrn zu haben.

Attinghausen.

Muß ich das hören und aus deinem Munde!

Rudenz.

Ihr habt mich aufgefordert, laßt mich enden!
— Welche Person ist's, Oheim, die Ihr selbst
Hier spielt? Habt Ihr nicht höhern Stolz, als hier
Landammann oder Bannerherr zu sein
Und neben diesen Hirten zu regieren?
Wie? Ist's nicht eine rühmlichere Wahl,
Zu huldigen dem königlichen Herrn,

rable. Malheur à ceux qui ferment les yeux du peuple et qui le portent à repousser son véritable bien! C'est dans leur propre intérêt qu'ils empêchent les trois cantons de prêter serment à l'Autriche, comme l'ont fait déjà toutes les contrées voisines. Ils sont flattés de s'asseoir avec la noblesse sur le banc des seigneurs. On veut avoir l'Empereur pour maître, afin de n'avoir point de maître.

ATTINGHAUSEN. Me faut-il entendre de telles paroles, et de ta bouche?

RUDENZ. Vous m'avez provoqué, laissez-moi finir. Quel rôle, mon oncle, jouez-vous ici vous-même? N'avez-vous pas d'ambition plus élevée que celle d'être ici banneret ou landamman et de régner à côté de ces bergers? Quoi! ne serait-il pas plus glorieux pour vous de rendre hommage à un royal maître, de vous joindre à sa suite bril-

Sich an sein glänzend Lager anzuschließen,
Als Eurer eignen Knechte Pair zu sein,
Und zu Gericht zu sitzen mit dem Bauer?

Attinghausen.

Ach, Uly! Uly! Ich erkenne sie,
Die Stimme der Verführung! Sie ergriff
Dein offnes Ohr, sie hat dein Herz vergiftet.

Rudenz.

Ja, ich verberg' es nicht — in tiefer Seele
Schmerzt mich der Spott der Fremdlinge, die uns
Den Bauernadel schelten — Nicht ertrag' ich's,
Indeß die edle Jugend rings umher
Sich Ehre sammelt unter Habsburgs Fahnen,
Auf meinem Erb' hier müßig still zu liegen,
Und bei gemeinem Tagewerk den Lenz
Des Lebens zu verlieren — Anderswo
Geschehen Thaten, eine Welt des Ruhms
Bewegt sich glänzend jenseits dieser Berge —
Mir rosten in der Halle Helm und Schild;

lante, que de marcher de pair avec vos valets, et de siéger au tribunal avec des paysans?

ATTINGHAUSEN. Ah! Ulrich, Ulrich! je la reconnais la voix de la séduction; elle a pénétré dans ton oreille, elle a empoisonné ton cœur.

RUDENZ. Oui, je ne m'en cache pas; je ressens jusqu'au fond de l'âme les railleries de ces étrangers qui nous traitent de noblesse paysanne. Je ne puis me résigner à rester oisif dans mon patrimoine, à perdre dans d'obscurs travaux le printemps de ma vie, tandis que la noble jeunesse des environs va conquérir la gloire sous les drapeaux de Habsbourg. Ailleurs on s'illustre par des exploits; un monde de gloire s'agite avec éclat de l'autre côté de ces montagnes. Mais moi, mon casque et mon bouclier se rouillent dans ces galeries;

Der Kriegstrommete muthiges Getön,
Der Heroldsruf, der zum Turniere ladet,
Er dringt in diese Thäler nicht herein;
Nichts als den Kuhreih'n und der Heerdeglocken
Einförmiges Geläut' vernehm' ich hier.

Attinghausen.

Verblendeter, vom eiteln Glanz verführt!
Verachte dein Geburtsland! Schäme dich
Der uralt frommen Sitte deiner Väter!
Mit heißen Thränen wirst du dich dereinst
Heim sehnen nach den väterlichen Bergen,
Und dieses Heerdenreihens Melodie,
Die du in stolzem Ueberdruß verschmähst,
Mit Schmerzenssehnsucht wird sie dich ergreifen,
Wenn sie dir anklingt auf der fremden Erde.
O, mächtig ist der Trieb des Vaterlands!
Die fremde falsche Welt ist nicht für dich;
Dort an dem stolzen Kaiserhof bleibst du

le son éclatant de la trompette guerrière, le cri du héraut qui invite au tournoi, ne pénètrent point dans ces vallées. Je n'entends ici que le bruit monotone du ranz des vaches et des clochettes des troupeaux.

ATTINGHAUSEN. Aveugle jeune homme! égaré par un vain éclat, méprise la terre qui t'a vu naître, rougis des pieuses et antiques mœurs de tes pères. Un jour tu verseras des larmes brûlantes, tu soupireras après les montagnes paternelles. Ces clochettes de nos troupeaux, cette mélodie que dédaigne ton orgueil, éveilleront dans ton cœur une douloureuse mélancolie, quand tu l'entendras retentir sur la terre étrangère. Oh! que l'attrait de la patrie est puissant! Le monde étranger, ce monde trompeur n'est pas fait pour toi. Là, à la cour orgueilleuse de l'Empereur, avec ton cœur honnête, tu te sentiras

Dir ewig fremd mit deinem treuen Herzen!
Die Welt, sie fordert andre Tugenden,
Als du in diesen Thälern dir erworben.
— Geh' hin, verkaufe deine freie Seele,
Nimm Land zu Lehen, werd' ein Fürstenknecht,
Da du ein Selbstherr sein kannst und ein Fürst
Auf deinem eignen Erb' und freien Boden.
Ach, Uly! Uly! Bleibe bei den Deinen!
Geh' nicht nach Altdorf — O, verlass sie nicht,
Die heil'ge Sache deines Vaterlands!
— Ich bin der letzte meines Stamms. Mein Name
Endet mit mir. Da hängen Helm und Schild,
Die werden sie mir in das Grab mitgeben.
Und muß ich denken bei dem letzten Hauch,
Daß du mein brechend Auge nur erwartest,
Um hinzugehn vor diesen neuen Lehenhof,
Und meine edeln Güter, die ich frei
Von Gott empfing, von Oestreich zu empfangen!

toujours étranger à toi-même. Le monde exige d'autres qualités que celles que tu as acquises dans ces vallées. Va, vends la liberté de ton âme, reçois des terres en fief, deviens le valet des princes, tandis que tu pourrais être ton propre maître, et vivre en prince sur le sol libre de ton héritage. Ah! Ulrich, Ulrich! demeure avec les tiens, ne va pas à Altorf; oh, n'abandonne pas la cause sacrée de ta patrie. Je suis le dernier de ma race; mon nom finit avec moi. Vois suspendus ici mon casque et mon bouclier; ils seront enfermés avec moi dans le tombeau. Faut-il qu'à mon dernier soupir je pense que tu n'attends que le moment où mes yeux se fermeront, pour te présenter devant cette nouvelle cour féodale, et recevoir de l'Autriche mes nobles biens que j'avais reçus, libres, de Dieu?

Rudenz.

Vergebens widerstreben wir dem König.
Die Welt gehört ihm; wollen wir allein
Uns eigensinnig steifen und verstocken,
Die Länderkette ihm zu unterbrechen,
Die er gewaltig rings um uns gezogen?
Sein sind die Märkte, die Gerichte, sein
Die Kaufmannsstraßen, und das Saumroß selbst,
Das auf den Gotthardt ziehet, muß ihm zollen.
Von seinen Ländern wie mit einem Netz
Sind wir umgarnet rings und eingeschlossen.
— Wird uns das Reich beschützen? Kann es selbst
Sich schützen gegen Oestreichs wachsende Gewalt?
Hilft Gott uns nicht, kein Kaiser kann uns helfen.
Was ist zu geben auf der Kaiser Wort,
Wenn sie in Geld- und Krieges-Noth die Städte,
Die untern Schirm des Adlers sich geflüchtet,
Verpfänden dürfen und dem Reich veräußern?
— Nein, Oheim, Wohlthat ist's und weise Vorsicht
In diesen schweren Zeiten der Partheiung,

RUDENZ. C'est en vain que nous résistons au roi. Le monde lui appartient. Voulons-nous seuls lutter obstinément, et nous opiniâtrer à rompre cette chaîne de pays sur lesquels il a, tout autour de nous, établi sa domination? Les marchés publics sont à lui, à lui les tribunaux et les routes de commerce, et la bête de somme même qui gravit le Saint-Gothard lui paye impôt. Nous sommes enlacés de toutes parts et entourés de ses possessions comme d'un filet. L'Empire nous protégera-t-il? Peut-il se défendre lui-même contre la puissance croissante de l'Autriche? Si Dieu ne nous vient en aide, nul Empereur ne peut nous aider. Quel fond peut-on faire sur la parole de l'Empereur, lorsque, dans les malheurs de la guerre, dans le besoin d'argent, les Empereurs engagent et aliènent les villes qui se sont réfugiées sous la protection de l'aigle? Non, mon oncle, dans ces temps de discorde

Sich anzuschließen an ein mächtig Haupt.
Die Kaiserkrone geht von Stamm zu Stamm;
Die hat für treue Dienste kein Gedächtniß.
Doch um den mächt'gen Erbherrn wohl verdienen,
Heißt Saaten in die Zukunft streu'n.

Attinghausen.

Bist du so weise?
Willst heller seh'n als deine edlen Väter,
Die um der Freiheit kostbarn Edelstein
Mit Gut und Blut und Heldenkraft gestritten?
— Schiff' nach Luzern hinunter, frage dort,
Wie Oestreichs Herrschaft lastet auf den Ländern.
Sie werden kommen, unsre Schaf' und Rinder
Zu zählen, unsre Alpen abzumessen,
Den Hochflug und das Hochgewilde bannen
In unsern freien Wäldern, ihren Schlagbaum
An unsre Brücken, unsre Thore setzen,
Mit unsrer Armuth ihre Länderkäufe,
Mit unserm Blute ihre Kriege zahlen —

cruelle, le parti le plus sage et le meilleur, c'est de s'attacher à un chef puissant. La couronne impériale passe d'une famille à l'autre, elle ne garde pas le souvenir des fidèles services; mais se dévouer à un maître puissant et héréditaire, c'est semer pour l'avenir.

ATTINGHAUSEN. Es-tu donc si sage? Es-tu plus clairvoyant que tes nobles ancêtres qui, pour conserver le précieux joyau de la liberté, ont combattu héroïquement de leurs biens et de leur vie? Descends à Lucerne, et là demande combien la domination de l'Autriche pèse sur ce pays. Ils viendront compter nos brebis et nos bœufs, mesurer nos Alpes, nous interdire la chasse au tir et au vol dans nos libres forets, mettre leurs barrières sur nos ponts et à nos portes, payer leurs domaines avec notre pauvreté, et soutenir leurs guerres avec

— Nein, wenn wir unser Blut dran setzen sollen,
So sei's für uns — wohlfeiler kaufen wir
Die Freiheit als die Knechtschaft ein!

Rudenz.

Was können wir,
Ein Volk der Hirten, gegen Albrechts Heere!

Attinghausen.

Lern' dieses Volk der Hirten kennen, Knabe!
Ich kenn's, ich hab' es angeführt in Schlachten,
Ich hab' es fechten sehen bei Favenz.
Sie sollen kommen, uns ein Joch aufzwingen,
Das wir entschlossen sind, nicht zu ertragen!
— O, lerne fühlen, welches Stamms du bist!
Wirf nicht für eiteln Glanz und Flitterschein
Die ächte Perle deines Werthes hin —
Das Haupt zu heißen eines freien Volks,
Das dir aus Liebe nur sich herzlich weiht,
Das treulich zu dir steht in Kampf und Tod —
Das sei dein Stolz, deß Adels rühme dich —
Die angebornen Bande knüpfe fest,

notre sang. Non, s'il faut verser notre sang, que ce soit pour nous. La liberté nous coûtera moins cher que l'esclavage.

RUDENZ. Que pouvons-nous, peuple de bergers, contre les armées d'Albert?

ATTINGHAUSEN. Apprends, jeune homme, à connaître ce peuple de bergers. Je le connais, je l'ai conduit dans les batailles, et je l'ai vu combattre à Favenz. Qu'ils viennent pour nous imposer un joug que nous sommes résolus à ne pas supporter. Oh! apprends à sentir de quelle race tu es sorti. Ne rejette pas, pour un vain éclat, pour un clinquant menteur la véritable perle de ta dignité. Être le chef d'un peuple libre qui ne se consacre à toi que par amour, qui te suive fidèlement au combat et à la mort, que ce soit là ton orgueil, ta noblesse et ta gloire. Resserre avec force les liens de la nature, attache-toi à la

Ans Vaterland, ans theure, schließ' dich an,
Das halte fest mit deinem ganzen Herzen!
Hier sind die starken Wurzeln deiner Kraft;
Dort in der fremden Welt stehst du allein,
Ein schwankes Rohr, das jeder Sturm zerknickt.
O komm', du hast uns lang' nicht mehr geseh'n,
Versuch's mit uns nur einen Tag — nur heute
Geh' nicht nach Altdorf — Hörst du? Heute nicht,
Den einen Tag nur schenke dich den Deinen!

(Er faßt seine Hand.)

Rudenz.

Ich gab mein Wort — Laßt mich — Ich bin gebunden.

Attinghausen

(läßt seine Hand los, mit Ernst).

Du bist gebunden — Ja, Unglücklicher!
Du bist's, doch nicht durch Wort und Schwur,
Gebunden bist du durch der Liebe Seile!

(Rudenz wendet sich weg.)

— Verbirg dich, wie du willst. Das Fräulein ist's,
Bertha von Bruneck, die zur Herrenburg

patrie, à cette chère patrie, donne-lui ton cœur tout entier. C'est ici que poussent dans toute leur vigueur les racines de ta force; là, seul dans un monde étranger, tu ne serais qu'un faible roseau que chaque tempête briserait. Oh! viens, il y a longtemps que tu ne nous a vus; essaye de passer seulement un jour avec nous, aujourd'hui seulement ne va pas à Altorf ... Entends-tu? aujourd'hui seulement; accorde aux tiens cette seule journée. (*Il lui prend la main.*)

RUDENZ. J'ai donné ma parole.... Laissez-moi, je suis engagé.

ATTINGHAUSEN *quittant sa main, avec tristesse.* Tu es engagé! Oui, malheureux, tu l'es, mais ce n'est ni par promesse ni par serment, tu es lié par les liens de l'amour. (*Rudenz se détourne.*) Cache-toi tant que tu voudras. C'est une femme, c'est Berthe de Bruneck, qui

Dich zieht, dich fesselt an des Kaisers Dienst.
Das Ritterfräulein willst du dir erwerben
Mit deinem Abfall von dem Land — Betrüg' dich nicht:
Dich anzulocken, zeigt man dir die Braut;
Doch deiner Unschuld ist sie nicht beschieden.

Rudenz.

Genug hab' ich gehört. Gehabt Euch wohl!

(Er geht ab.)

Attinghausen.

Wahnsinn'ger Jüngling, bleib'! Er geht dahin!
Ich kann ihn nicht erhalten, nicht erretten —
So ist der Wolfenschießen abgefallen
Von seinem Land — so werden andre folgen;
Der fremde Zauber reißt die Jugend fort,
Gewaltsam strebend über unsere Berge.
— O unglückselige Stunde, da das Fremde
In diese still beglückten Thäler kam,
Der Sitten fromme Unschuld zu zerstören!
Das Neue dringt herein mit Macht, das Alte,

t'attire chez le bailli, qui t'enchaîne au service de l'Empereur. Pour conquérir cette femme tu veux trahir ton pays. Ne t'y trompe pas! pour te séduire, on te la montre comme ta fiancée, mais elle n'est point réservée à ton innocente jeunesse.

RUDENZ. J'en ai assez entendu. Adieu. (*Il sort.*)

ATTINGHAUSEN. Arrête, jeune insensé... Il part... Je ne puis le retenir, je ne puis le sauver. C'est ainsi que Wolfenschiessen a trahi la cause de son pays; d'autres le suivront; le charme étranger, faisant irruption dans nos montagnes, entraîne la jeunesse. O jour fatal, où l'étranger vint dans ces vallées heureuses et paisibles corrompre la pieuse innocence de nos mœurs!

L'amour des nouveautés pénètre ici irrésistible; les anciennes,

Das Würd'ge scheidet, andre Zeiten kommen,
Es lebt ein andersdenkendes Geschlecht!
Was thu' ich hier? Sie sind begraben alle,
Mit denen ich gewaltet und gelebt.
Unter der Erde schon liegt meine Zeit,
Wohl dem, der mit der neuen nicht mehr braucht zu leben!

(Geht ab.)

les vénérables coutumes disparaissent, les temps sont changés, et d'autres pensées dominent la génération actuelle. Que fais-je ici? Ils sont descendus dans la tombe, tous ceux avec lesquels j'ai agi et j'ai vécu. Mon époque est déjà ensevelie sous la terre. Heureux ceux qui n'ont plus à vivre avec les hommes d'aujourd'hui.

(*Il sort.*)

Zweite Scene.

Eine Wiese, von hohen Felsen und Wald umgeben.

Auf den Felsen sind Steige mit Geländern, auch Leitern, von denen man nachher die Landleute herabsteigen sieht. Im Hintergrunde zeigt sich der See, über welchem Anfangs ein Mondregenbogen zu sehen ist. Den Prospekt schließen hohe Berge, hinter welchen noch höhere Eisgebirge ragen. Es ist völlig Nacht auf der Scene, nur der See und die weißen Gletscher leuchten im Mondlicht.

Melchthal, Baumgarten, Winkelried, Meier von Sarnen, Burkhardt am Bühel, Arnold von Sewa, Klaus von der Flüe und noch vier andre Landleute, alle bewaffnet.

Melchthal (noch hinter der Scene).

Der Bergweg öffnet sich, nur frisch mir nach!
Den Fels erkenn' ich und das Kreuzlein drauf;
Wir sind am Ziel, hier ist das Rütli.

(Treten auf mit Windlichtern.)

SCÈNE II.

Une prairie entourée de forêts et de rochers élevés. Sur les rochers sont des sentiers bordés de balustrades et des échelles par où l'on voit descendre les habitants. Dans le fond on aperçoit un lac au-dessus duquel s'élève d'abord un arc-en-ciel lunaire. La perspective est terminée par de hautes montagnes derrière lesquelles se dressent les pics des glaciers. Il est complétement nuit, seulement la clarté de la lune se réfléchit sur le lac et sur les glaciers.

MELCHTHAL, BAUMGARTEN, STRUTH DE WINKELRIED, MEIER DE SARNEN, BURKHARDT AM BUHEL, ARNOLD DE SEWA, NICOLAS DE FLUE *et quatre autres habitants, tous armés.*

MELCHTHAL, *derrière la scène.* Le chemin s'élargit, suivez-moi hardiment, je reconnais le rocher et la petite croix qui le surmonte; nous voici arrivés. Voilà le Rutli. (*Ils arrivent avec des torches.*)

Winkelried.

Horch!

Sewa.

Ganz leer.

Meier.

's ist noch kein Landmann da. Wir sind
Die ersten auf dem Platz, wir Unterwaldner.

Melchthal.

Wie weit ist's in der Nacht?

Baumgarten.

Der Feuerwächter
Vom Selisberg hat eben zwei gerufen

(Man hört in der Ferne läuten.)

Meier.

Still! Horch!

Am Bühel.

Das Mettenglöcklein in der Waldkapelle
Klingt hell herüber aus dem Schwytzerland.

Von der Flue.

Die Luft ist rein und trägt den Schall so weit.

Melchthal.

Geh'n einige und zünden Reisholz an,
Daß es loh brenne, wenn die Männer kommen.

(Zwei Landleute gehen.)

WINKELRIED. Silence!

SEWA. Tout est désert.

MEIER. Il n'y a encore ici aucun de nos compatriotes. Nous avons les premiers, nous autres d'Unterwald.

MELCHTHAL. La nuit est-elle avancée?

BAUMGARTEN. Le veilleur de Sélisberg vient de crier deux heures. (*On entend une cloche dans le lointain.*)

MEIER. Silence! écoutons!

BUHEL. C'est la cloche de la chapelle des bois qui sonne matines sur l'autre bord, dans le pays de Schwytz.

FLUE. L'air est pur et porte au loin le son.

MELCHTHAL. Que quelques-uns s'occupent d'allumer du feu, pour éclairer ceux qui viennent. (*Deux hommes s'éloignent.*)

Sewa.

's ist eine schöne Mondennacht. Der See
Liegt ruhig da als wie ein ebner Spiegel.

Am Bühel.

Sie haben eine leichte Fahrt.

Winkelried (zeigt nach dem See).

Ha seht!
Seht dorthin! Seht ihr nichts?

Meier.

Was denn? — Ja, wahrlich!
Ein Regenbogen mitten in der Nacht!

Melchthal.

Es ist das Licht des Mondes, das ihn bildet.

Von der Flue.

Das ist ein seltsam wunderbares Zeichen!
Es leben viele, die das nicht geseh'n.

Sewa.

Er ist doppelt; seht, ein blässerer steht drüber.

Baumgarten.

Ein Nachen fährt so eben drunter weg.

Melchthal.

Das ist der Stauffacher mit seinem Kahn!
Der Biedermann läßt sich nicht lang erwarten.

(Geht mit Baumgarten nach dem Ufer.)

SEWA. Voici un beau clair de lune. Les eaux paisibles du lac sont unies comme une glace.

BUHEL. Ils auront une traversée facile.

WINKELRIED, *montrant le lac.* Ah! voyez, voyez là-bas, ne voyez-vous rien?

MEIER. Quoi donc! Oui vraiment, un arc-en-ciel au milieu de la nuit.

MELCHTHAL. Il est formé par la clarté de la lune.

FLUE. C'est un phénomène rare et merveilleux. Il y a beaucoup de gens qui ne l'ont jamais vu.

SEWA. Il est double, voyez-vous: il y en a un plus pâle au-dessus.

BAUMGARTEN. Voici une barque qui passe justement sous cet arc.

MELCHTHAL. C'est Stauffacher avec son canot; le brave homme ne se fait pas longtemps attendre. (*Il va avec Baumgarten vers le rivage.*)

Meier.

Die Urner sind es, die am längsten säumen.

Am Bühel.

Sie müssen weit umgehen durchs Gebirg,
Daß sie des Landvogts Kundschaft hintergehen.

(Unterdessen haben die zwei Landleute in der Mitte des Platzes ein Feuer angezündet.)

Melchthal (am Ufer).

Wer ist da? Gebt das Wort!

Stauffacher (von unten).

Freunde des Landes.

(Alle gehen nach der Tiefe den Kommenden entgegen. Aus dem Kahn steigen Stauffacher, Itel Reding, Hans auf der Mauer, Jorg im Hofe, Konrad Hunn, Ulrich der Schmidt, Jost von Weiler, und noch drei andre Landleute, gleichfalls bewaffnet.)

Alle (rufen).

Willkommen!

(Indem die übrigen in der Tiefe verweilen und sich begrüßen, kommt Melchthal mit Stauffacher vorwärts.)

Melchthal.

O Herr Stauffacher! Ich hab' ihn
Geseh'n, der mich nicht wiedersehen konnte!

MEIER. Ce sont les gens d'Uri qui tardent le plus longtemps.

BUHEL. Il faut qu'ils fassent un long détour dans la montagne pour échapper aux espions du bailli. (*Pendant ce temps les deux hommes ont allumé un feu au milieu de la scène.*)

MELCHTHAL, *sur le rivage*. Qui est là? Le mot d'ordre?

STAUFFACHER, *d'en bas*. Amis de la patrie! (*Tous vont au fond du théâtre, au-devant de ceux qui arrivent : on voit sortir de la barque Stauffacher, Itel Reding, Hans auf der Mauer, Jorg im Hof, Conrad Hunn, Ulrich Schmidt, Josse de Weiler et trois autres habitants. Tous sont aussi armés.*)

TOUS ensemble. Soyez les bienvenus! (*Tandis que les autres s'arrêtent au fond du théâtre et se saluent, Melchthal s'avance avec Stauffacher.*)

MELCHTHAL. Ah! Stauffacher, je l'ai vu celui qui ne peut plus me

Die Hand hab' ich gelegt auf seine Augen,
Und glühend Rachgefühl hab' ich gesogen
Aus der erloschnen Sonne seines Blicks.

Stauffacher.

Sprecht nicht von Rache! Nicht Geschehnes rächen,
Gedrohtem Uebel wollen wir begegnen.
— Jetzt sagt, was Ihr im Unterwaldner=Land
Geschafft und für gemeine Sach' geworben,
Wie die Landleute denken, wie Ihr selbst
Den Stricken des Verraths entgangen seid.

Melchthal.

Durch der Surennen furchtbares Gebirg,
Auf weit verbreitet öden Eisesfeldern,
Wo nur der heisre Lämmergeier krächzt,
Gelangt' ich zu der Alpentrift, wo sich
Aus Uri und vom Engelberg die Hirten
Anrufend grüßen und gemeinsam weiden,
Den Durst mir stillend mit der Gletscher Milch,
Die in den Runsen schäumend niederquillt.
In den einsamen Sennhütten kehrt' ich ein,
Mein eigner Wirth und Gast, bis daß ich kam

voir ; j'ai posé la main sur ses yeux, j'ai puisé un ardent sentiment de vengeance dans le rayon éteint de ses regards.

STAUFFACHER. Ne parlez pas de vengeance, il ne s'agit point de venger le mal qui a été fait, mais de prévenir celui qui nous menace. Dites-moi maintenant ce que vous avez fait dans le pays d'Unterwald; qui vous avez recruté pour la cause commune; ce que pensent vos compatriotes, et comment vous-même vous avez échappé aux embûches de la trahison.

MELCHTHAL. Après avoir traversé les affreuses montagnes des Surennen, et les vastes déserts de glace où l'on n'entend que le cri rauque du vautour, je suis parvenu jusqu'aux pâturages de l'Alpe, où les bergers d'Uri et de l'Engelberg se saluent de loin par leurs cris, et font paître ensemble leurs troupeaux ; j'apaisais ma soif avec l'eau des glaciers qui coule et bouillonne dans les crevasses. Je m'arrêtais dans le chalet solitaire, où j'étais à la fois mon hôte et mon convive ; jusqu'à

Zu Wohnungen gesellig lebender Menschen.
— Erschollen war in diesen Thälern schon
Der Ruf des neuen Greuels, der gescheh'n,
Und fromme Ehrfurcht schaffte mir mein Unglück
Vor jeder Pforte, wo ich wandernd klopfte.
Entrüstet fand ich diese graden Seelen
Ob dem gewaltsam neuen Regiment;
Denn so wie ihre Alpen fort und fort
Dieselben Kräuter nähren, ihre Brunnen
Gleichförmig fließen, Wolken selbst und Winde
Den gleichen Strich unwandelbar befolgen,
So hat die alte Sitte hier vom Ahn
Zum Enkel unverändert fort bestanden.
Nicht tragen sie verwegne Neuerung
Im altgewohnten gleichen Gang des Lebens
— Die harten Hände reichten sie mir dar,
Von den Wänden langten sie die rost'gen Schwerter,
Und aus den Augen blitzte freudiges
Gefühl des Muths, als ich die Namen nannte,
Die im Gebirg' dem Landmann heilig sind,

ce qu'enfin j'arrivai à des habitations où se réunissent les créatures vivantes. Déjà avait retenti dans ces vallées le bruit du dernier crime de nos tyrans, et à chaque porte où j'ai frappé, mon malheur m'a valu un pieux et honorable accueil. J'ai trouvé toutes ces âmes honnêtes révoltées du régime violent inventé par nos oppresseurs; car habitués à voir les Alpes nourrir les mêmes plantes, les sources couler au même lieu, les nuages mêmes et les vents suivre invariablement la même direction, ils voient de même les mœurs anciennes se transmettre des ancêtres à leurs petits-fils, et dans le cours uniforme des vieilles habitudes ils ne supportent pas la nouveauté téméraire. Ils m'ont tendu leurs mains vigoureuses; ils ont détaché de la muraille les épées rouillées; un sentiment de courage a éclaté dans leurs regards joyeux, lorsque j'ai prononcé les noms chers aux habitants des montagnes,

Den Eurigen und Walther Fürsts — Was euch
Recht würde dünken, schwuren sie zu thun;
Euch schwuren sie bis in den Tod zu folgen.
— So eilt' ich sicher unterm heil'gen Schirm
Des Gastrechts von Gehöfte zu Gehöfte —
Und als ich kam ins heimathliche Thal,
Wo mir die Vettern viel verbreitet wohnen —
Als ich den Vater fand, beraubt und blind,
Auf fremdem Stroh, von der Barmherzigkeit
Mildthät'ger Menschen lebend —

Stauffacher.

Herr im Himmel!

Melchthal.

Da weint' ich nicht! Nicht in ohnmächt'gen Thränen
Goß ich die Kraft des heißen Schmerzens aus;
In tiefer Brust wie einen theuren Schatz
Verschloß ich ihn und dachte nur auf Thaten.
Ich kroch durch alle Krümmen des Gebirgs;
Kein Thal war so versteckt, ich späht' es aus;

le vôtre et celui de Walther Furst: ils ont juré de faire tout ce qui vous semblerait juste, ils ont juré de vous suivre jusqu'à la mort. C'est ainsi que sous la protection sacrée de l'hospitalité, j'ai poursuivi ma route de chalet en chalet, et lorsque je suis arrivé dans la vallée natale où habitent mes nombreux parents, quand j'ai retrouvé mon père aveugle et dépouillé, couché sur la paille et vivant de la compassion des hommes bienfaisants...

STAUFFACHER. Dieu du ciel!

MELCHTHAL. Je n'ai pas pleuré, je n'ai pas épuisé par des larmes impuissantes l'énergie de ma brûlante douleur, je l'ai renfermée au fond de mon âme comme un trésor précieux, et je n'ai songé qu'à agir. J'ai passé par tous les sentiers tortueux de la montagne : il n'y a pas une vallée si cachée que je n'aie visitée; j'ai cherché les caba-

Bis an der Gletscher eisbedeckten Fuß
Erwartet' ich und fand bewohnte Hütten
Und überall, wohin mein Fuß mich trug,
Fand ich den gleichen Haß der Tyrannei;
Denn bis an diese letzte Gränze selbst
Belebter Schöpfung, wo der starre Boden
Aufhört zu geben, raubt der Vögte Geiz —
Die Herzen alle dieses biedern Volks
Erregt' ich mit dem Stachel meiner Worte,
Und unser sind sie all' mit Herz und Mund.

Stauffacher.

Großes habt Ihr in kurzer Frist geleistet.

Melchthal.

Ich that noch mehr. Die beiden Vesten sind's,
Roßberg und Sarnen, die der Landmann fürchtet;
Denn hinter ihren Felsenwällen schirmt
Der Feind sich leicht und schädiget das Land.
Mit eignen Augen wollt' ich es erkunden,
Ich war zu Sarnen und besah die Burg.

Stauffacher.

Ihr wagtet Euch bis in des Tigers Höhle?

Melchthal.

Ich war verkleidet dort in Pilgerstracht;

nes habitées jusqu'au pied des glaciers, et partout où j'ai porté mes pas, j'ai trouvé la même haine de la tyrannie; car l'avarice des gouverneurs étend ses larcins jusqu'aux dernières limites de la nature animée, jusqu'aux lieux où le sol refuse de produire. J'ai aiguillonné par mes paroles le courage de ces braves gens, et ils sont à nous de cœur comme de bouche.

STAUFFACHER. En peu de temps vous avez fait beaucoup.

MELCHTHAL. J'ai fait plus encore. Ce que le paysan redoute surtout, ce sont les deux forteresses de Rossberg et de Sarnen; car derrière ces remparts de rochers notre ennemi trouve un asile et tourmente la contrée. J'ai voulu m'assurer par mes propres yeux de l'état des choses, j'ai été à Sarnen et j'ai vu la forteresse.

STAUFFACHER. Vous vous êtes aventuré jusque dans le repaire du tigre?

MELCHTHAL. J'étais déguisé sous un costume de pèlerin. J'ai vu le

Ich sah den Landvogt an der Tafel schwelgen —
Urtheilt, ob ich mein Herz bezwingen kann:
Ich sah den Feind, und ich erschlug ihn nicht.

Stauffacher.

Fürwahr, das Glück war Eurer Kühnheit hold.

(Unterdessen sind die andern Landleute vorwärts gekommen, und nähern sich den Beiden.)

Doch jetzo sagt mir, wer die Freunde sind,
Und die gerechten Männer, die Euch folgten?
Macht mich bekannt mit ihnen, daß wir uns
Zutraulich nahen und die Herzen öffnen.

Meier.

Wer kennte Euch nicht, Herr, in den drei Landen?
Ich bin der Meier von Sarnen; dieß hier ist
Mein Schwestersohn, der Struth von Winkelried.

Stauffacher.

Ihr nennt mir keinen unbekannten Namen.
Ein Winkelried war's, der den Drachen schlug
Im Sumpf bei Weiler und sein Leben ließ
In diesem Strauß.

bailli dans les débauches de la table. Jugez si je puis maîtriser mon cœur, j'ai vu mon ennemi et je ne l'ai pas tué!

STAUFFACHER. En vérité la fortune a favorisé votre audace. (*Pendant ce temps les autres conjurés s'avancent et se rapprochent de Stauffacher et de Melchthal.*) Mais dites-moi qui sont ces amis, ces braves gens qui vous ont suivi? Faites-les-moi connaître, afin que nous nous rapprochions les uns des autres avec confiance et que nos cœurs s'entendent.

MEIER. Qui, dans les trois cantons, ne vous connaît pas, maître Stauffacher? Je suis Meier de Sarnen, et voici le fils de ma sœur, Struth de Winkelried.

STAUFFACHER. Vous ne me dites là aucun nom inconnu. C'est un Winkelried qui tua le dragon du marais de Weiler et qui laissa la vie dans ce combat.

Winkelried.

Das war mein Ahn, Herr Werner.

Melchthal (zeigt auf zwei Landleute).

Die wohnen hinterm Wald, sind Klosterleute
Vom Engelberg — Ihr werdet sie drum nicht
Verachten, weil sie eigne Leute sind,
Und nicht wie wir frei sitzen auf dem Erbe —
Sie lieben 's Land, sind sonst auch wohl berufen.

Stauffacher (zu den Beiden).

Gebt mir die Hand! Es preise sich, wer keinem
Mit seinem Leibe pflichtig ist auf Erden;
Doch Redlichkeit gedeiht in jedem Stande.

Konrad Hunn.

Das ist Herr Reding, unser Altlandammann.

Meier.

Ich kenn' ihn wohl. Er ist mein Widerpart,
Der um ein altes Erbstück mit mir rechtet.
— Herr Reding, wir sind Feinde vor Gericht;
Hier sind wir einig.
(Schüttelt ihm die Hand.)

Stauffacher.

Das ist brav gesprochen.

WINKELRIED. C'était mon aïeul, maître Werner.

MELCHTHAL, *montrant deux paysans*. Ceux-là habitent de l'autre côté de la forêt. Ils sont vassaux de l'abbaye d'Engelberg. Vous ne les mépriserez point, parce qu'ils ne sont pas indépendants comme nous et propriétaires libres de leur héritage. Ils aiment leur pays et jouissent, d'ailleurs, d'une bonne renommée.

STAUFFACHER, *à ces deux vassaux*. Donnez-moi la main. Heureux celui qui n'est dans la dépendance de personne sur la terre; mais la probité prospère dans toute condition.

CONRAD HUNN. Voici maître Reding, notre ancien landammann.

MEIER. Je le connais bien; c'est ma partie adverse, il plaide contre moi pour un ancien héritage. Maître Reding, nous sommes ennemis devant le tribunal, ici nous sommes unis. (*Il lui secoue la main.*)

STAUFFACHER. C'est bravement parlé.

Winkelried.

Hört ihr? Sie kommen. Hört das Horn von Uri!

(Rechts und links sieht man bewaffnete Männer mit Windlichtern die Felsen herabsteigen.)

Auf der Mauer.

Seht! Steigt nicht selbst der fromme Diener Gottes,
Der würd'ge Pfarrer mit herab? Nicht scheut er
Des Weges Mühen und das Grau'n der Nacht,
Ein treuer Hirte für das Volk zu sorgen.

Baumgarten.

Der Sigrist folgt ihm und Herr Walther Fürst
Doch nicht den Tell erblick' ich in der Menge.

Walther Fürst, Rösselmann der Pfarrer, Petermann der Sigrist, Kuoni der Hirt, Werni der Jäger, Ruodi der Fischer, und noch fünf andre Landleute. Alle zusammen, drei und dreißig an der Zahl, treten vorwärts und stellen sich um das Feuer.

Walther Fürst.

So müssen wir auf unserm eignen Erb'
Und väterlichen Boden uns verstohlen
Zusammen schleichen, wie die Mörder thun,

WINKELRIED. Écoutez, on vient. Entendez-vous la corne d'Uri? (*A droite et à gauche on voit descendre du haut des rochers des hommes armés qui portent des torches.*)

AUF DER MAUER. Voyez; n'est-ce pas le pieux serviteur de Dieu, le digne pasteur lui-même, qui descend avec eux? Il ne craint ni la fatigue du chemin ni l'obscurité de la nuit, quand il s'agit de prendre soin de son troupeau.

BAUMGARTEN. Le sacristain le suit et Walther Furst après lui, mais dans le nombre je n'aperçois pas Tell.

(*Arrivent Walther Furst, Rœsselmann le curé, Pétermann le sacristain, Kuoni le berger, Werni le chasseur, Ruodi le pêcheur, et cinq autres habitants. Tous réunis, au nombre de trente-trois, s'avancent et se rangent autour du feu.*)

WALTHER FURST. Il faut donc que, sur notre propre héritage, sur le sol de la patrie, nous nous réunissions à la dérobée, comme des meurtriers; il faut qu'au milieu de la nuit qui ne prête son voile

Und bei der Nacht, die ihren schwarzen Mantel
Nur dem Verbrechen und der sonnenscheuen
Verschwörung leihet, unser gutes Recht
Uns holen, das doch lauter ist und klar,
Gleichwie der glanzvoll offne Schooß des Tages.

Melchthal.

Laßt's gut sein. Was die dunkle Nacht gesponnen,
Soll frei und fröhlich an das Licht der Sonnen.

Rösselmann.

Hört, was mir Gott ins Herz gibt, Eidgenossen!
Wir stehen hier statt einer Landsgemeine,
Und können gelten für ein ganzes Volk.
So laßt uns tagen nach den alten Bräuchen
Des Lands, wie wir's in ruhigen Zeiten pflegen,
Was ungesetzlich ist in der Versammlung,
Entschuldige die Noth der Zeit! Doch Gott
Ist überall, wo man das Recht verwaltet,
Und unter seinem Himmel stehen wir.

sombre qu'au crime et aux noirs complots, nous venions défendre notre bon droit, aussi clair cependant, aussi évident que le jour dans son plus vif éclat!

MELCHTHAL. Qu'importe? Les projets de liberté tramés dans l'ombre de la nuit se produiront à la lumière du soleil.

ROESSELMANN. Amis et confédérés, écoutez ce que Dieu inspire à mon cœur. Nous tenons ici la place d'une assemblée générale, nous pouvons agir au nom de tout un peuple; siégeons donc selon les anciennes coutumes du pays, comme nous le faisions en des temps paisibles. S'il y a quelque chose d'illégal dans cette réunion, que la nécessité des temps l'excuse. Dieu est partout où s'exerce la justice, et nous sommes sous la voûte de son ciel.

Stauffacher.

Wohl, laßt uns tagen nach der alten Sitte,
Ist es gleich Nacht, so leuchtet unser Recht.

Melchthal.

Ist gleich die Zahl nicht voll, das Herz ist hier
des ganzen Volks; die Besten sind zugegen.

Konrad Hunn.

Sind auch die alten Bücher nicht zur Hand,
Sie sind in unsere Herzen eingeschrieben.

Rösselmann.

Wohlan, so sei der Ring sogleich gebildet.
Man pflanze auf die Schwerter der Gewalt!

Auf der Mauer.

Der Landesamman nehme seinen Platz,
Und seine Waibel stehen ihm zur Seite!

Sigrist.

Es sind der Völker dreie. Welchem nun
Gebührt's, das Haupt zu geben der Gemeinde?

Meier.

Um diese Ehr' mag Schwytz mit Uri streiten;
Wir Unterwaldner stehen frei zurück.

STAUFFACHER. Parfaitement. Siégeons suivant les anciens usages. Il est nuit sans doute, mais notre droit brille comme le jour.

MELCHTHAL. Si l'assemblée n'est pas complète, le cœur de tout le peuple est ici, et les meilleurs citoyens sont présents.

CONRAD HUNN. Nous n'avons pas sous la main les anciens livres, mais ils sont gravés dans nos cœurs.

LE CURÉ. Formons donc à l'instant le cercle, et qu'on plante au milieu les épées, signe du pouvoir.

AUF DER MAUER. Que le landammann prenne sa place, et que ses appariteurs se tiennent à ses côtés.

LE SACRISTAIN. Il y a ici trois peuples; à qui appartient le droit de donner un chef à l'assemblée?

MEIER. Que Schwytz et Uri se disputent cet honneur; nous autres gens d'Unterwald, nous y renonçons librement.

Melchthal.

Wir stehn zurück; wir sind die Flehenden,
Die Hülfe heischen von den mächt'gen Freunden.

Stauffacher.

So nehme Uri denn das Schwert; sein Banner
Zieht bei den Römerzügen uns voran.

Walther Fürst.

Des Schwertes Ehre werde Schwytz zu Theil;
Denn seines Stammes rühmen wir uns alle.

Rösselmann.

Den edlen Wettstreit laßt mich freundlich schlichten:
Schwytz soll im Rath, Uri im Felde führen.

Walther Fürst

(reicht dem Stauffacher die Schwerter).

So nehmt!

Stauffacher.

Nicht mir, dem Alter sei die Ehre!

Im Hofe.

Die meisten Jahre zählt Ulrich der Schmidt.

Auf der Mauer.

Der Mann ist wacker, doch nicht freien Stands;
Kein eigner Mann kann Richter sein in Schwytz.

MELCHTHAL. Nous y renonçons, car nous venons en suppliants demander le secours de nos puissants amis.

STAUFFACHER. Qu'Uri prenne donc l'épée! Sa bannière marche à notre tête dans les expéditions de l'empire.

WALTHER FURST. Cet honneur doit appartenir à Schwytz. C'est la tige dont nous nous glorifions tous de sortir.

LE CURÉ. Laissez-moi terminer amicalement ce généreux débat. Schwytz nous guidera dans les conseils, Uri dans les batailles.

WALTHER FURST *présente les épées à Stauffacher.* Prenez donc.

STAUFFACHER. Non pas. Cet honneur appartient à l'âge.

IM HOFE. C'est Ulrich Schmidt qui compte le plus d'années.

AUF DER MAUER. C'est un brave homme, mais il n'est pas de condition libre. A Schwytz, nul vassal ne peut être juge.

Stauffacher.

Steht nicht Herr Reding hier, der Altlandammann?
Was suchen wir noch einen würdigern?

Walther Fürst.

Er sei der Ammann und des Tages Haupt!
Wer dazu stimmt, erhebe seine Hände.

(Alle heben die rechte Hand auf.)

Reding (tritt in die Mitte).

Ich kann die Hand nicht auf die Bücher legen;
So schwör' ich droben bei den ew'gen Sternen,
Daß ich mich nimmer will vom Recht entfernen

(Man richtet die zwei Schwerter vor ihm auf, der Ring bildet sich um ihn her, Schwyz hält die Mitte, rechts stellt sich Uri und links Unterwalden. Er steht auf sein Schlachtschwert gestützt.)

Was ist's, das die drei Völker des Gebirgs
Hier an des Sees unwirthlichem Gestade
Zusammenführte in der Geisterstunde?
Was soll der Inhalt sein des neuen Bunds,
Den wir hier unterm Sternenhimmel stiften?

Stauffacher (tritt in den Ring).

Wir stiften keinen neuen Bund; es ist

STAUFFACHER. N'avons-nous pas ici Reding, l'ancien landammann? Pouvons-nous en trouver un plus digne?

WALTHER FURST. Qu'il soit le landammann et le chef de cette assemblée. Que celui qui y consent, lève la main. (*Tous lèvent la main droite.*)

REDING *s'avance au milieu.* Je ne puis poser la main sur les livres sacrés; mais je jure par les astres éternels que je ne m'écarterai jamais de la justice. (*On plante devant lui les deux épées croisées; le cercle se forme autour de lui; Schwytz est au milieu, Uri à droite, Unterwald à gauche. Reding s'appuie sur son épée de combat.*) Quel est donc le sujet qui rassemble les trois peuples des montagnes sur le rivage inhospitalier de ce lac à minuit? Quel doit être le but de cette nouvelle alliance que nous allons conclure sous la voûte étoilée du ciel?

STAUFFACHER *s'avance dans le cercle.* Nous ne formons point une

Ein uralt Bündniß nur von Väter Zeit,
Das wir erneuern! Wisset, Eidgenossen!
Ob uns der See, ob uns die Berge scheiden,
Und jedes Volk sich für sich selbst regiert,
So sind wir eines Stammes doch und Bluts,
Und eine Heimath ist's, aus der wir zogen.

Winkelried.

So ist es wahr, wie's in den Liedern lautet,
Daß wir von fern her in das Land gewallt?
O, theilt's uns mit, was Euch davon bekannt,
Daß sich der neue Bund am alten stärke.

Stauffacher.

Hört, was die alten Hirten sich erzählen:
— Es war ein großes Volk, hinten im Lande
Nach Mitternacht, das litt von schwerer Theurung.
In dieser Noth beschloß die Landsgemeine,
Daß je der zehnte Bürger nach dem Loos
Der Väter Land verlasse — Das geschah!

nouvelle alliance, c'est l'antique union du temps de nos pères que nous renouvelons. Vous le savez, confédérés! bien que nous soyons séparés par le lac et les montagnes, et que chaque peuple se gouverne à part, nous sommes pourtant d'une même race, d'un même sang, et nous sommes tous sortis d'une même patrie.

WINKELRIED. Ainsi ce que disent nos anciennes chansons serait vrai, et nous serions venus ici d'une terre lointaine? Oh! apprenez-nous ce que vous en savez, afin que l'ancienne alliance fortifie la nouvelle.

STAUFFACHER. Écoutez ce que racontent les vieux bergers. Il y avait dans les contrées du nord un grand peuple qui souffrait d'une cruelle disette. Dans cette détresse, l'assemblée décida qu'un homme sur dix, désigné par le sort, quitterait le pays : ce qui fut fait. Une troupe

Und zogen aus, wehklagend, Männer und Weiber,
Ein großer Heerzug, nach der Mittagssonne,
Mit dem Schwert sich schlagend durch das deutsche Land,
Bis an das Hochland dieser Waldgebirge;
Und eher nicht ermüdete der Zug,
Bis daß sie kamen in das wilde Thal,
Wo jetzt die Muotta zwischen Wiesen rinnt —
Nicht Menschenspuren waren hier zu sehen,
Nur eine Hütte stand am Ufer einsam;
Da saß ein Mann und wartete der Fähre —
Doch heftig wogete der See und war
Nicht fahrbar; da besahen sie das Land
Sich näher und gewahrten schöne Fülle
Des Holzes, und entdeckten gute Brunnen,
Und meinten sich im lieben Vaterland
Zu finden — Da beschlossen sie zu bleiben,
Erbaueten den alten Flecken Schwytz
Und hatten manchen sauren Tag, den Wald
Mit weitverschlungnen Wurzeln auszuroden —

nombreuse d'hommes et de femmes s'en alla en pleurant vers le midi, et s'ouvrit avec l'épée un chemin à travers l'Allemagne, jusqu'à ce qu'elle arrivât dans ces montagnes couvertes de forêts. Cette multitude marcha, marcha sans cesse, jusqu'à ce qu'elle fût arrivée dans la vallée sauvage où la Muotta coule aujourd'hui à travers des prairies. On n'y voyait alors aucune trace humaine; une cabane seulement s'élevait sur le rivage solitaire; elle était habitée par un batelier qui passait les voyageurs dans sa barque. Le lac était orageux et l'on ne pouvait le traverser. En examinant la contrée de plus près, ils y découvrirent de belles et riches forêts, des sources limpides, et ils crurent se retrouver dans leur chère patrie. Ils résolurent de rester là; ils bâtirent le vieux bourg de Schwytz, et consacrèrent de longues journées de travail à défricher l'antique forêt; puis, lorsque

Drauf als der Boden nicht mehr Gnügen that
Der Zahl des Volks, da zogen sie hinüber
Zum schwarzen Berg, ja, bis an's Weißland hin,
Wo, hinter ew'gem Eisewall verborgen,
Ein andres Volk in andern Zungen spricht.
Den Flecken Stanz erbauten sie am Kernwald
Den Flecken Altdorf in dem Thal der Reuß —
Doch blieben sie des Ursprungs stets gedenk;
Aus all den fremden Stämmen, die seitdem
In Mitte ihres Lands sich angesiedelt,
Finden die Schwytzer-Männer sich heraus;
Es gibt das Herz, das Blut sich zu erkennen.

(Reicht rechts und links die Hand hin.)

Auf der Mauer.

Ja, wir sind eines Herzens, eines Bluts!

Alle (sich die Hände reichend).

Wir sind ein Volk, und einig wollen wir handeln.

Stauffacher.

Die andern Völker tragen fremdes Joch;
Sie haben sich dem Sieger unterworfen.

le sol ne fut plus suffisant pour la population, ils traversèrent le lac et s'étendirent sur la montagne Noire et jusqu'au Hasli, où un autre peuple, caché derrière un rempart de glaces éternelles, parle une autre langue. Ils bâtirent le bourg de Stanz sur le bord du Kernwald, le bourg d'Altorf dans la vallée de la Reuss. Cependant ils gardèrent toujours le souvenir de leur origine, et, parmi les hommes de race étrangère qui sont venus s'établir au milieu de leur contrée, ceux de Schwytz se reconnaissent par le sang et par le cœur. (*Il étend la main à droite et à gauche.*)

AUF DER MAUER. Oui, nous avons tous le même cœur et le même sang.

TOUS, *se tendant la main.* Nous sommes un même peuple, et nous agirons de concert.

STAUFFACHER. Les autres peuples portent le joug étranger, ils sont soumis à leur vainqueur. Il y a même dans notre pays beaucoup

Es leben selbst in unsern Landesmarken
Der Sassen viel, die fremde Pflichten tragen,
Und ihre Knechtschaft erbt auf ihre Kinder.
Doch wir, der alten Schweizer ächter Stamm,
Wir haben stets die Freiheit uns bewahrt.
Nicht unter Fürsten bogen wir das Knie;
Freiwillig wählten wir den Schirm der Kaiser.

Rösselmann.

Frei wählten wir des Reiches Schutz und Schirm;
So steht's bemerkt in Kaiser Friedrichs Brief.

Stauffacher.

Denn herrenlos ist auch der Freiste nicht.
Ein Oberhaupt muß sein, ein höchster Richter,
Wo man das Recht mag schöpfen in dem Streit.
Drum haben unsre Väter für den Boden,
Den sie der alten Wildniß abgewonnen,
Die Ehr' gegönnt dem Kaiser, der den Herrn
Sich nennt der deutschen und der welschen Erde,

d'hommes assujettis à des redevances, et qui lèguent leur servitude à leurs enfants. Mais nous, véritable race des anciens Suisses, nous avons toujours gardé notre liberté, nous n'avons pas fléchi le genou devant les princes, et c'est de notre plein gré que nous avons choisi la protection de l'Empereur.

ROESSELMANN. Oui, c'est de notre plein gré que nous avons choisi l'appui et la protection de l'Empire. Cela est spécifié dans la lettre de l'Empereur Frédéric.

STAUFFACHER. Oui, l'homme le plus libre n'est pas sans maître; il faut avoir un chef, un juge suprême auquel on puisse demander justice en cas de contestation. Voilà pourquoi nos pères, pour le sol qu'ils avaient arraché à l'antique désert, rendirent hommage à l'Empereur qui porte le titre de maître de l'Allemagne et de l'Italie;

Und, wie die andern Freien seines Reichs,
Sich ihm zu edelm Waffendienst gelobt,
Denn dieses ist der Freien einz'ge Pflicht,
Das Reich zu schirmen, das sie selbst beschirmt.

Melchthal.

Was drüber ist, ist Merkmal eines Knechts.

Stauffacher.

Sie folgten, wenn der Heribann erging,
Dem Reichspanier und schlugen seine Schlachten.
Nach Welschland zogen sie gewappnet mit,
Die Römerkron' ihm auf das Haupt zu setzen.
Daheim regierten sie sich fröhlich selbst
Nach altem Brauch und eigenem Gesetz;
Der höchste Blutbann war allein des Kaisers;
Und dazu war bestellt ein großer Graf,
Der hatte seinen Sitz nicht in dem Lande.
Wenn Blutschuld kam, so rief man ihn herein,
Und unter offnem Himmel, schlicht und klar,

et, comme tous les hommes libres de son empire, ils s'engagèrent envers lui au noble service des armes; car l'unique devoir des hommes libres, c'est de protéger l'empire qui les protége eux-mêmes.

MELCHTHAL. Tout ce qui va au delà est une marque de servitude.

STAUFFACHER. Lorsque l'arrière-ban marchait, nos ancêtres suivaient l'étendard de l'Empire et combattaient dans ses batailles. Les armes à la main, ils allaient en Italie avec l'Empereur, pour mettre sur sa tête la couronne romaine; chez eux, ils se gouvernaient eux-mêmes, selon les anciennes coutumes et leurs propres lois; la haute juridiction appartenait seulement à l'Empereur; et ce droit était confié à un puissant comte, qui ne demeurait point dans le pays. Pour juger un crime capital, on l'appelait, et, à la face du ciel, il pronon-

Sprach er das Recht und ohne Furcht der Menschen.
Wo sind hier Spuren, daß wir Knechte sind?
Ist einer, der es anders weiß, der rede!

Im Hofe.

Nein, so verhält sich alles, wie Ihr sprecht.
Gewaltherrschaft ward nie bei uns geduldet.

Stauffacher.

Dem Kaiser selbst versagten wir Gehorsam,
Da er das Recht zu Gunst der Pfaffen bog.
Denn als die Leute von dem Gotteshaus
Einsiedeln uns die Alp in Anspruch nahmen,
Die wir beweidet seit der Väter Zeit,
Der Abt herfürzog einen alten Brief,
Der ihm die herrenlose Wüste schenkte —
Denn unser Dasein hatte man verhehlt —
Da sprachen wir: "Erschlichen ist der Brief;
Kein Kaiser kann, was unser ist, verschenken;
Und wird uns Recht versagt vom Reich, wir können

çait clairement, simplement sa sentence, sans crainte des hommes. Où voyez-vous là des traces d'esclavage? Si quelqu'un est d'une autre opinion, qu'il parle.

IM HOFE. Non, tout se passait comme vous l'avez dit. Jamais nous n'avons souffert le despotisme.

STAUFFACHER. Nous avons refusé d'obéir à l'Empereur lui-même, lorsqu'il faisait plier la justice devant les prétentions des prêtres. Les gens de l'abbaye d'Einsiedeln réclamaient les pâturages que nous occupions depuis le temps de nos pères; l'abbé produisit un ancien titre qui lui attribuait les contrées sans maître, car on avait dissimulé nos droits et notre présence. Alors nous dîmes: Ce titre a été surpris; aucun Empereur ne peut donner ce qui nous appartient; et si l'Empire nous refuse justice, nous pouvons, dans nos montagnes,

In unsern Bergen auch des Reichs entbehren."
— So sprachen unsre Väter! Sollen wir
Des neuen Joches Schändlichkeit erdulden,
Erleiden von dem fremden Knecht, was uns
In seiner Macht kein Kaiser durfte bieten?
— Wir haben diesen Boden uns erschaffen
Durch unsrer Hände Fleiß, den alten Wald,
Der sonst der Bären wilde Wohnung war,
Zu einem Sitz für Menschen umgewandelt;
Die Brut des Drachen haben wir getödtet,
Der aus den Sümpfen giftgeschwollen stieg;
Die Nebeldecke haben wir zerrissen,
Die ewig grau um diese Wildniß hing;
Den harten Fels gesprengt, über den Abgrund
Dem Wandersmann den sichern Steg geleitet;
Unser ist durch tausendjährigen Besitz
Der Boden — und der fremde Herrenknecht
Soll kommen dürfen und uns Ketten schmieden,
Und Schmach anthun auf unsrer eignen Erde?

nous passer aussi de l'Empire. Ainsi parlaient nos pères. Et nous, souffrirons-nous la honte du nouveau joug? Endurerons-nous d'un valet étranger ce qu'aucun Empereur, dans sa toute-puissance, n'a osé exiger de nous? Nous avons acquis la propriété de ce sol par le travail de nos mains; nous avons transformé en une habitation humaine l'antique forêt, autrefois le repaire des ours; nous avons exterminé la race du dragon, qui du fond de ces marais levait sa tête venimeuse; nous avons déchiré le voile éternel de ces sombres brouillards qui planaient sur cette solitude; nous avons brisé le rocher et jeté sur l'abîme un pont sûr pour les voyageurs. Ce sol est à nous par une possession de mille années. Et le valet d'un maître étranger oserait venir nous forger des chaînes et nous insulter sur notre terre à nous! N'est-

Ist keine Hülfe gegen solchen Drang?

(Eine große Bewegung unter den Landleuten.)

Nein, eine Gränze hat Tyrannenmacht.
Wenn der Gedrückte nirgends Recht kann finden,
Wenn unerträglich wird die Last — greift er
Hinauf getrosten Muthes in den Himmel,
Und holt herunter seine ew'gen Rechte,
Die droben hangen unveräußerlich
Und unzerbrechlich, wie die Sterne selbst —
Der alte Urstand der Natur kehrt wieder,
Wo Mensch dem Menschen gegenüber steht: —
Zum letzten Mittel, wenn kein andres mehr
Verfangen will, ist ihm das Schwert gegeben —
Der Güter höchstes dürfen wir vertheidigen
Gegen Gewalt — Wir steh'n für unser Land,
Wir steh'n für unsre Weiber, unsre Kinder!

Alle

(an ihre Schwerter schlagend).

Wir stehn für unsre Weiber, unsre Kinder!

il point de remède contre une telle oppression? (*Grande agitation parmi les conjurés.*) Non, la tyrannie a des limites; quand l'opprimé ne trouve plus de justice nulle part, quand son fardeau devient insupportable, il lève avec confiance son regard vers le ciel; il y va chercher ses droits éternels qui résident là-haut, imprescriptibles et immuables comme les astres eux-mêmes. On rentre alors dans l'ancien état de nature, où l'homme se trouve en face de l'homme, et, pour dernière ressource, quand il n'en reste plus aucune autre, on saisit le glaive. Nous devons défendre contre la force notre bien le plus précieux; nous combattons pour notre pays, pour nos femmes, pour nos enfants.

TOUS *frappant sur leurs épées.* Nous combattons pour nos femmes et pour nos enfants.

Rösselmann (tritt in den Ring).

Eh' ihr zum Schwerte greift, bedenkt es wohl!
Ihr könnt es friedlich mit dem Kaiser schlichten.
Es kostet euch ein Wort, und die Tyrannen,
Die euch jetzt schwer bedrängen, schmeicheln euch.
— Ergreift, was man euch oft geboten hat;
Trennt euch vom Reich, erkennet Oestreichs Hoheit —

Auf der Mauer.

Was sagt der Pfarrer? Wir zu Oestreich schwören!

Am Bühel.

Hört ihn nicht an!

Winkelried.

Das räth uns ein Verräther,
Ein Feind des Landes!

Reding.

Ruhig, Eidgenossen!

Sewa.

Wir Oestreich huldigen, nach solcher Schmach?

Von der Flüe.

Wir uns abtrotzen lassen durch Gewalt,
Was wir der Güte weigerten?

Meier.

Dann wären
Wir Sklaven, und verdienten es zu sein!

ROESSELMANN *s'avance dans le cercle.* Avant de tirer l'épée, songez-y bien, vous pouvez traiter pacifiquement avec l'Empereur : il ne vous en coûte qu'un mot, et les tyrans, dont vous souffrez en ce moment l'oppression cruelle, vous flatteront. Prenez le parti qu'on vous a souvent proposé : séparez-vous de l'empire ; reconnaissez la suzeraineté de l'Autriche.

AUF DER MAUER. Que dit le prêtre? Nous, prêter serment à l'Autriche!

AM BUHEL. Ne l'écoutez pas!

WINKELRIED. C'est le conseil d'un traître, d'un ennemi du pays!

REDING. Paix, mes amis.

SEWA. Nous, rendre hommage à l'Autriche, après une telle injure?

DE FLUE. Nous, nous laisser arracher par la violence ce que nous avons refusé à la douceur?

MEIER. Alors, nous serions esclaves et nous mériterions de l'être.

Auf der Mauer.

Der sei gestoßen aus dem Recht der Schweizer,
Wer von Ergebung spricht an Oesterreich!
— Landammann, ich bestehe drauf: dieß sei
Das erste Landsgesetz, das wir hier geben

Melchthal.

So sei's. Wer von Ergebung spricht an Oestreich,
Soll rechtlos sein und aller Ehren bar,
Kein Landmann nehm' ihn auf an seinem Feuer!

Alle

(heben die rechte Hand auf).

Wir wollen es, das sei Gesetz!

Reding (nach einer Pause)

Es ist's.

Rösselmann.

Jetzt seid ihr frei, ihr seid's durch dieß Gesetz.
Nicht durch Gewalt soll Oesterreich ertrotzen,
Was es durch freundlich Werben nicht erhielt —

Jost von Weiler.

Zur Tagesordnung, weiter!

Reding.

Eidgenossen,
Sind alle sanften Mittel auch versucht?
Vielleicht weiß es der König nicht; es ist
Wohl gar sein Wille nicht, was wir erdulden.

AUF DER MAUER. Que celui-là soit privé de ses droits de Suisse, qui parlera de se soumettre à l'Autriche. Landammann, je demande que ce soit la première loi que nous rendions ici.

MELCHTHAL. Oui. Que celui qui parlera de se livrer à l'Autriche soit privé de tous ses droits et de toutes ses prérogatives; qu'aucun habitant ne le reçoive à son foyer.

TOUS *lèvent la main droite.* Nous le voulons ainsi. Que ce soit une loi.

REDING, *après un moment de silence.* C'est décidé.

ROESSELMANN. Maintenant vous êtes libres; vous êtes libres par cette loi. — L'Autriche n'arrachera point par la force ce qu'elle n'a point obtenu par ses tentatives amicales.

JOSSE DE WEILER. Passons à l'ordre du jour.

REDING. Confédérés, toutes les voies de douceur ont-elles été tentées? peut-être le roi ne sait-il pas ce que nous souffrons; peut-être soul

Auch dieses Letzte wollen wir versuchen,
Erst unsre Klage bringen vor sein Ohr,
Eh' wir zum Schwerte greifen. Schrecklich immer,
Auch in gerechter Sache, ist Gewalt.
Gott hilft nur dann, wenn Menschen nicht mehr helfen.

Stauffacher (zu Konrad Hunn).

Nun ist's an Euch, Bericht zu geben. Redet!

Konrad Hunn.

Ich war zu Rheinfeld an des Kaisers Pfalz,
Wider der Vögte harten Druck zu klagen,
Den Brief zu holen unsrer alten Freiheit,
Den jeder neue König sonst bestätigt.
Die Boten vieler Städte fand ich dort,
Vom schwäb'schen Lande und vom Lauf des Rheins,
Die all' erhielten ihre Pergamente,
Und kehrten freudig wieder in ihr Land.
Mich, euren Boten, wies man an die Räthe,
Und die entließen mich mit leerem Trost:
„Der Kaiser habe diesmal keine Zeit;

frons-nous contre sa volonté. Avant de recourir à l'épée, faisons une dernière tentative : portons nos plaintes à son oreille. La violence est toujours terrible, même dans une cause juste, et Dieu n'accorde son secours que quand on ne peut plus obtenir justice des hommes.

STAUFFACHER, *à Conrad Hunn.* Maintenant c'est à vous à nous faire un rapport. Parlez.

CONRAD HUNN. J'étais allé à Rheinfeld, au palais de l'Empereur, pour porter plainte contre les cruelles vexations des baillis et pour demander la charte de nos anciennes franchises, que chaque nouveau souverain confirme. Je trouvai là les envoyés d'un grand nombre de villes du pays de la Souabe et des bords du Rhin, qui tous recevaient leurs titres et s'en retournaient joyeux dans leur patrie. Quant à moi, votre député, on m'adressa aux conseillers, qui me congédièrent avec cette vaine consolation : « Que l'Empereur n'avait pas le temps cette fois ; mais que plus tard il penserait sans

„Er würde sonst einmal wohl an uns denken."
— Und als ich traurig durch die Säle ging
Der Königsburg, da sah ich Herzog Hansen
In einem Erker weinend steh'n, um ihn
Die edeln Herrn von Wart und Tägerfeld,
Die riefen mir und sagten: „Helft euch selbst!
Gerechtigkeit erwartet nicht vom König.
Beraubt er nicht des eignen Bruders Kind,
Und hinterhält ihm sein gerechtes Erbe?
Der Herzog fleht' ihn um sein Mütterliches:
Er habe seine Jahre voll, es wäre
Nun Zeit, auch Land und Leute zu regieren.
Was ward ihm zum Bescheid? Ein Kränzlein setzt' ihm
Der Kaiser auf: das sei die Zier der Jugend."

Auf der Mauer.

Ihr habt's gehört. Recht und Gerechtigkeit
Erwartet nicht vom Kaiser! Helft euch selbst!

Reding.

Nichts anders bleibt uns übrig. Nun gebt Rath,

doute à nous. » Et, comme je traversais tristement les salles du palais, j'aperçus le duc Jean qui se tenait à un balcon, les larmes aux yeux. Auprès de lui étaient les nobles seigneurs de Wart et de Tægerfeld. Ils m'appelèrent et me dirent : « Aidez-vous vous-mêmes, et n'attendez point de justice du roi. Ne dépouille-t-il pas l'enfant de son propre frère et ne retient-il pas son légitime héritage? Le duc a réclamé les biens de sa mère ; il a représenté qu'il avait atteint sa majorité ; qu'il était en âge de gouverner sa terre et ses vassaux. Quelle réponse a-t-il reçue ? L'Empereur lui a mis une couronne sur la tête et lui a dit : « Voilà l'ornement de la jeunesse. »

AUF DER MAUER. Vous l'avez entendu. N'attendez de l'Empereur ni droit ni justice. Aidez-vous vous-mêmes.

REDING. Il ne nous reste point d'autre parti. Maintenant, avisons aux moyens de marcher prudemment à notre but.

Wie wir es klug zum frohen Ende leiten.

Walther Fürst (tritt in den Ring).

Abtreiben wollen wir verhaßten Zwang;
Die alten Rechte, wie wir sie ererbt
Von unsern Vätern, wollen wir bewahren,
Nicht ungezügelt nach dem Neuen greifen.
Dem Kaiser bleibe, was des Kaisers ist;
Wer einen Herrn hat, dien' ihm pflichtgemäß

Meier.

Ich trage Gut von Oesterreich zu Lehen.

Walther Fürst.

Ihr fahret fort, Oestreich die Pflicht zu leisten.

Jost von Weiler.

Ich steure an die Herrn von Rappersweil

Walther Fürst.

Ihr fahret fort, zu zinsen und zu steuern.

Rösselmann.

Der großen Frau zu Zürch bin ich vereidet.

Walther Fürst.

Ihr gebt dem Kloster, was des Klosters ist.

Stauffacher.

Ich trage keine Lehen, als des Reichs.

WALTHER FURST, *s'avançant dans le cercle.* Nous voulons nous soustraire à une domination odieuse, conserver nos anciens droits, tels qu'ils nous ont été légués par nos pères, mais non point en conquérir de nouveaux. Que l'Empereur conserve ce qui lui appartient. Que celui qui a un maître, le serve selon son devoir.

MEIER. Je tiens un fief de l'Autriche.

WALTHER FURST. Vous continuerez à remplir vos devoirs envers l'Autriche.

JOSSE DE WEILER. Je paye tribut aux seigneurs de Rappersweil.

WALTHER FURST. Vous continuerez à leur payer le cens et l'impôt.

LE CURÉ. J'ai fait serment à l'abbesse de Zurich.

WALTHER FURST. Vous donnerez au cloître ce qui est au cloître.

STAUFFACHER. Je ne relève que de l'Empire.

Walther Fürst.

Was sein muß, das geschehe, doch nicht drüber.
Die Vögte wollen wir mit ihren Knechten
Verjagen und die festen Schlösser brechen;
Doch, wenn es sein mag, ohne Blut. Es sehe
Der Kaiser, daß wir nothgedrungen nur
Der Ehrfurcht fromme Pflichten abgeworfen.
Und sieht er uns in unsern Schranken bleiben,
Vielleicht besiegt er staatsklug seinen Zorn,
Denn bill'ge Furcht erwecket sich ein Volk,
Das mit dem Schwerte in der Faust sich mäßigt.

Reding.

Doch lasset hören! Wie vollenden wir's?
Es hat der Feind die Waffen in der Hand,
Und nicht fürwahr in Frieden wird er weichen

Stauffacher.

Er wird's, wenn er in Waffen uns erblickt;
Wir überraschen ihn, eh' er sich rüstet.

Meier.

Ist bald gesprochen, aber schwer gethan.
Uns ragen in dem Land zwei feste Schlösser,
Die geben Schirm dem Feind und werden furchtbar,

WALTHER FURST. Que ce qui doit se faire se fasse, mais rien de plus. Nous voulons chasser les baillis avec leurs satellites, et renverser leurs citadelles, mais, s'il se peut, sans répandre le sang. Que l'Empereur le reconnaisse bien : c'est contraints et forcés que nous avons renoncé aux pieux devoirs de la soumission; s'il nous voit rester dans les limites de notre droit, peut-être sa politique triomphera-t-elle de son courroux. Car un peuple qui, l'épée au poing, sait se modérer, inspire une crainte légitime.

REDING. Mais voyons, comment arriverons-nous à notre but? Notre ennemi est armé, et sans doute il ne cédera pas sans combattre.

STAUFFACHER. Il cédera, s'il nous voit en armes; nous le surprendrons avant qu'il soit préparé.

MEIER. Cela est bientôt dit, mais difficile à exécuter. Il y a dans le pays deux forteresses qui protégent l'ennemi, et qui devien-

Wenn uns der König in das Land sollt' fallen.
Roßberg und Sarnen muß bezwungen sein,
Eh' man ein Schwert erhebt in den drei Landen.

Stauffacher.

Säumt man so lang, so wird der Feind gewarnt;
Zu viele sind's, die das Geheimniß theilen.

Meier.

In den Waldstädten find't sich kein Verräther.

Rösselmann.

Der Eifer auch, der gute, kann verrathen.

Walther Fürst.

Schiebt man es auf, so wird der Twing vollendet
In Altdorf, und der Vogt befestigt sich.

Meier.

Ihr denkt an Euch.

Sigrist.

Und Ihr seid ungerecht.

Meier (auffahrend).

Wir ungerecht! Das darf uns Uri bieten!

Reding.

Bei eurem Eide, Ruh'!

Meier.

Ja, wenn sich Schwytz
Versteht mit Uri, müssen wir wohl schweigen.

draient redoutables si le roi venait à nous attaquer. Rossberg et Sarnen doivent être forcés, avant qu'on tire une seule épée dans les trois cantons.

STAUFFACHER. Si l'on tarde longtemps, l'ennemi sera prévenu; il y a trop de monde dans le secret.

MEIER. Dans les trois cantons il n'y a pas un traître.

ROESSELMANN. Le zèle même le plus pur peut trahir.

WALTHER FURST. Si l'on diffère encore, la citadelle d'Altorf s'achèvera, et le bailli s'y fortifiera.

MEIER. Vous songez à vous.

LE SACRISTAIN. Et vous, vous êtes injustes.

MEIER, *avec emportement*. Nous, injustes! Uri l'ose dire!

REDING. Au nom de votre serment, silence!

MEIER. Oui, si Schwytz s'entend avec Uri, il faut bien nous taire.

Reding.

Ich muß euch weisen vor der Landsgemeine,
Daß ihr mit heft'gem Sinn den Frieden stört!
Steh'n wir nicht alle für dieselbe Sache?

Winkelried.

Wenn wir's verschieben bis zum Fest des Herrn,
Dann bringt's die Sitte mit, daß alle Sassen
Dem Vogt Geschenke bringen auf das Schloß;
So können zehen Männer oder zwölf
Sich unverdächtig in der Burg versammeln,
Die führen heimlich spitz'ge Eisen mit,
Die man geschwind kann an die Stäbe stecken,
Denn niemand kommt mit Waffen in die Burg.
Zunächst im Wald hält dann der große Haufe,
Und wenn die andern glücklich sich des Thors
Ermächtiget, so wird ein Horn geblasen,
Und jene brechen aus dem Hinterhalt;
So wird das Schloß mit leichter Arbeit unser.

REDING. Je dois vous réprimander devant toute l'assemblée, vous troublez la paix par votre emportement. Ne sommes-nous pas tous ici pour la même cause?

WINKELRIED. Si nous différions jusqu'à la fête du Seigneur? Alors il est d'usage que tous les vassaux aillent au château porter au bailli des présents. Dix ou douze hommes pourraient s'y rassembler sans éveiller de soupçons, ils apporteraient secrètement des pointes de fer qu'ils fixeraient en un instant au bout de leurs bâtons, personne n'entrant au château avec des armes. A peu de distance, dans la forêt, se tiendrait le gros de la troupe, et quand les autres seraient parvenus à s'emparer de la porte, ils sonneraient de la trompe; tous sortiraient alors de leur embuscade, et la forteresse tomberait facilement entre nos mains.

Melchthal.

Den Roßberg übernehm' ich zu ersteigen,
Denn eine Dirn' des Schlosses ist mir hold,
Und leicht bethör' ich sie, zum nächtlichen
Besuch die schwanke Leiter mir zu reichen;
Bin ich droben erst, zieh' ich die Freunde nach.

Reding.

Ist's aller Wille, daß verschoben werde?

(Die Mehrheit erhebt die Hände.)

Stauffacher (zählt die Stimmen).

Es ist ein Mehr von zwanzig gegen zwölf!

Walther Fürst.

Wenn am bestimmten Tag die Burgen fallen,
So geben wir von einem Berg zum andern
Das Zeichen mit dem Rauch; der Landsturm wird
Aufgeboten, schnell, im Hauptort jedes Landes;
Wenn dann die Vögte seh'n der Waffen Ernst,
Glaubt mir, sie werden sich des Streits begeben,
Und gern ergreifen friedliches Geleit,
Aus unsern Landesmarken zu entweichen.

MELCHTHAL. Je me charge d'escalader le Rossberg. Une jeune fille du château m'a témoigné de l'affection, je pourrai facilement l'engager à me tendre une échelle pour un rendez-vous nocturne. Une fois là, je ferai entrer mes amis.

REDING. La volonté de tous est-elle que l'on diffère? (*La majorité lève la main.*)

STAUFFACHER *compte les voix.* Il y a vingt voix contre douze.

WALTHER FURST. Quand, au jour marqué, les forteresses seront tombées, nous en donnerons le signal en allumant des feux de montagne en montagne. Le peuple levé en masse sera convoqué promptement dans le chef-lieu de chaque canton, et lorsque les baillis verront que nous en appelons sérieusement aux armes, croyez-moi, ils renonceront à la lutte, et accepteront volontiers un sauf-conduit pour sortir de nos frontières.

Stauffacher.

Nur mit dem Geßler fürcht' ich schweren Stand,
Furchtbar ist er mit Reisigen umgeben,
Nicht ohne Blut räumt er das Feld, ja selbst
Vertrieben bleibt er furchtbar noch dem Land.
Schwer ist's und fast gefährlich, ihn zu schonen.

Baumgarten.

Wo's halsgefährlich ist, da stellt mich hin
Dem Tell verdank' ich mein gerettet Leben;
Gern schlag' ich's in die Schanze für das Land,
Mein' Ehr' hab' ich beschützt, mein Herz befriedigt.

Reding.

Die Zeit bringt Rath. Erwartet's in Geduld,
Man muß dem Augenblick auch was vertrauen.
— Doch seht, indeß wir nächtlich hier noch tagen,
Stellt auf den höchsten Bergen schon der Morgen
Die glüh'nde Hochwacht aus — Kommt, laßt uns scheiden,
Eh' uns des Tages Leuchten überrasch.

STAUFFACHER. Je crains seulement une rude rencontre avec Gessler. Il est entouré de nombreux satellites, et ne quittera point la place sans combat; chassé même, il est encore redoutable pour le pays. C'est chose grave et presque dangereuse de l'épargner.

BAUMGARTEN. Placez-moi où le danger est le plus grand! Tell m'a sauvé la vie, je l'exposerai volontiers pour le salut du pays. J'ai défendu mon honneur, mon cœur est satisfait.

REDING. Le temps porte conseil. Attendez avec patience, il faut aussi laisser quelque chose à l'occasion. Mais voyez, tandis que nous délibérons encore à l'ombre de la nuit, l'aurore sur le sommet des montagnes annonce déjà sa brillante apparition. Allons, séparons-nous avant que la lumière du jour ne nous surprenne.

Walther Fürst.

Sorgt nicht, die Nacht weicht langsam aus den Thälern.

(Alle haben unwillkührlich die Hüte abgenommen und betrachten mit stiller Sammlung die Morgenröthe.)

Rösselmann.

Bei diesem Licht, das uns zuerst begrüßt
Von allen Völkern, die tief unter uns
Schwerathmend wohnen in dem Qualm der Städte,
Laßt uns den Eid des neuen Bundes schwören!
— Wir wollen sein ein einzig Volk von Brüdern,
In keiner Noth uns trennen und Gefahr.

(Alle sprechen es nach mit erhobenen drei Fingern.)

— Wir wollen frei sein, wie die Väter waren,
Eher den Tod, als in der Knechtschaft leben.

(Wie oben.)

— Wir wollen trauen auf den höchsten Gott
Und uns nicht fürchten vor der Macht der Menschen.

(Wie oben. Die Landleute umarmen einander.)

Stauffacher.

Jetzt gehe jeder seines Weges still

WALTHER FURST. Ne vous inquiétez pas, la nuit se retire lentement de ces vallées. (*Tous, par un mouvement spontané, ont ôté leurs chapeaux et contemplent dans un pieux recueillement le lever de l'aurore.*)

ROESSELMANN. Au nom de cette lumière qui nous salue les premiers parmi tous ces peuples qui, respirant péniblement, habitent sous nos pieds dans les vapeurs des cités, prêtons le serment de la nouvelle alliance. Nous serons un peuple de frères que nul malheur et nul danger ne séparera. (*Tous répètent la même formule en levant trois doigts de la main droite.*) Nous serons libres comme nos pères l'ont été; plutôt la mort que l'esclavage. (*Tous répètent ces mots.*) Nous mettrons notre confiance dans le Très-Haut, sans redouter la puissance des hommes. (*Tous répètent encore, puis ils s'embrassent.*)

STAUFFACHER. Que chacun maintenant reprenne en paix son chemin,

Zu seiner Freundschaft und Genossame!
Wer Hirt ist, wintre ruhig seine Heerde,
Und werb' im Stillen Freunde für den Bund!
— Was noch bis dahin muß erduldet werden,
Erduldet's! Laßt die Rechnung der Tyrannen
Anwachsen, bis ein Tag die allgemeine
Und die besondere Schuld auf einmal zahlt.
Bezähme jeder die gerechte Wuth
Und spare für das Ganze seine Rache;
Denn Raub begeht am allgemeinen Gut,
Wer selbst sich hilft in seiner eignen Sache

(Indem sie zu drei verschiedenen Seiten in größter Ruhe abgehen, fällt das Orchester mit einem prachtvollen Schwung ein; die leere Scene bleibt noch eine Zeitlang offen und zeigt das Schauspiel der aufgehenden Sonne über den Eisgebirgen.)

et s'en retourne auprès de ses amis et de ses compagnons. Que le berger, pendant l'hiver, soigne tranquillement son troupeau, et attire sans bruit des amis à notre alliance. Supportez jusqu'au moment décisif tout ce qui doit être supporté. Laissez grossir le compte des tyrans jusqu'à ce qu'un seul jour acquitte leurs dettes envers tous et chacun. Maîtrisez votre juste fureur, et réservez votre vengeance pour la vengeance de tous; car celui-là commettrait un vol envers le bien public, qui voudrait s'aider lui-même dans sa propre cause. (*Pendant qu'ils s'éloignent dans un profond silence de trois côtés différents, l'orchestre fait entendre une magnifique symphonie. La scène reste encore vide quelques instants, et présente le spectacle du soleil qui se lève sur les glaciers.*)

Dritter Aufzug

Erste Scene.

Hof vor Tells Hause.

Tell ist mit der Zimmeraxt, Hedwig mit einer häuslichen Arbeit beschäftigt. Walther und Wilhelm in der Tiefe spielen mit einer kleinen Armbrust.

Walther (singt).

Mit dem Pfeil, dem Bogen,
Durch Gebirg und Thal
Kommt der Schütz' gezogen
Früh am Morgenstrahl.

Wie im Reich der Lüfte
König ist der Weih, —
Durch Gebirg und Klüfte
Herrscht der Schütze frei.

ACTE TROISIÈME.

SCÈNE I.

Une cour devant la maison de Tell.

TELL, *avec une hache de charpentier;* HEDWIG, *avec un ouvrage de femme.* WALTHER *et* GUILLAUME *jouent dans le fond du théâtre avec une petite arbalète.*

WALTHER *chante.* « Avec son arc, avec ses flèches, par les montagnes, par les vallées, le chasseur s'élance aux premiers rayons du matin. Comme dans l'empire des airs le vautour est roi, dans les montagnes et sur les rochers le chasseur règne indépendant.

Ihm gehört das Weite;
Was sein Pfeil erreicht,
Das ist seine Beute,
Was da kreucht und fleugt.

(Kommt gesprungen.)

Der Strang ist mir entzwei. Mach' mir ihn, Vater!

Tell.

Ich nicht. Ein rechter Schütze hilft sich selbst.

(Knaben entfernen sich.)

Hedwig.

Die Knaben fangen zeitig an zu schießen.

Tell.

Früh übt sich, wer ein Meister werden will.

Hedwig.

Ach, wollte Gott, sie lernten's nie!

Tell.

Sie sollen alles lernen. Wer durchs Leben
Sich frisch will schlagen, muß zu Schutz und Trutz
Gerüstet sein.

Hedwig.

Ach, es wird keiner seine Ruh'
Zu Hause finden.

Tell.

Mutter, ich kann's auch nicht!
Zum Hirten hat Natur mich nicht gebildet;

« A lui appartient l'immensité; ce que sa flèche atteint est sa proie, « tout ce qui rampe, tout ce qui vole. » (*Il vient en sautant.*) Ma corde s'est brisée; raccommode-la-moi, père.

TELL. Non pas moi. Un vrai chasseur se suffit à lui-même. (*Les enfants s'éloignent.*)

HEDWIG. Ces enfants s'exercent de bonne heure au tir.

TELL. Celui qui veut devenir habile commence de bonne heure.

HEDWIG. Hélas! plût à Dieu qu'ils ne l'apprissent jamais.

TELL. Il faut qu'ils apprennent tout. Celui qui veut s'aventurer dans la vie doit être armé pour l'attaque et pour la défense.

HEDWIG. Hélas! aucun d'eux ne voudra rester en paix chez lui!

TELL. Mère, je ne le puis pas non plus; la nature ne m'a pas fait

Rastlos muß ich ein flüchtig Ziel verfolgen.
Dann erst genieß' ich meines Lebens recht
Wenn ich mir's jeden Tag aufs neu' erbeute.

Hedwig.

Und an die Angst der Hausfrau denkst du nicht,
Die sich indessen, deiner wartend, härmt.
Denn mich erfüllt's mit Grausen, was die Knechte
Von euren Wagefahrten sich erzählen.
Bei jedem Abschied zittert mir das Herz,
Daß du mir nimmer werdest wiederkehren.
Ich sehe dich, im wilden Eisgebirg
Verirrt, von einer Klippe zu der andern
Den Fehlsprung thun, seh', wie die Gemse dich
Rückspringend mit sich in den Abgrund reißt,
Wie eine Windlawine dich verschüttet,
Wie unter dir der trügerische Firn
Einbricht, und du hinabsinkst, ein lebendig
Begrabner, in die schauerliche Gruft —
Ach, den verwegnen Alpenjäger hascht

pour être berger; il me faut sans cesse poursuivre un but fugitif. Je ne jouis vraiment de la vie que si chaque jour je la conquiers sur un péril nouveau.

HEDWIG. Et tu ne songes pas à l'anxiété de ta femme qui se désole en attendant ton retour. Car je frémis de terreur au récit que me font nos serviteurs, de vos courses périlleuses. Chaque fois que tu me quittes, mon cœur tremble que tu ne reviennes plus. Je te vois égaré au milieu des montagnes de glaces, sautant d'un rocher à l'autre; je vois le chamois, par un retour subit, t'entraînant dans l'abîme. Tantôt il me semble que tu es enseveli sous l'avalanche, tantôt que la glace trompeuse se brise sous tes pieds, et que tu tombes enseveli tout vivant dans l'effroyable abîme. Hélas! sous mille formes

Der Tod in hundert wechselnden Gestalten!
Das ist ein unglückseliges Gewerb',
Das halsgefährlich führt am Abgrund hin!

Tell.

Wer frisch umher späht mit gesunden Sinnen,
Auf Gott vertraut und die gelenke Kraft,
Der ringt sich leicht aus jeder Fahr und Noth.
Den schreckt der Berg nicht, wer darauf geboren.

(Er hat seine Arbeit vollendet, legt das Geräth hinweg.)

Jetzt, mein' ich, hält das Thor auf Jahr und Tag.
Die Axt im Haus erspart den Zimmermann.

(Nimmt den Hut.)

Hedwig.

Wo gehst du hin?

Tell.

Nach Altdorf, zu dem Vater.

Hedwig.

Sinnst du auch nichts Gefährliches? Gesteh' mirs!

Tell.

Wie kommst du darauf, Frau?

diverses, la mort saisit le téméraire chasseur des Alpes. C'est un malheureux métier que celui qui vous pousse, au péril de votre vie, sur le bord de l'abîme.

TELL. Celui qui sait de sang-froid se tenir sur ses gardes, celui qui se fie en Dieu, aussi bien que dans son agilité et dans ses forces, celui-là se tire facilement de tout danger; celui qui est né sur la montagne ne redoute pas la montagne. (*Il a fini son travail, et dépose ses outils.*) Maintenant, je pense que voilà notre porte solide pour longtemps. Une hache à la maison économise le charpentier. (*Il prend son chapeau.*)

HEDWIG. Où vas-tu?

TELL. A Altorf, chez ton père.

HEDWIG. Ne médites-tu rien de funeste? Avoue-le-moi.

TELL. D'où te vient cette pensée, femme?

Hedwig.

Es spinnt sich etwas
Gegen die Vögte — Auf dem Rütli ward
Getagt, ich weiß, und du bist auch im Bunde.

Tell.

Ich war nicht mit dabei — doch werd' ich mich
Dem Lande nicht entziehen, wenn es ruft.

Hedwig.

Sie werden dich hinstellen, wo Gefahr ist;
Das Schwerste wird dein Antheil sein wie immer.

Tell.

Ein jeder wird besteuert nach Vermögen.

Hedwig.

Den Unterwaldner hast du auch im Sturme
Ueber den See geschafft — Ein Wunder war's,
Daß ihr entkommen — Dachtest du denn gar nicht
An Kind und Weib?

Tell.

Lieb Weib, ich dacht' an euch;
Drum rettet' ich den Vater seinen Kindern.

Hedwig.

Zu schiffen in dem wüth'gen See! Das heißt
Nicht Gott vertrauen; das heißt Gott versuchen!

Tell.

Wer gar zu viel bedenkt, wird wenig leisten.

HEDWIG. Il se trame quelque chose contre les baillis. Il y a eu une assemblée au Rutli, je le sais, et tu es aussi de cette ligue.

TELL. Non, je n'y étais pas; mais je ne me déroberai point à ma patrie, si elle m'appelle.

HEDWIG. Ils te placeront là où sera le danger. Le plus difficile sera ton partage, comme toujours.

TELL. Chacun est taxé selon ses moyens.

HEDWIG. Pendant la tempête, tu as fait passer le lac à l'homme d'Unterwald; c'est un miracle que vous en soyez échappés. Ne pensais-tu donc point à ta femme et à tes enfants?

TELL. Chère femme, je pensais à vous; et voilà pourquoi j'ai conservé un père à ses enfants.

HEDWIG. Naviguer sur le lac en fureur! ce n'est pas se confier en Dieu, c'est tenter la Providence.

TELL. Celui qui réfléchit trop, agit peu.

Hedwig.

Ja, du bist gut und hülfreich, dienest allen,
Und wenn du selbst in Noth kommst, hilft dir keiner.

Tell.

Verhüt' es Gott, daß ich nicht Hülfe brauche!
(Er nimmt die Armbrust und Pfeile.)

Hedwig.

Was willst du mit der Armbrust? Lass' sie hier!

Tell.

Mir fehlt der Arm, wenn mir die Waffe fehlt.
(Die Knaben kommen zurück.)

Walther.

Vater, wo gehst du hin?

Tell.

Nach Altdorf, Knabe,
Zum Ehni — Willst du mit?

Walther.

Ja, freilich will ich.

Hedwig.

Der Landvogt ist jetzt dort. Bleib' weg von Altdorf!

Tell.

Er geht, noch heute.

Hedwig.

Drum lass' ihn erst fort sein!
Gemahn' ihn nicht an dich, du weißt, er grollt uns.

HEDWIG. Oui, tu es bon et secourable, tu rends service à tous, et, quand tu seras dans le besoin, personne ne t'aidera.

TELL. Dieu veuille que je n'aie pas besoin d'être aidé! (*Il prend son arbalète et ses flèches.*)

HEDWIG. Que veux-tu faire de cette arbalète? Laisse-la ici.

TELL. Mon bras me fait défaut, quand mon arme me manque. (*Les enfants reviennent.*)

WALTHER. Mon père, où vas-tu?

TELL. A Altorf, mon enfant, chez ton grand-père. Veux-tu venir avec moi?

WALTHER. Oui, vraiment.

HEDWIG. Le bailli y est en ce moment. Ne va pas à Altorf.

TELL. Il en part aujourd'hui même.

HEDWIG. Laisse-le d'abord partir, ne le fais pas songer à toi, tu sais qu'il nous en veut.

Tell.

Mir soll sein böser Wille nicht viel schaden.
Ich thue recht und scheue keinen Feind.

Hedwig.

Die recht thun, eben die haßt er am meisten.

Tell.

Weil er nicht an sie kommen kann — Mich wird
Der Ritter wohl in Frieden lassen, mein' ich.

Hedwig.

So, weißt du das?

Tell.

Es ist nicht lange her,
Da ging ich jagen durch die wilden Gründe
Des Schächenthals auf menschenleerer Spur,
Und da ich einsam einen Felsensteig
Verfolgte, wo nicht auszuweichen war,
Denn über mir hing schroff die Felswand her,
Und unten rauschte fürchterlich der Schächen,

(Die Knaben drängen sich rechts und links an ihn und sehen mit gespannter Neugier an ihm hinauf.)

TELL. Sa mauvaise volonté ne peut me nuire beaucoup. J'agis honnêtement, et je ne crains aucun ennemi.

HEDWIG. Ceux qui agissent honnêtement sont précisément ceux qu'il hait le plus.

TELL. Parce qu'il n'a pas de prise sur eux. Quant à moi, je pense que le chevalier me laissera en paix.

HEDWIG. Vraiment, comment le sais-tu?

TELL. Il n'y a pas longtemps que je chassais dans les profondeurs sauvages du Schæchen, loin de toute trace humaine; je suivais seul un sentier taillé dans le roc, où l'on ne pouvait se détourner, car au-dessus de moi était une muraille de rocs escarpés, et au-dessous mugissait l'effroyable torrent. (*Les enfants se pressent autour de lui à droite et à gauche et le regardent avec une inquiète curiosité.*)

Da kam der Landvogt gegen mich daher,
Er ganz allein mit mir, der auch allein war,
Bloß Mensch zu Mensch, und neben uns der Abgrund.
Und als der Herre mein ansichtig ward,
Und mich erkannte, den er kurz zuvor
Um kleiner Ursach' willen schwer gebüßt,
Und sah mich mit dem stattlichen Gewehr
Daher geschritten kommen, da verblaßt' er,
Die Knie versagten ihm, ich sah es kommen,
Daß er jetzt an die Felswand würde sinken.
—Da jammerte mich sein, ich trat zu ihm
Bescheidentlich und sprach: „Ich bin's, Herr Landvogt."
Er aber konnte keinen andern Laut
Aus seinem Munde geben—Mit der Hand nur
Winkt' er mir schweigend, meines Wegs zu geh'n;
Da ging ich fort, und sandt' ihm sein Gefolge.

Le bailli vint à ma rencontre par le même sentier. Il était seul et moi aussi, homme contre homme, et l'abîme à côté de nous. Quand il m'aperçut et me reconnut, moi qu'il avait peu de temps auparavant puni avec sévérité pour un motif futile; quand il me vit avancer avec ma bonne arme, il pâlit, ses genoux tremblèrent, et je vis le moment où il allait tomber contre le rocher. Alors j'eus pitié de lui; je m'approchai humblement, et je lui dis : C'est moi, seigneur bailli. Mais aucune parole ne put sortir de ses lèvres; de la main, il me fit signe de poursuivre ma route. Je passai, et je lui envoyai sa suite.

Hedwig.

Er hat vor dir gezittert—Wehe dir!
Daß du ihn schwach geseh'n, vergibt er nie.

Tell.

Drum meid' ich ihn, und er wird mich nicht suchen.

Hedwig.

Bleib' heute nur dort weg! Geh' lieber jagen!

Tell.

Was fällt dir ein?

Hedwig.

Mich ängstigt's. Bleibe weg!

Tell.

Wie kannst du dich so ohne Ursach' quälen?

Hedwig.

Weil's keine Ursach' hat —Tell, bleibe hier!

Tell.

Ich hab's versprochen, liebes Weib, zu kommen.

Hedwig.

Mußt du, so geh'—nur lasse mir den Knaben!

Walther.

Nein, Mütterchen. Ich gehe mit dem Vater.

Hedwig.

Wälty, verlassen willst du deine Mutter?

HEDWIG. Il a tremblé devant toi, il s'est montré faible à tes yeux, malheur à toi! Jamais il ne te pardonnera.

TELL. Aussi l'éviterai-je, et lui ne me cherchera pas.

HEDWIG. Ne va pas à Altorf aujourd'hui. Va plutôt chasser.

TELL. Qu'as-tu donc?

HEDWIG. Je suis cruellement inquiète. Ne va pas là.

TELL. Comment peux-tu te tourmenter ainsi sans sujet?

HEDWIG. C'est précisément parce qu'il n'y a pas sujet. Tell, reste ici.

TELL. J'ai promis d'y aller, ma chère femme.

HEDWIG. S'il le faut, va... mais laisse-moi l'enfant.

WALTHER. Non, petite mère, je vais avec mon père.

HEDWIG. Walther, tu veux quitter ta mère?

Walther.

Ich bring' dir auch was Hübsches mit vom Ehni.

(Geht mit dem Vater.)

Wilhelm.

Mutter, ich bleibe bei dir!

Hedwig (umarmt ihn).

Ja, du bist
Mein liebes Kind; du bleibst mir noch allein!

(Sie geht an das Hofthor und folgt den Abgehenden lange mit den Augen.)

Zweite Scene.

Eine eingeschlossene wilde Waldgegend, Staubbäche stürzen von den Felsen.

Bertha im Jagdkleid. Gleich darauf Rudenz.

Bertha.

Er folgt mir. Endlich kann ich mich erklären.

Rudenz (tritt rasch ein).

Fräulein, jetzt endlich find' ich Euch allein.
Abgründe schließen rings umher uns ein;
In dieser Wildniß fürcht' ich keinen Zeugen;
Vom Herzen wälz' ich dieses lange Schweigen —

WALTHER. Va, je te rapporterai quelque jolie chose de chez mon grand-père. (*Il sort avec son père.*)

GUILLAUME. Mère, je reste avec toi.

HEDWIG *l'embrasse.* Oui, tu es mon enfant chéri, tu me restes seul. (*Elle va à la porte de la cour et les suit longtemps des yeux.*)

SCÈNE II.

Un site sauvage, entouré de rochers; des cascades tombent en pluie fine du haut d'un rocher.

BERTHE, *en habit de chasse; ensuite* RUDENZ.

BERTHE. Il me suit. Enfin je pourrai m'expliquer.

RUDENZ *s'avance avec précipitation.* Enfin, madame, je vous trouve seule. Des précipices nous environnent de toutes parts; dans ce lieu sauvage je ne crains aucun témoin, je vais décharger mon cœur de ce long silence.

Bertha.

Seid Ihr gewiß, daß uns die Jagd nicht folgt?

Rudenz.

Die Jagd ist dort hinaus—Jetzt oder nie!
Ich muß den theuren Augenblick ergreifen—
Entschieden sehen muß ich mein Geschick,
Und sollt' es mich auf ewig von Euch scheiden.
—O, waffnet Eure güt'gen Blicke nicht
Mit dieser finstern Strenge—Wer bin ich,
Daß ich den kühnen Wunsch zu Euch erhebe?
Mich hat der Ruhm noch nicht genannt; ich darf
Mich in die Reih' nicht stellen mit den Rittern,
Die siegberühmt und glänzend Euch umwerben.
Nichts hab' ich als mein Herz voll Treu' und Liebe—

Bertha (ernst und streng).

Dürft Ihr von Liebe reden und von Treue,
Der treulos wird an seinen nächsten Pflichten?

(Rudenz tritt zurück.)

Der Sklave Oesterreichs, der sich dem Fremdling
Verkauft, dem Unterdrücker seines Volks?

BERTHE. Êtes-vous sûr que la chasse ne nous suit pas?

RUDENZ. La chasse est là-bas... Maintenant ou jamais, il faut que je saisisse ce moment précieux, que mon sort se décide, dût-il à jamais m'éloigner de vous. Oh! n'armez pas vos doux regards de cette sombre sévérité. Qui suis-je, pour oser élever mes vœux téméraires jusqu'à vous? La renommée n'a point encore proclamé mon nom; je ne peux me placer dans les rangs de ces chevaliers brillants et illustrés par la victoire qui recherchent votre main. Je n'ai qu'un cœur plein d'amour et de fidélité.

BERTHE, *avec sévérité.* Osez-vous bien parler d'amour et de fidélité, vous infidèle à vos devoirs les plus sacrés? (*Rudenz recule.*) Vous, l'esclave de l'Autriche, vendu à l'étranger, à l'oppresseur de votre pays?

Rudenz.

Von Euch, mein Fräulein, hör' ich diesen Vorwurf?
Wen such' ich denn als Euch auf jener Seite?

Bertha.

Mich denkt Ihr auf der Seite des Verrath
Zu finden? Eher wollt' ich meine Hand
Dem Geßler selbst, dem Unterdrücker, schenken,
Als dem naturvergessnen Sohn der Schweiz,
Der sich zu seinem Werkzeug machen kann!

Rudenz.

O Gott, was muß ich hören!

Bertha.

Wie? Was liegt
Dem guten Menschen näher als die Seinen?
Gibts schönre Pflichten für ein edles Herz,
Als ein Vertheidiger der Unschuld sein,
Das Recht der Unterdrückten zu beschirmen?
—Die Seele blutet mir um Euer Volk;
Ich leide mit ihm, denn ich muß es lieben,
Das so bescheiden ist und doch voll Kraft;
Es zieht mein ganzes Herz mich zu ihm hin,

RUDENZ. Est-ce vous, madame, qui m'adressez un tel reproche? Que cherchais-je donc dans ce parti, si ce n'est vous?

BERTHE. Pensez-vous me trouver dans le parti de la trahison? J'aimerais mieux donner ma main à Gessler lui-même, au tyran, qu'au fils dénaturé de la Suisse, qui se fait l'instrument de la tyrannie.

RUDENZ. O Dieu! qu'entends-je?

BERTHE. Comment! Qu'y a-t-il de plus cher pour un honnête homme que l'intérêt des siens? Y a-t-il pour un noble cœur un plus beau devoir que celui d'être le défenseur de l'innocence, le protecteur des droits de l'opprimé? Le cœur me saigne à la vue de votre peuple, je souffre avec lui; car je ne puis m'empêcher de l'aimer, lui, si modéré et pourtant plein de force; tout mon cœur m'attire à lui;

Mit jedem Tage lern' ich's mehr verehren.
—Ihr aber, den Natur und Ritterpflicht
Ihm zum geborenen Beschützer gaben,
Und der's verläßt, der treulos übertritt
Zum Feind, und Ketten schmiedet seinem Land,
Ihr seid's der mich verletzt und kränkt; ich muß
Mein Herz bezwingen, daß ich Euch nicht hasse.

Rudenz.

Will ich denn nicht das Beste meines Volks?
Ihm unter Oestreichs mächt'gem Scepter nicht
Den Frieden —

Bertha.

Knechtschaft wollt Ihr ihm bereiten!
Die Freiheit wollt Ihr aus dem letzten Schloß,
Das ihr noch auf der Erde blieb, verjagen.
Das Volk versteht sich besser auf sein Glück;
Kein Schein verführt sein sicheres Gefühl.
Euch haben sie das Netz ums Haupt geworfen —

Rudenz.

Bertha! Ihr haßt mich, Ihr verachtet mich!

chaque jour j'apprends à l'honorer davantage. Mais vous que la nature et le devoir de chevalier donnaient à ce peuple pour défenseur obligé, vous qui l'abandonnez, qui vous rangez perfidement du côté de ses ennemis, qui forgez les chaînes de votre pays, c'est vous dont la conduite m'offense et m'afflige, et pour ne pas vous haïr, il faut que je fasse violence à mon cœur.

RUDENZ. Désiré-je donc autre chose que le bien de mon pays? Sous le sceptre puissant de l'Autriche, la paix...

BERTHE. C'est l'esclavage que vous voulez lui préparer. Vous voulez chasser la liberté du dernier asile qui lui reste encore sur la terre. Le peuple comprend mieux son bonheur, aucune vaine apparence n'égare son infaillible instinct. Quant à vous, ils vous ont enveloppé dans leurs filets.

RUDENZ. Berthe, vous me haïssez, vous me méprisez.

Bertha.

Thät' ich's, mir wäre besser — Aber den
Verachtet sehen und verachtungswerth,
Den man gern lieben möchte —

Rudenz.

Bertha! Bertha!
Ihr zeiget mir das höchste Himmelsglück,
Und stürzt mich tief in einem Augenblick.

Bertha.

Nein, nein, das Edle ist nicht ganz erstickt
In Euch! es schlummert nur, ich will es wecken;
Ihr müßt Gewalt ausüben an Euch selbst,
Die angestammte Tugend zu ertödten;
Doch wohl Euch! sie ist mächtiger als Ihr,
Und trotz Euch selber, seid Ihr gut und edel!

Rudenz.

Ihr glaubt an mich? O Bertha, alles läßt
Mich Eure Liebe sein und werden!

Bertha.

Seid,
Wozu die herrliche Natur Euch machte!
Erfüllt den Platz, wohin sie Euch gestellt;

BERTHE. S'il en était ainsi, mieux vaudrait pour moi... Mais voir méprisé et digne de mépris celui que l'on voudrait aimer...

RUDENZ. Berthe! Berthe, vous me montrez le bonheur le plus élevé et vous me précipitez en même temps dans le désespoir.

BERTHE. Non, non, les nobles pensées ne sont pas tout à fait étouffées en vous, elles dorment seulement, je veux les réveiller. Vous êtes obligé de vous faire violence à vous-même pour tuer votre vertu naturelle; heureusement, elle est plus forte que vous, et en dépit de vous-même vous êtes bon et noble.

RUDENZ. Vous avez confiance en moi? O Berthe, par votre amour, je puis atteindre à tout.

BERTHE. Soyez ce que la nature généreuse a voulu que vous fus-

Zu Eurem Volke steht und Eurem Lande,
Und kämpft für Euer heilig Recht!

Rudenz.

Weh' mir!
Wie kann ich Euch erringen, Euch besitzen,
Wenn ich der Macht des Kaisers widerstrebe?
Ist's der Verwandten mächt'ger Wille nicht,
Der über Eure Hand tyrannisch waltet?

Bertha.

In den Waldstädten liegen meine Güter,
Und ist der Schweizer frei, so bin auch ich's

Rudenz.

Bertha, welch einen Blick thut Ihr mir auf!

Bertha.

Hofft nicht durch Östreichs Gunst mich zu erringen;
Nach meinem Erbe strecken sie die Hand,
Das will man mit dem großen Erb' vereinen.
Dieselbe Ländergier, die eure Freiheit
Verschlingen will, sie drohet auch der meinen!
—O Freund, zum Opfer bin ich ausersehn,
Vielleicht um einen Günstling zu belohnen—
Dort, wo die Falschheit und die Ränke wohnen,

siez; prenez la place qu'elle vous a destinée; soutenez votre peuple et votre patrie, combattez pour vos droits sacrés.

RUDENZ. Malheur à moi! Comment puis-je vous obtenir, comment vous posséder, si je résiste à la puissance de l'Empereur? N'est-ce pas la volonté souveraine de vos parents qui dispose tyranniquement de votre main?

BERTHE. Mes biens sont situés dans les trois cantons, et dès que le Suisse est libre, je le suis aussi.

RUDENZ. Berthe, quelle perspective vous m'ouvrez!

BERTHE. N'espérez pas m'obtenir par la faveur de l'Autriche. Ils étendent la main vers mon héritage, et veulent le réunir à leurs immenses domaines. Cette même avidité qui veut dévorer votre liberté, elle menace aussi la mienne. O mon ami, je suis une victime destinée peut-être à récompenser un favori. On veut m'entraîner dans cette cour de l'Empereur, où règnent la ruse et la fausseté.

Hin an den Kaiserhof will man mich zieh'n;
Dort harren mein verhaßter Ehe Ketten;
Die Liebe nur—die Eure kann mich retten!

Rudenz.

Ihr könntet Euch entschließen, hier zu leben,
In meinem Vaterlande mein zu sein?
O Bertha, all mein Sehnen in die Weite,
Was war es, als ein Streben nur nach Euch?
Euch sucht' ich einzig auf dem Weg des Ruhms,
Und all mein Ehrgeiz war nur meine Liebe.
Könnt Ihr mit mir Euch in dieß stille Thal
Einschließen und der Erde Glanz entsagen—
O, dann ist meines Strebens Ziel gefunden;
Dann mag der Strom der wildbewegten Welt
Ans sichre Ufer dieser Berge schlagen —
Kein flüchtiges Verlangen hab' ich mehr
Hinaus zu senden in des Lebens Weiten—

Là, les chaînes d'un hymen odieux m'attendent. L'amour seul... votre amour peut me sauver.

RUDENZ. Vous pourriez vous résoudre à vivre ici, à être à moi dans ma patrie? O Berthe, toute cette ardeur qui m'emportait au loin, qu'était-ce sinon une pensée errant après vous? C'était vous seule que je cherchais sur le chemin de la gloire, et mon ambition n'était que mon amour. Si vous pouvez vous enfermer avec moi dans cette vallée paisible et renoncer aux splendeurs du monde, oh! alors le but de mes efforts est atteint, le torrent agité du monde peut venir se briser au rivage de ces tranquilles montagnes. Aucun de mes désirs ne s'égarera plus dans les espaces de la vie. Puissent alors

Dann mögen diese Felsen um uns her
Die undurchdringlich feste Mauer breiten,
Und dieß verschlossne sel'ge Thal allein
Zum Himmel offen und gelichtet sein!

Bertha.

Jetzt bist du ganz, wie dich mein ahnend Herz
Geträumt; mich hat mein Glaube nicht betrogen!

Rudenz.

Fahr' hin, du eitler Wahn, der mich bethört!
Ich soll das Glück in meiner Heimath finden.
Hier, wo der Knabe fröhlich aufgeblüht,
Wo tausend Freudespuren mich umgeben,
Wo alle Quellen mir und Bäume leben,
Im Vaterland willst du die Meine werden.
Ach, wohl hab' ich es stets geliebt! Ich fühl's,
Es fehlte mir zu jedem Glück der Erden.

Bertha.

Wo wär' die sel'ge Insel aufzufinden,
Wenn sie nicht hier ist in der Unschuld Land?

ces rochers étendre autour de nous leur solide et impénétrable rempart, et cette bienheureuse vallée, fermée à tout le reste, n'être ouverte qu'au ciel et aux rayons de sa lumière.

BERTHE. A présent te voilà tel que les pressentimens de mon cœur t'avaient rêvé. Ma foi ne m'a pas trahie.

RUDENZ. Adieu, vaine illusion qui m'avait séduit! C'est dans ma patrie que je trouverai le bonheur, là où mon enfance s'est gaiement épanouie, là où mille souvenirs de joie m'entourent, où toutes les sources et tous les arbres sont vivants pour moi. Tu veux m'appartenir dans ma patrie. Ah ! je l'ai toujours aimée. Je le sens, loin d'elle tout bonheur me manquerait sur la terre.

BERTHE. Où serait le séjour du bonheur, si ce n'est ici sur la terre

Hier, wo die alte Treue heimisch wohnt,
Wo sich die Falschheit noch nicht hingefunden,
Da trübt kein Neid die Quelle unsers Glücks,
Und ewig hell entfliehen uns die Stunden.
—Da seh' ich dich im ächten Männerwerth,
Den Ersten von den Freien und den Gleichen
Mit reiner, freier Huldigung verehrt,
Groß wie ein König wirkt in seinen Reichen.

Rudenz.

Da seh' ich dich, die Krone aller Frauen,
In weiblich reizender Geschäftigkeit,
In meinem Haus den Himmel mir erbauen,
Und wie der Frühling seine Blumen streut,
Mit schöner Anmuth mir das Leben schmücken,
Und alles rings beleben und beglücken!

Bertha.

Sieh', theurer Freund, warum ich trauerte,
Als ich dieß höchste Lebensglück dich selbst
Zerstören sah—Weh mir! Wie ständ's um mich,

de l'innocence, ici, où réside l'antique loyauté, où la perfidie n'a pas encore pénétré; ici, nulle envie ne troublera la source de notre bonheur, et nos jours y couleront purs et sereins. Ici, je te vois dans ta vraie dignité d'homme, le premier parmi des hommes libres et égaux, honoré par de libres et sincères hommages, grand comme un roi dans son royaume.

RUDENZ. Et toi, je te vois la reine des femmes, occupée par mille soins charmants à faire de ma maison un séjour céleste; je te vois, pareille au printemps qui verse ses fleurs, embellir mes jours par ta grâce charmante et répandre sur tout la vie et le bonheur.

BERTHE. Eh bien! cher ami, voilà pourquoi je m'affligeais, lorsque je te voyais détruire toi-même ce suprême bonheur. Que serais-je de-

Wenn ich dem stolzen Ritter müßte folgen,
Dem Landbedrücker, auf sein finstres Schloß!
Hier ist kein Schloß. Mich scheiden keine Mauern
Von einem Volk, das ich beglücken kann!

Rudenz.

Doch wie mich retten — wie die Schlinge lösen,
Die ich mir thöricht selbst ums Haupt gelegt?

Bertha.

Zerreiße sie mit männlichem Entschluß!
Was auch draus werde — steh' zu deinem Volk!
Es ist dein angeborner Platz.

(Jagdhörner in der Ferne.)

Die Jagd
Kommt näher — fort, wir müssen scheiden — Kämpfe
Fürs Vaterland! Du kämpfst für deine Liebe!
Es ist ein Feind, vor dem wir alle zittern,
Und eine Freiheit macht uns alle frei!

(Gehen ab.)

venue s'il m'eût fallu suivre l'orgueilleux chevalier, l'oppresseur du pays dans son obscur château! Ici point de château. Aucune muraille ne me sépare d'un peuple que je puis rendre heureux.

RUDENZ. Mais comment m'affranchir, comment me dégager des liens dans lesquels je me suis follement jeté?

BERTHE. Brise-les par une mâle résolution. Quoi qu'il puisse arriver... reste avec ton peuple, c'est là ta place naturelle. (*On entend des cors de chasse dans le lointain.*) La chasse approche, il faut nous séparer... combats pour ta patrie, tu combats pour ton amour. C'est devant le même ennemi que nous tremblons tous, c'est la même liberté qui nous rendra tous libres.

(*Ils sortent.*)

Dritte Scene.

Wiese bei Altdorf.

Im Vordergrund Bäume, in der Tiefe der Hut auf einer Stange. Der Prospekt wird begränzt durch den Bannberg, über welchem ein Schneegebirg emporragt.

Frießhardt und Leuthold halten Wache.

Frießhardt.

Wir passen auf umsonst. Es will sich niemand
Heran begeben und dem Hut sein' Reverenz
Erzeigen. 's war doch sonst wie Jahrmarkt hier;
Jetzt ist der ganze Anger wie verödet,
Seitdem der Popanz auf der Stange hängt.

Leuthold.

Nur schlecht Gesindel läßt sich seh'n und schwingt
Uns zum Verdrieße die zerlumpten Mützen.
Was rechte Leute sind, die machen lieber
Den langen Umweg um den halben Flecken,
Eh' sie den Rücken beugten vor dem Hut.

SCÈNE III.

Une prairie près d'Altorf.

On voit des arbres sur le devant, et dans le fond du théâtre un chapeau sur une perche. L'horizon est borné par le Bannberg, au-dessus duquel s'élève une montagne de neige.

FRIESSHARDT *et* LEUTHOLD *montent la garde.*

FRIESSHARDT. Nous guettons ici en vain, personne ne veut approcher pour faire sa révérence au chapeau. Il y avait cependant d'ordinaire tant de monde ici qu'on eût dit une foire; mais depuis que cet épouvantail est suspendu à cette perche, toute la prairie est comme déserte.

LEUTHOLD. Nous ne voyons que des misérables qui viennent ici agiter leur bonnet déchiré comme pour nous railler, mais tout ce qu'il y a de gens honnêtes aime mieux faire un long détour que de plier l'échine devant ce chapeau.

Frießhardt.

Sie müssen über diesen Platz, wenn sie
Vom Rathhaus kommen um die Mittagsstunde.
Da meint' ich schon, 'nen guten Fang zu thun,
Denn keiner dachte dran, den Hut zu grüßen.
Da sieht's der Pfaff', der Rösselmann — kam just
Von einem Kranken her — und stellt sich hin
Mit dem Hochwürdigen, grad' vor die Stange —
Der Sigrist mußte mit dem Glöcklein schellen;
Da fielen all' aufs Knie, ich selber mit,
Und grüßten die Monstranz, doch nicht den Hut.

Leuthold.

Höre, Gesell, es fängt mir an zu däuchten,
Wir stehen hier am Pranger vor dem Hut;
's ist doch ein Schimpf für einen Reitersmann,
Schildwach' zu steh'n vor einem leeren Hut —
Und jeder rechte Kerl muß uns verachten.
— Die Reverenz zu machen einem Hut,
Es ist doch traun ein närrischer Befehl!

FRIESSHARDT. Il faut qu'ils passent sur cette place quand ils sortent de la maison de ville à midi. Je croyais déjà avoir fait une bonne prise, car aucun ne songeait à saluer le chapeau. Le curé s'en aperçoit; il venait de visiter un malade; il se place avec le saint sacrement juste au pied de cette perche, le sacristain agite sa sonnette, tous tombent à genoux et moi avec eux; mais c'est le saint sacrement qu'ils ont salué, et non pas le chapeau.

LEUTHOLD. Écoute, camarade, je commence à trouver que nous sommes comme au carcan devant ce chapeau; c'est vraiment une honte pour un homme d'armes que d'être en faction devant un chapeau vide, et chaque honnête homme doit nous mépriser. Faire la révérence à un chapeau! c'est là, il faut l'avouer, une folle idée.

Frießhardt.

Warum nicht einem leeren, hohlen Hut?
Bückst du dich doch vor manchem hohlen Schädel.

(Hildegard, Mechthild und Elsbeth treten auf mit Kindern und stellen sich um die Stange.)

Leuthold.

Und du bist auch so ein dienstfert'ger Schurke,
Und brächtest wackre Leute gern ins Unglück.
Mag, wer da will, am Hut vorübergeh'n;
Ich drück' die Augen zu und seh' nicht hin.

Mechthild.

Da hängt der Landvogt—habt Respekt, ihr Buben!

Elsbeth.

Wollt's Gott, er ging', und ließ uns seinen Hut;
Es sollte drum nicht schlechter steh'n ums Land!

Frießhardt (verscheucht sie).

Wollt ihr vom Platz? Verwünschtes Volk der Weiber!
Wer fragt nach euch? Schickt eure Männer her,

FRIESSHARDT. Pourquoi pas à un chapeau vide? Tu la fais bien à des cerveaux vides. (*Hildegarde, Mathilde, Élisabeth arrivent avec leurs enfants et se placent autour de la perche.*)

LEUTHOLD. Tu es aussi un de ces coquins zélés! Tu ne serais pas fâché de perdre quelqu'un de ces braves gens. Mais passe qui voudra devant ce chapeau; moi, je ferme les yeux et je ne vois rien.

MATHILDE. Voyez là-haut le bailli! Du respect, enfants!

ÉLISABETH. Plût à Dieu qu'il s'en allât, en nous laissant son chapeau! Le pays ne s'en trouverait pas plus mal.

FRIESSHARDT *les chasse*. Voulez-vous bien déguerpir? Maudite race de femmes! Qui vous appelle ici? Envoyez vos maris, si le

Wenn sie der Muth sticht, dem Befehl zu trotzen.

(Weiber gehen.)

(Tell mit der Armbrust tritt auf, den Knaben an der Hand führend; sie gehen an dem Hut vorbei gegen die vordere Scene, ohne darauf zu achten.)

Walther (zeigt nach dem Bannberg).

Vater, ist's wahr, daß auf dem Berge dort
Die Bäume bluten, wenn man einen Streich
Drauf führte mit der Axt?

Tell.

Wer sagt das, Knabe?

Walther.

Der Meister Hirt erzählt's. — Die Bäume seien
Gebannt, sagt er, und wer sie schädige,
Dem wachse seine Hand heraus zum Grabe.

Tell.

Die Bäume sind gebannt, das ist die Wahrheit.
— Siehst du die Firnen dort, die weißen Hörner,
Die hoch bis in den Himmel sich verlieren?

Walther.

Das sind die Gletscher, die des Nachts so donnern,
Und uns die Schlaglawinen niedersenden.

---

cœur leur dit de braver la consigne. (*Les femmes sortent. Tell s'avance avec son arbalète, conduisant son enfant par la main; ils passent devant le chapeau du côté de l'avant-scène, sans y faire attention.*)

WALTHER, *montrant le Bannberg.* Père, est-il vrai que sur cette montagne-là les arbres saignent, quand on les frappe avec la hache?

TELL. Qui t'a dit cela, enfant?

WALTHER. C'est le maître berger; il raconte que ces arbres sont enchantés, et que, quand un homme les a blessés, sa main sort de sa fosse après sa mort.

TELL. Ces arbres sont enchantés, c'est vrai. Vois-tu là-bas ces hautes montagnes dont la cime blanche va se perdre dans le ciel!

WALTHER. Ce sont les glaciers qui mugissent la nuit comme le tonnerre, et qui nous envoyent les avalanches.

Tell.

So ist's, und die Lawinen hätten längst
Den Flecken Altdorf unter ihrer Last
Verschüttet, wenn der Wald dort oben nicht
Als eine Landwehr sich dagegen stellte.

Walther (nach einigem Besinnen).

Gibt's Länder, Vater, wo nicht Berge sind?

Tell.

Wenn man hinunter steigt von unsern Höhen,
Und immer tiefer steigt, den Strömen nach,
Gelangt man in ein grosses ebnes Land,
Wo die Waldwasser nicht mehr brausend schäumen,
Die Flüsse ruhig und gemächlich zieh'n;
Da sieht man frei nach allen Himmelsräumen.
Das Korn wächst dort in langen schönen Auen,
Und wie ein Garten ist das Land zu schauen.

Walther.

Ei, Vater, warum steigen wir denn nicht
Geschwind hinab in dieses schöne Land,
Statt daß wir uns hier ängstigen und plagen?

Tell.

Das Land ist schön und gütig wie der Himmel;

TELL. Oui, mon enfant, et les avalanches auraient depuis longtemps englouti le bourg d'Altorf, si la forêt qui est là au-dessus ne le protégeait.

WALTHER, *après un moment de réflexion*. Père, est-il des contrées où l'on ne voit pas de montagnes?

TELL. Quand on descend de nos montagnes et que l'on va toujours suivant le cours des fleuves, on arrive dans une vaste plaine, où n'écument plus les torrents, où les rivières coulent lentes et paisibles. Là, de tous les côtés, les regards se promènent librement; le blé grandit dans de longues et belles plaines, et le pays est comme un jardin.

WALTHER. Eh bien! mon père, pourquoi ne descendons-nous pas tout de suite dans ce beau pays, au lieu de vivre ici dans le tourment et la fatigue?

TELL. Le pays est bon et beau comme le ciel, mais ceux qui le

Doch die's bebauen, sie genießen nicht
Den Segen, den sie pflanzen.

Walther.

Wohnen sie
Nicht frei wie du auf ihrem eignen Erbe?

Tell.

Das Feld gehört dem Bischof und dem König.

Walther.

So dürfen sie doch frei in Wäldern jagen?

Tell.

Dem Herrn gehört das Wild und das Gefieder.

Walther.

Sie dürfen doch frei fischen in dem Strom?

Tell.

Der Strom, das Meer, das Salz gehört dem König.

Walther.

Wer ist der König denn, den alle fürchten?

Tell.

Es ist der eine, der sie schützt und nährt.

Walther.

Sie können sich nicht muthig selbst beschützen?

Tell.

Dort darf der Nachbar nicht dem Nachbar trauen.

cultivent ne jouissent pas de la moisson qu'ils ont semée.

WALTHER. Est-ce qu'ils ne vivent pas libres comme toi sur leur propre héritage?

TELL. Les champs appartiennent à l'évêque et au roi.

WALTHER. Mais ils peuvent du moins chasser librement dans les forêts?

TELL. Le gibier et les oiseaux appartiennent au seigneur.

WALTHER. Ils peuvent alors pêcher dans les rivières?

TELL. Les rivières, la mer, le sel, appartiennent au roi.

WALTHER. Quel est donc ce roi qu'ils craignent tous?

TELL. C'est un homme qui les protége et les nourrit.

WALTHER. N'ont-ils donc pas le courage de se protéger eux-mêmes?

TELL. Là le voisin n'ose se fier à son voisin.

Walther.

Vater, es wird mir eng im weiten Land;
Da wohn' ich lieber unter den Lawinen.

Tell.

Ja, wohl ist's besser, Kind, die Gletscherberge
Im Rücken haben, als die bösen Menschen.

(Sie wollen vorübergehen.)

Walther.

Ei, Vater, sieh' den Hut dort auf der Stange!

Tell.

Was kümmert uns der Hut? Komm', lass' uns gehen!

(Indem er abgehen will, tritt ihm Frießhardt mit vorgehaltener Pike entgegen.)

Frießhardt.

In des Kaisers Namen! Haltet an und steht!

Tell (greift in die Pike).

Was wollt Ihr? Warum haltet Ihr mich auf?

Frießhardt.

Ihr habt 's Mandat verletzt, Ihr müßt uns folgen.

Leuthold.

Ihr habt dem Hut nicht Reverenz bewiesen.

WALTHER. Mon père, je sens que je serais à l'étroit dans ce vaste pays: j'aime mieux rester sous les avalanches.

TELL. Oui, mon enfant, mieux vaut avoir derrière soi des glaciers que des hommes méchants. (*Ils veulent poursuivre leur route.*)

WALTHER. Eh, mon père, regarde le chapeau placé sur cette perche!

TELL. Que nous importe ce chapeau! Viens; allons-nous-en. (*Pendant qu'ils s'éloignent, Friesshardt s'avance avec sa pique leur barrant le passage*).

FRIESSHARDT. Au nom de l'Empereur, halte, restez là.

TELL *saisissant la pique*. Que voulez-vous? pourquoi m'arrêtez-vous?

FRIESSHARDT. Vous avez violé l'ordonnance, suivez-nous.

LEUTHOLD. Vous n'avez pas fait la révérence à ce chapeau.

Tell.

Freund, lass' mich gehen!

Frießhardt.

Fort, fort ins Gefängniß!

Walther.

Den Vater ins Gefängniß! Hülfe! Hülfe!

(In die Scene rufend.)

Herbei, ihr Männer, gute Leute, helft!
Gewalt, Gewalt! Sie führen ihn gefangen.

(Rösselmann der Pfarrer und Petermann der Sigrist kommen herbei, mit drei andern Männern.)

Sigrist.

Was gibt's?

Rösselmann.

Was legst du Hand an diesen Mann?

Frießhardt.

Er ist ein Feind des Kaisers, ein Verräther!

Tell (faßt ihn heftig).

Ein Verräther, ich!

Rösselmann.

Du irrst dich, Freund! Das ist
Der Tell, ein Ehrenmann und guter Bürger.

TELL. Ami, laissez-moi passer.

FRIESSHARDT. Allons, allons, en prison.

WALTHER. Mon père, en prison? Au secours! au secours! (*poussant des cris en courant vers le fond.*) Ici, braves gens, à notre aide! On fait violence à mon père! Ils l'emmènent prisonnier. (*Rœsselmann le curé, et Petermann le sacristain, arrivent avec trois autres hommes.*)

LE SACRISTAIN. Qu'y a-t-il?

LE CURÉ. Pourquoi mets-tu la main sur cet homme?

FRIESSHARDT. C'est un ennemi de l'Empereur, un traître!

TELL, *le secouant rudement.* Moi, un traître!

LE CURÉ. Tu te trompes, ami; c'est Tell, un homme d'honneur e un brave citoyen.

Walther

(erblickt Walther Fürsten und eilt ihm entgegen).

Großvater, hilf! Gewalt geschieht dem Vater.

Frießhardt.

Ins Gefängniß, fort!

Walther Fürst (herbeieilend).

Ich leiste Bürgschaft, haltet!
—Um Gottes willen, Tell, was ist geschehen?

(Melchthal und Stauffacher kommen.)

Frießhardt.

Des Landvogts oberherrliche Gewalt
Verachtet er, und will sie nicht erkennen.

Stauffacher.

Das hätt' der Tell gethan?

Melchthal.

Das lügst du, Bube!

Leuthold.

Er hat dem Hut nicht Reverenz bewiesen.

Walther Fürst.

Und darum soll er ins Gefängniß? Freund,
Nimm meine Bürgschaft an und lass' ihn ledig!

WALTHER *aperçoit Walther Furst et court au-devant de lui.* Au secours! grand-père, on fait violence à mon père.

FRIESSHARDT. En prison, marche.

WALTHER FURST *accourant.* Je donne caution, arrêtez. Au nom de Dieu, Tell, qu'est-il arrivé? (*Melchthal et Stauffacher entrent.*)

FRIESSHARDT. Il méprise le pouvoir suprême du bailli et ne veut pas le reconnaître.

STAUFFACHER. Tell? serait-il vrai?

MELCHTHAL. Tu ments, coquin.

LEUTHOLD. Il n'a pas salué ce chapeau.

WALTHER FURST. Et pour cela il faut qu'il aille en prison? Mon ami, accepte ma caution et laisse-le aller.

Frießhardt.

Bürg' du für dich und deinen eignen Leib!
Wir thun, was unsers Amtes — Fort mit ihm!

Melchthal (zu den Landleuten).

Nein, das ist schreiende Gewalt! Ertragen wir's,
Daß man ihn fortführt, frech, vor unsern Augen?

Sigrist.

Wir sind die Stärkern. Freunde, duldet's nicht!
Wir haben einen Rücken an den andern!

Frießhardt.

Wer widersetzt sich dem Befehl des Vogts?

Noch drei Landleute (herbeieilend).

Wir helfen euch. Was gibts? Schlagt sie zu Boden!

(Hildegard, Mechthild und Elsbeth kommen zurück.)

Tell.

Ich helfe mir schon selbst[1]. Geht, gute Leute!
Meint ihr, wenn ich die Kraft gebrauchen wollte,
Ich würde mich vor ihren Spießen fürchten?

Melchthal (zu Frießhardt).

Wag's, ihn aus unsrer Mitte wegzuführen!

FRIESSHARDT. Garde ta caution pour toi et pour ta personne; nous faisons notre devoir. Allons, qu'on l'emmène.

MELCHTHAL, *aux habitants*. C'est une violence révoltante! Souffrirons-nous qu'on l'emmène ainsi insolemment sous nos yeux?

LE SACRISTAIN. Nous sommes les plus forts, mes amis; ne souffrez pas cette violence, nous trouverons les uns dans les autres un mutuel appui.

FRIESSHARDT. Qui resiste à l'ordre du bailli?

TROIS PAYSANS *accourent*. Nous vous aiderons. Qu'y a-t-il? Assommez-les. (*Hildegarde, Mathilde et Elisabeth reviennent.*)

TELL. Je saurai bien me défendre moi-même. Allez, braves gens. Pensez-vous que si je voulais employer la force, j'aurais peur de leurs hallebardes?

MELCHTHAL, *à Friesshardt*. Oserais-tu l'enlever du milieu de nous?

Walther Fürst und Stauffacher.

Gelassen! Ruhig!

Frießhardt (schreit).

Aufruhr und Empörung!

(Man hört Jagdhörner.)

Weiber.

Da kommt der Landvogt!

Frießhardt (erhebt die Stimme).

Meuterei! Empörung!

Stauffacher.

Schrei', daß du berstest, Schurke!

Rösselmann und Melchthal.

Willst du schweigen?

Frießhardt (ruft noch lauter).

Zu Hülf, zu Hülf den Dienern des Gesetzes!

Walther Fürst.

Da ist der Vogt! Weh uns, was wird das werden!

(Geßler zu Pferd, den Falken auf der Faust, Rudolph der Harras, Bertha und Rudenz, ein großes Gefolge von bewaffneten Knechten, welche einen Kreis von Piken um die ganze Scene schließen.)

Rudolph der Harras.

Platz, Platz dem Landvogt!

WALTHER FURST *et* STAUFFACHER. Du calme!

FRIESSHARDT *crie.* A la révolte! à la sédition! (*On entend les cors de chasse.*)

LES FEMMES. Voici le gouverneur.

FRIESSHARDT *élevant la voix.* A la révolte! à la sédition!

STAUFFACHER. Crie, coquin, crie donc à en crever.

LE CURÉ *et* MELCHTHAL. Veux-tu te taire?

FRIESSHARDT, *criant plus fort.* Au secours! au secours! En aide aux serviteurs de la loi.

WALTHER FURST. Voici le bailli; malheur à nous! Que va-t-il se passer?

(GESSLER *à cheval, le faucon sur le poing;* RODOLPHE HARRAS, BERTHE, RUDENZ, *et une suite nombreuse de valets armés qui forment un vaste cercle autour de la scène.*)

RODOLPHE. Place! place au gouverneur!

Geßler.

Treibt sie aus einander!
Was läuft das Volk zusammen? Wer ruft Hülfe?

(Allgemeine Stille.)

Wer war's? Ich will es wissen.

(Zu Frießhardt.)

Du trittst vor!
Wer bist du, und was hältst du diesen Mann?

(Er gibt den Falken einem Diener.)

Frießhardt.

Gestrenger Herr, ich bin dein Waffenknecht
Und wohlbestellter Wächter bei dem Hut.
Diesen Mann ergriff ich über frischer That,
Wie er dem Hut den Ehrengruß versagte.
Verhaften wollt' ich ihn, wie du befahlst,
Und mit Gewalt will ihn das Volk entreißen.

Geßler (nach einer Pause).

Verachtest du so deinen Kaiser, Tell,
Und mich, der hier an seiner Statt gebietet,
Daß du die Ehr' versagst dem Hut, den ich
Zur Prüfung des Gehorsams aufgehangen?
Dein böses Trachten hast du mir verrathen.

GESSLER. Dispersez-les! Pourquoi cet attroupement? Qui a crié au secours? (*Silence général.*) Qui était-ce? Je veux le savoir. (*A Friesshardt.*) Toi, avance. Qui es-tu? et pourquoi arrêtes-tu cet homme? (*Il remet son faucon à un serviteur.*)

FRIESSHARDT. Puissant seigneur, je suis un de tes soldats, placé en sentinelle près de ce chapeau. J'ai surpris cet homme sur le fait, au moment où il se refusait au salut d'honneur; je voulais l'arrêter selon tes ordres, et le peuple veut me l'enlever de force.

GESSLER, *après un moment de silence.* Tell, méprises-tu donc ainsi ton Empereur, et moi qui tiens ici sa place, au point de refuser le salut à ce chapeau que j'ai fait suspendre ici pour éprouver votre obéissance? Tu trahis par là tes mauvaises intentions.

Tell.

Verzeiht mir, lieber Herr! Aus Unbedacht,
Nicht aus Verachtung Eurer ist's geschehn;
Wär' ich besonnen, hieß ich nicht der Tell;
Ich bitt' um Gnad', es soll nicht mehr begegnen.

Geßler (nach einigem Stillschweigen).

Du bist ein Meister auf der Armbrust, Tell,
Man sagt, du nehmst es auf mit jedem Schützen?

Walther.

Und das muß wahr sein, Herr, 'nen Apfel schießt
Der Vater dir vom Baum auf hundert Schritte.

Geßler.

Ist das dein Knabe, Tell?

Tell.

Ja, lieber Herr.

Geßler.

Hast du der Kinder mehr?

Tell.

Zwei Knaben, Herr.

Geßler.

Und welcher ist's, den du am meisten liebst?

Tell.

Herr, beide sind sie mir gleich liebe Kinder.

TELL. Mon bon seigneur, pardonnez-moi ; j'ai agi par inadvertance et non point par mépris. Si j'étais un homme réfléchi, je ne m'appellerais pas Tell. Je vous demande grâce ; cela n'arrivera plus.

GESSLER, *après un moment de silence.* Tell, tu es maître dans l'art de tirer de l'arbalète ; on dit que tu défies tous les archers.

WALTHER. Cela est vrai, seigneur ; mon père abat une pomme sur l'arbre à cent pas.

GESSLER. Est-ce là ton enfant, Tell ?

TELL. Oui, monseigneur.

GESSLER. As-tu d'autres enfants ?

TELL. J'ai deux fils, seigneur.

GESSLER. Et lequel aimes-tu le mieux ?

TELL. Seigneur, tous les deux me sont également chers.

Geßler.

Nun, Tell! weil du den Apfel triffst vom Baume
Auf hundert Schritte, so wirst du deine Kunst
Vor mir bewähren müssen — Nimm die Armbrust —
Du hast sie gleich zur Hand — und mach' dich fertig,
Einen Apfel von des Knaben Kopf zu schießen —
Doch will ich rathen, ziele gut, daß du
Den Apfel treffest auf den ersten Schuß;
Denn fehlst du ihn, so ist dein Kopf verloren.

(Alle geben Zeichen des Schreckens.)

Tell.

Herr — welches Ungeheure sinnet Ihr
Mir an! — Ich soll vom Haupte meines Kindes —
— Nein, nein doch, lieber Herr, das kommt Euch nicht
Zu Sinn — Verhüt's der gnäd'ge Gott — das könnt Ihr
Im Ernst von einem Vater nicht begehren!

Geßler.

Du wirst den Apfel schießen von dem Kopf
Des Knaben — Ich begehr's und will's.

Tell.

Ich soll
Mit meiner Armbrust auf das liebe Haupt
Des eignen Kindes zielen? — Eher sterb' ich!

GESSLER. Eh bien, Tell, puisque tu abats une pomme à cent pas, il faut que tu me donnes une preuve de ton adresse. Prends ton arbalète; justement tu la tiens à la main ... Prépare-toi à abattre une pomme placée sur la tête de ton enfant. Mais, je te le conseille, vise juste, afin de frapper la pomme du premier coup; car, si tu la manques, il t'en coûtera la tête. (*Tous donnent des signes d'effroi.*)

TELL. Seigneur, quelle horrible chose me proposez-vous? Moi!... de dessus la tête de mon enfant... Non, non, mon bon seigneur, cette idée ne peut vous venir... Que le Dieu des miséricordes m'en préserve.... Vous ne pouvez sérieusement exiger cela d'un père.

GESSLER. Tu abattras la pomme de dessus la tête de ton enfant!... je le veux, je l'ordonne.

TELL. Moi viser avec mon arbalète la tête chérie de mon enfant! .. plutôt mourir.

Geßler.

Du schießest oder stirbst mit deinem Knaben.

Tell.

Ich soll der Mörder werden meines Kinds!
Herr, Ihr habt keine Kinder — wisset nicht,
Was sich bewegt in eines Vaters Herzen.

Geßler.

Ei, Tell du bist ja plötzlich so besonnen!
Man sagte mir, daß du ein Träumer seist,
Und dich entfernst von andrer Menschen Weise.
Du liebst das Seltsame — drum hab' ich jetzt
Ein eigen Wagstück für dich ausgesucht.
Ein andrer wohl bedächte sich — du drückst
Die Augen zu, und greifst es herzhaft an.

Bertha.

Scherzt nicht, o Herr, mit diesen armen Leuten
Ihr seht sie bleich und zitternd steh'n — So wenig
Sind sie Kurzweils gewohnt aus Eurem Munde.

Geßler.

Wer sagt Euch, daß ich scherze?

GESSLER. Tu tireras, ou tu mourras avec ton fils.

TELL. Être le meurtrier de mon enfant !... seigneur, vous n'avez point d'enfants... vous ne savez pas ce qui se passe dans le cœur d'un père.

GESSLER. Comment, Tell, te voilà devenu tout à coup bien prudent! On m'avait dit que tu étais un rêveur, que tu t'éloignais des habitudes des autres hommes, que tu aimais l'extraordinaire, voilà pourquoi je t'ai choisi un coup hasardeux. Un autre réfléchirait sans doute, mais toi, tu fermes les yeux et prends bravement ton parti.

BERTHE. Ne plaisantez pas, monseigneur, avec ces pauvres gens. Vous les voyez pâles et tremblants devant vous. Ils sont peu habitués à des plaisanteries sortant de votre bouche.

GESSLER. Qui vous dit que je plaisante? (*Il s'approche d'un arbre*

(Greift nach einem Baumzweige, der über ihn herhängt.)

Hier ist der Apfel.
Man mache Raum! — Er nehme seine Weite,
Wie's Brauch ist! — Achtzig Schritte geb' ich ihm —
Nicht weniger, noch mehr — Er rühmte sich,
Auf ihrer hundert seinen Mann zu treffen —
Jetzt, Schütze, triff, und fehle nicht das Ziel!

Rudolph der Harras.

Gott, das wird ernsthaft — Falle nieder, Knabe!
Es gilt, und fleh' den Landvogt um dein Leben!

Walther Fürst

(bei Seite zu Melchthal, der kaum seine Ungeduld bezwingt).

Haltet an Euch! Ich fleh' Euch drum, bleibt ruhig!

Bertha (zum Landvogt).

Laßt es genug sein, Herr! Unmenschlich ist's,
Mit eines Vaters Angst also zu spielen.
Wenn dieser arme Mann auch Leib und Leben
Verwirkt durch seine leichte Schuld, bei Gott!
Er hätte jetzt zehnfachen Tod empfunden.

et cueille une pomme.) Voici la pomme, faites place. Qu'il prenne sa distance selon l'usage. Je lui donne quatre-vingt pas, ni plus ni moins. Il se vantait d'atteindre son homme à cent pas. Allons, archer, tire maintenant, et ne manque pas le but.

RODOLPHE HARRAS. Dieu! cela devient sérieux. Enfant, tombe à genoux, et demande grâce pour ta vie au bailli.

WALTHER FURST, *à Melchthal, qui peut à peine maîtriser son impatience.* Contenez-vous, je vous en supplie; soyez calme.

BERTHE, *au bailli.* Assez, monseigneur; il est inhumain de se jouer ainsi de l'angoisse d'un père. Quand ce pauvre homme aurait, par sa faute légère, mérité la mort, ne vient-il pas de souffrir mille morts? Laissez-le retourner dans sa cabane; il a appris à vous con-

10

Entlaßt ihn ungekränkt in seine Hütte!
Er hat Euch kennen lernen; dieser Stunde
Wird er und seine Kindeskinder denken.

Geßler.

Öffnet die Gasse — Frisch! Was zauderst du?
Dein Leben ist verwirkt; ich kann dich tödten,
Und sieh', ich lege gnädig dein Geschick
In deine eigne kunstgeübte Hand.
Der kann nicht klagen über harten Spruch,
Den man zum Meister seines Schicksals macht.
Du rühmst dich deines sichern Blicks! Wohlan!
Hier gilt es, Schütze, deine Kunst zu zeigen;
Das Ziel ist würdig, und der Preis ist groß!
Das Schwarze treffen in der Scheibe, das
Kann auch ein andrer; der ist mir der Meister,
Der seiner Kunst gewiß ist überall,
Dem 's Herz nicht in die Hand tritt, noch ins Auge.

naître, et lui, et les enfants de ses enfants se souviendront de cette heure.

GESSLER. Allons, faites place. Que tardes-tu? Tu as mérité la mort; je puis te faire périr, et vois, j'ai la bonté de remettre ton sort à l'adresse de ta main. Celui qu'on laisse maître de sa destinée ne peut pas se plaindre de la rigueur de sa sentence. Tu t'enorgueillis de la sûreté de ton regard; eh bien, chasseur, il s'agit ici de nous montrer ton talent. Le but est digne de toi; le prix est grand. Toucher le milieu d'une cible, tout autre peut le faire; mais le vrai maître, c'est celui qui partout est sûr de sa dextérité, et dont le cœur ne trouble ni la main ni l'œil.

Walther Fürst
(wirft sich vor ihm nieder).

Herr Landvogt, wir erkennen Eure Hoheit;
Doch lasset Gnad' für Recht ergehen, nehmt
Die Hälfte meiner Habe, nehmt sie ganz!
Nur dieses Gräßliche erlasset einem Vater!

Walther.

Großvater, knie nicht vor dem falschen Mann!
Sagt, wo ich hinsteh'n soll! Ich fürcht' mich nicht;
Der Vater trifft den Vogel ja im Flug;
Er wird nicht fehlen auf das Herz des Kindes.

Stauffacher.

Herr Landvogt, rührt Euch nicht des Kindes Unschuld?

Rösselmann.

O denket, daß ein Gott im Himmel ist,
Dem Ihr müßt Rede steh'n für Eure Thaten.

Geßler (zeigt auf den Knaben).

Man bind' ihn an die Linde dort!

Walther.

Mich binden?
Nein, ich will nicht gebunden sein. Ich will

WALTHER FURST *se jette à genoux devant lui*. Monseigneur, nous reconnaissons votre pouvoir; mais préférez la clémence à la justice; prenez la moitié de mes biens, prenez-les tous; seulement épargnez une telle horreur à un père.

WALTHER. Grand-père, ne te mets pas à genoux devant ce méchant homme. Dites où je dois me placer, je n'ai pas peur pour moi. Mon père atteint l'oiseau au vol, il ne frappera pas le cœur de son enfant.

STAUFFACHER. Seigneur, l'innocence de cet enfant ne vous touche-t-elle pas?

RŒSSELMANN. Oh! pensez qu'il y a un Dieu dans le ciel à qui vous rendrez compte de vos actions.

GESSLER, *montrant l'enfant*. Qu'on le lie à ce tilleul.

WALTHER. Me lier! non, je ne veux pas être lié. Je serai tran-

Still halten wie ein Lamm, und auch nicht athmen.
Wenn ihr mich bindet, nein, so kann ich's nicht,
So werd' ich toben gegen meine Bande.

Rudolph der Harras.

Die Augen nur lass' dir verbinden, Knabe!

Walther.

Warum die Augen? Denket Ihr, ich fürchte
Den Pfeil von Vaters Hand? Ich will ihn fest
Erwarten, und nicht zucken mit den Wimpern.
—Frisch, Vater, zeig's, daß du ein Schütze bist!
Er glaubt dir's nicht, er denkt uns zu verderben—
Dem Wüthrich zum Verdrusse, schieß' und triff!

(Er geht an die Linde, man legt ihm den Apfel auf.)

Melchthal (zu den Landleuten).

Was? Soll der Frevel sich vor unsern Augen
Vollenden? Wozu haben wir geschworen?

Stauffacher.

Es ist umsonst. Wir haben keine Waffen;
Ihr seht den Wald von Lanzen um uns her.

Melchthal.

O, hätten wir's mit frischer That vollendet!
Verzeih's Gott denen, die zum Aufschub riethen!

quille comme un agneau, et je ne respirerai même pas. Mais si vous me liez, non, je ne pourrai le souffrir, et je me débattrai avec violence contre mes liens.

RODOLPHE. On va seulement te bander les yeux, mon enfant.

WALTHER. Pourquoi? pensez-vous que je craigne une flèche lancée par la main de mon père? Je veux l'attendre avec fermeté et ne pas sourciller. Allons, mon père, montre que tu es un archer. Il ne te croit pas, il pense nous perdre. Pour dépiter ce tyran, tire et frappe le but. (*Il va sous le tilleul; on lui met la pomme sur la tête.*)

MELCHTHAL, *à ses compagnons.* Quoi! ce crime s'accomplirait-il sous nos yeux? A quoi sert notre serment?

STAUFFACHER. C'est inutile. Nous n'avons point d'armes, et voyez cette forêt de lances autour de nous.

MELCHTHAL. Oh! si nous avions sur-le-champ mis la main à l'œuvre! Que Dieu pardonne à ceux qui ont conseillé le retard!

Geßler (zu Tell).

Ans Werk! Man führt die Waffen nicht vergebens.
Gefährlich ist's, ein Mordgewehr zu tragen,
Und auf den Schützen springt der Pfeil zurück.
Dieß stolze Recht, das sich der Bauer nimmt,
Beleidiget den höchsten Herrn des Landes.
Gewaffnet sei niemand, als wer gebietet.
Freut's euch, den Pfeil zu führen und den Bogen,
Wohl, so will ich das Ziel euch dazu geben.

Tell.

(spannt die Armbrust und legt den Pfeil auf).

Öffnet die Gasse! Platz!

Stauffacher.

Was, Tell? Ihr wolltet—Nimmermehr—Ihr zittert,
Die Hand erbebt Euch, Eure Kniee wanken—

Tell (läßt die Armbrust sinken).

Mir schwimmt es vor den Augen!

Weiber.

Gott im Himmel!

Tell (zum Landvogt).

Erlasset mir den Schuß! Hier ist mein Herz!

GESSLER, *à Tell.* A l'œuvre! On ne porte pas des armes impunément. Il est dangereux de marcher avec un instrument de mort, et la flèche rebondit sur celui qui la lance. Ce droit orgueilleux que le paysan s'arroge offense le seigneur de la contrée; personne ne doit être armé que celui qui commande. Il vous plaît de porter l'arc et les flèches; eh bien, moi, je vous assignerai le but.

TELL *tend son arbalète et y met un trait.* Écartez-vous! Place!

STAUFFACHER. Quoi, Tell, vous voudriez... Non, jamais... Vous frémissez, votre main tremble, vos genoux chancellent.

TELL *laisse tomber son arbalète.* J'ai un nuage devant les yeux.

LES FEMMES. Dieu du ciel!

TELL, *au bailli.* Épargnez-moi ce coup. Voici mon cœur. *(Décou-*

(Er reißt die Brust auf.)

Ruft Eure Reisigen und stoßt mich nieder!

Geßler.

Ich will dein Leben nicht, ich will den Schuß.
—Du kannst ja alles, Tell! An nichts verzagst du;
Das Steuerruder führst du wie den Bogen;
Dich schreckt kein Sturm, wenn es zu retten gilt;
Jetzt, Retter, hilf dir selbst—du rettest alle!

(Tell steht in fürchterlichem Kampf, mit den Händen zuckend und die rollenden Augen bald auf den Landvogt, bald zum Himmel gerichtet. — Plötzlich greift er in seinen Köcher, nimmt einen zweiten Pfeil heraus und steckt ihn in seinen Koller. Der Landvogt bemerkt alle diese Bewegungen.)

Walther (unter der Linde).

Vater, schieß' zu! Ich fürcht' mich nicht.

Tell.

Es muß!

(Er rafft sich zusammen und legt an.)

vrant sa poitrine.) Appelez vos soldats et tuez-moi.

GESSLER. Je ne veux pas ta vie, je veux que tu tires. Tu peux tout, Tell, rien ne t'étonne; tu manies la rame comme l'arbalète; nulle tempête ne t'épouvante quand il s'agit de sauver quelqu'un. A présent, sauve-toi toi-même et tu sauveras tous les autres. (*Tell est dans une violente agitation, ses mains tremblent; ses yeux égarés se portent tantôt vers le bailli, tantôt vers le ciel. Tout à coup, il prend dans son carquois une seconde flèche et la cache dans son pourpoint. Le bailli remarque tous ces mouvements.*)

WALTHER, *sous le tilleul.* Tire, mon père, je n'ai pas peur.

TELL. Il le faut donc. (*Il recueille ses forces et met en joue.*)

Rudenz

(der die ganze Zeit über in der heftigsten Spannung gestanden und mit Gewalt an sich gehalten, tritt hervor).

Herr Landvogt, weiter werdet Ihr's nicht treiben,
Ihr werdet nicht — Es war nur eine Prüfung —
Den Zweck habt Ihr erreicht — Zu weit getrieben,
Verfehlt die Strenge ihres weisen Zwecks,
Und allzustraff gespannt, zerspringt der Bogen.

Geßler.

Ihr schweigt, bis man Euch aufruft.

Rudenz.

Ich will reden!
Ich darf's; des Königs Ehre ist mir heilig;
Doch solches Regiment muß Haß erwerben.
Das ist des Königs Wille nicht — ich darf's
Behaupten — Solche Grausamkeit verdient
Mein Volk nicht; dazu habt Ihr keine Vollmacht.

Geßler.

Ha, Ihr erkühnt Euch!

Rudenz.

Ich hab' still geschwiegen
Zu allen schweren Thaten, die ich sah;

RUDENZ, *qui, pendant tout ce temps, est livré à la plus violente agitation, et a cherché à se maîtriser, s'avance.* Seigneur bailli, vous ne pousserez pas les choses plus loin. Non, vous ne le ferez pas. Ce n'était qu'une épreuve... Vous avez atteint votre but... Une rigueur poussée trop loin dépasserait le but, et l'arc trop tendu se brise.

GESSLER. Taisez-vous, jusqu'à ce qu'on vous interroge.

RUDENZ. Je veux parler; j'en ai le droit. L'honneur du roi m'est sacré; mais par une telle conduite, on ne s'attire que la haine. Ce n'est pas l'intention du roi, j'ose l'affirmer. Mes concitoyens ne méritent pas une telle cruauté, et votre pouvoir ne va pas jusque-là.

GESSLER. Comment! vous avez l'audace!...

RUDENZ. J'ai longtemps gardé le silence sur toutes les cruautés

Mein sehend Auge hab' ich zugeschlossen,
Mein überschwellend und empörtes Herz
Hab' ich hinabgedrückt in meinen Busen.
Doch länger schweigen wär' Verrath zugleich
An meinem Vaterland und an dem Kaiser.

Bertha

(wirft sich zwischen ihn und den Landvogt).

O Gott, Ihr reizt den Wüthenden noch mehr.

Rudenz.

Mein Volk verließ ich, meinen Blutsverwandten
Entsagt' ich, alle Bande der Natur
Zerriß ich, um an Euch mich anzuschließen —
Das Beste aller glaubt' ich zu befördern,
Da ich des Kaisers Macht befestigte —
Die Binde fällt von meinen Augen — Schaudernd
Seh' ich an einen Abgrund mich geführt —
Mein freies Urtheil habt Ihr irr' geleitet,
Mein redlich Herz verführt — Ich war daran,
Mein Volk in bester Meinung zu verderben.

Geßler.

Verwegner, diese Sprache deinem Herrn?

Rudenz.

Der Kaiser ist mein Herr, nicht Ihr — Frei bin ich

dont j'étais témoin. J'ai fermé les yeux sur ce que je voyais; j'ai refoulé dans mon sein l'indignation qui débordait de mon cœur révolté! Mais se taire plus longtemps, ce serait tout à la fois trahir ma patrie et l'Empereur.

BERTHE *se jette entre lui et le bailli.* O Dieu! vous irritez encore davantage ce furieux.

RUDENZ. J'ai abandonné mon peuple, j'ai renoncé à ma famille, j'ai rompu tous les liens de la nature pour m'attacher à vous. Je croyais agir pour le bien de tous en affermissant la puissance de l'Empereur. Le bandeau tombe de mes yeux. Je me vois avec effroi conduit sur le bord de l'abîme; vous avez égaré la liberté de mon jugement et séduit la loyauté de mon cœur. Avec les plus pures intentions j'étais sur le point de perdre mon pays.

GESSLER. Audacieux! parler ainsi à ton seigneur!

RUDENZ. L'Empereur est mon seigneur, et non pas vous. Je suis

Wie Ihr geboren, und ich messe mich
Mit Euch in jeder ritterlichen Tugend.
Und ständet Ihr nicht hier in Kaisers Namen,
Den ich verehre, selbst wo man ihn schändet,
Den Handschuh würf' ich vor Euch hin, Ihr solltet
Nach ritterlichem Brauch mir Antwort geben.
—Ja, winkt nur Euren Reisigen—Ich stehe
Nicht wehrlos da, wie die—

(auf das Volk zeigend.)

Ich hab' ein Schwert,
Und wer mir naht—

Stauffacher (ruft).

Der Apfel ist gefallen!

(Indem sich alle nach dieser Seite gewendet, und Bertha zwischen Rudenz und den Landvogt sich geworfen, hat Tell den Pfeil abgedrückt.)

Rösselmann.

Der Knabe lebt!

Viele Stimmen.

Der Apfel ist getroffen!

(Walther Fürst schwankt und droht zu sinken. Bertha hält ihn.)

né libre comme vous; je puis me mesurer avec vous pour toutes les vertus chevaleresques, et si vous n'étiez pas ici au nom de l'Empereur, que j'honore même dans le lieu où on l'outrage, je jetterais ici le gant devant vous, et, d'après les lois de la chevalerie, vous devriez me rendre raison. Oui, faites signe à vos soldats; je ne suis pas ici sans armes comme ceux-ci (*montrant le peuple*); j'ai une épée, et celui qui m'approchera...

STAUFFACHER, *s'écriant*. La pomme est tombée. (*Pendant que tout le monde était tourné du côté du bailli et de Rudenz, Tell a lancé sa flèche.*)

ROESSELMANN. L'enfant est sauvé!

PLUSIEURS VOIX. La pomme est abattue. (*Walther Furst chancelle et paraît prêt à s'évanouir. Berthe le soutient.*)

Geßler (erstaunt).

Er hat geschossen? Wie? Der Rasende!

Bertha.

Der Knabe lebt! Kommt zu Euch, guter Vater!

Walther

(kommt mit dem Apfel gesprungen).

Vater, hier ist der Apfel — Wußt' ich's ja,
Du würdest deinen Knaben nicht verletzen.

Tell

(stand mit vorgebogenem Leib, als wollt' er dem Pfeil folgen — die Armbrust entsinkt seiner Hand — wie er den Knaben kommen sieht, eilt er ihm mit ausgebreiteten Armen entgegen, und hebt ihn mit heftiger Inbrunst zu seinem Herzen hinauf; in dieser Stellung sinkt er kraftlos zusammen. Alle stehen gerührt.)

Bertha.

O gü't'ger Himmel!

Walther Fürst

(zu Vater und Sohn).

Kinder! meine Kinder!

Stauffacher.

Gott sei gelobt!

Leuthold.

Das war ein Schuß! Davon
Wird man noch reden in den spätsten Zeiten.

GESSLER, *étonné*. Il a tiré? Comment? le furieux!...

BERTHE. L'enfant est sauvé, revenez à vous, pauvre père.

WALTHER *accourt avec la pomme*. Mon père, voici la pomme; je savais bien que tu ne ferais pas de mal à ton enfant.. (*Tell reste le corps penché comme s'il voulait suivre la flèche; l'arbalète échappe de ses mains, et quand il voit son enfant revenir, il court au-devant de lui les bras étendus, et le presse avec ardeur sur son sein. Alors la force l'abandonne, et il est près de s'évanouir. Émotion générale.*)

BERTHE. Oh! bonté divine!

WALTHER FURST. Mes enfants! mes enfants!

STAUFFACHER. Dieu soit loué!

LEUTHOLD. Voilà un coup! on en parlera dans les temps les plus reculés.

Rudolph der Harras.

Erzählen wird man von dem Schützen Tell,
So lang die Berge steh'n auf ihrem Grunde.

(Reicht dem Landvogt den Apfel.)

Geßler.

Bei Gott, der Apfel mitten durch geschossen!
Es war ein Meisterschuß, ich muß ihn loben.

Rösselmann.

Der Schuß war gut; doch wehe dem, der ihn
Dazu getrieben, daß er Gott versuchte.

Stauffacher.

Kommt zu Euch, Tell, steht auf, Ihr habt euch männlich
Gelöst, und frei könnt Ihr nach Hause gehen.

Rösselmann.

Kommt, kommt und bringt der Mutter ihren Sohn!

(Sie wollen ihn wegführen.)

Geßler.

Tell, höre!

Tell (kommt zurück).

Was befehlt Ihr, Herr?

RODOLPHE. On parlera de l'archer Tell aussi longtemps que ces montagnes resteront sur leurs bases. (*Il présente la pomme au gouverneur.*)

GESSLER. Par le ciel! la pomme est traversée juste au milieu. C'est un coup de maître, il faut lui rendre justice.

RŒSSELMANN. Le coup est heureux; mais malheur à celui qui a forcé un père à tenter Dieu!

STAUFFACHER. Revenez à vous, Tell, levez-vous; vous vous êtes bravement tiré d'affaire, et vous pouvez retourner chez vous en liberté.

RŒSSELMANN. Allez, allez, et ramenez un fils à sa mère. (*Ils veulent l'emmener.*)

GESSLER. Tell, écoute.

TELL *revient*. Qu'ordonnez-vous, seigneur?

Geßler.

Du steckest
Noch einen zweiten Pfeil zu dir — Ja, ja,
Ich sah es wohl — Was meintest du damit?

Tell (verlegen).

Herr, das ist also bräuchlich bei den Schützen.

Geßler.

Nein, Tell, die Antwort lass' ich dir nicht gelten;
Es wird was anders wohl bedeutet haben.
Sag' mir die Wahrheit frisch und fröhlich, Tell!
Was es auch sei, dein Leben sichr' ich dir.
Wozu der zweite Pfeil?

Tell.

Wohlan, o Herr,
Weil Ihr mich meines Lebens habt gesichert,
So will ich Euch die Wahrheit gründlich sagen.

(Er zieht den Pfeil aus dem Koller und sieht den Landvogt mit einem furchtbaren Blick an.)

Mit diesem zweiten Pfeil durchschoß ich — Euch,
Wenn ich mein liebes Kind getroffen hätte,
Und Euer — wahrlich hätt' ich nicht gefehlt.

GESSLER. Tu avais caché là une seconde flèche. Oui! oui! je l'ai bien vu. Quelle était ton intention?

TELL, *embarrassé*. Seigneur, telle est la coutume des chasseurs.

GESSLER. Non, Tell, je n'accepte pas ta réponse; tu avais quelque autre pensée. Dis-moi la vérité librement et franchement. Quoi que ce soit, je te garantis la vie sauve... Pourquoi cette seconde flèche?

TELL. Eh bien! seigneur, puisque vous me garantissez la vie sauve, je vous dirai franchement la vérité. (*Il tire la flèche de son pourpoint, et fixe sur le bailli un regard terrible.*) Si j'avais atteint mon enfant chéri, je vous perçais, vous, de cette seconde flèche; et, croyez-moi, vous, je ne vous aurais pas manqué.

Geßler.

Wohl, Tell! Des Lebens hab' ich dich gesichert;
Ich gab mein Ritterwort, das will ich halten —
Doch weil ich deinen bösen Sinn erkannt,
Will ich dich führen lassen und verwahren,
Wo weder Mond, noch Sonne dich bescheint,
Damit ich sicher sei vor deinen Pfeilen.
Ergreift ihn, Knechte! Bindet ihn!
(Tell wird gebunden.)

Stauffacher.

Wie, Herr!
So könntet Ihr an einem Manne handeln,
An dem sich Gottes Hand sichtbar verkündigt?

Geßler.

Lass' seh'n, ob sie ihn zweimal retten wird.
—Man bring' ihn auf mein Schiff! Ich folge nach
Sogleich, ich selbst will ihn nach Küßnacht führen.

Rösselmann.

Das dürft Ihr nicht, das darf der Kaiser nicht,
Das widerstreitet unsern Freiheitsbriefen!

GESSLER. Bien! Tell, je t'ai assuré la vie, je t'ai donné ma parole de chevalier, je la tiendrai; mais, puisque je connais tes mauvaises intentions, je veux, pour être à l'abri de tes flèches, te faire conduire et garder dans un lieu où tu ne verras jamais ni le soleil ni la lune. Saisissez-le et liez-le. (*Tell est lié.*)

STAUFFACHER. Comment! monseigneur, vous pourriez traiter ainsi un homme sur lequel la main de Dieu s'est visiblement manifestée?

GESSLER. Voyons si Dieu le délivrera une seconde fois. Conduisez-le sur ma barque, je le suis à l'instant, je le conduirai moi-même à Kussnacht.

RŒSSELMANN. Vous ne l'oserez pas faire, l'Empereur ne l'oserait pas; cela est contraire à nos lettres de franchise.

Geßler.

Wo sind sie? Hat der Kaiser sie bestätigt?
Er hat sie nicht bestätigt — Diese Gunst
Muß erst erworben werden durch Gehorsam.
Rebellen seid ihr alle gegen Kaisers
Gericht, und nährt verwegene Empörung.
Ich kenn' euch alle — ich durchschau' euch ganz —
Den nehm' ich jetzt heraus aus eurer Mitte;
Doch alle seid ihr theilhaft seiner Schuld.
Wer klug ist, lerne schweigen und gehorchen.

(Er entfernt sich, Bertha, Rudenz, Harras und Knechte folgen, Frießhardt und Leuthold bleiben zurück.)

Walther Fürst (in heftigem Schmerz).

Es ist vorbei; er hat's beschlossen, mich
Mit meinem ganzen Hause zu verderben!

Stauffacher (zum Tell).

O, warum mußtet Ihr den Wüthrich reizen!

Tell.

Bezwinge sich, wer meinen Schmerz gefühlt!

GESSLER. Où sont-elles? L'Empereur les a-t-il confirmées? Il ne les a pas confirmées. Cette faveur, il faut d'abord la mériter par votre obéissance. Vous êtes tous des rebelles envers la justice de l'Empereur, et vous nourrissez des projets audacieux de révolte. Je vous connais tous, je lis dans votre cœur. Je saisis dans ce moment cet homme au milieu de vous; mais vous avez tous pris part à sa faute. Que celui qui est sage apprenne à se taire et à obéir. (*Il s'éloigne; Berthe, Rudenz, Rodolphe et des hommes d'armes le suivent. Friesshardt et Leuthold restent.*)

WALTHER FURST, *dans une violente douleur.* C'en est fait : il a résolu de me perdre, moi et toute ma famille.

STAUFFACHER, *à Tell.* Oh! pourquoi avez-vous excité la rage de ce furieux?

TELL. Qu'il se maîtrise, celui qui ressent ma douleur.

Stauffacher.

O, nun ist alles, alles hin! Mit Euch
Sind wir gefesselt alle und gebunden!

Landleute (umringen den Tell).

Mit Euch geht unser letzter Trost dahin!

Leuthold (nähert sich).

Tell, es erbarmt mich — doch ich muß gehorchen.

Tell.

Lebt wohl!

Walther
(sich mit heftigem Schmerz an ihn schmiegend).

O Vater! Vater! lieber Vater!

Tell
(erhebt die Arme zum Himmel).

Dort droben ist dein Vater! Den ruf an!

Stauffacher.

Tell, sag' ich Eurem Weibe nichts von Euch?

Tell
(hebt den Knaben mit Inbrunst an seine Brust).

Der Knab' ist unverletzt; mir wird Gott helfen.

(Reißt sich schnell los und folgt den Waffenknechten.)

STAUFFACHER. Oh! c'en est fait, tout est perdu! Avec vous nous sommes tous enchaînés, tous asservis.

PAYSANS *environnant Tell.* Avec vous s'en va notre dernière consolation.

LEUTHOLD *s'approche.* Tell, j'ai pitié de vous, mais il faut que j'obéisse.

TELL. Adieu.

WALTHER, *avec douleur, et s'attachant à son père.* Oh! mon père, mon père, mon cher père!

TELL, *les bras tendus vers le ciel.* Là-haut est ton père, invoque-le.

STAUFFACHER. Tell, ne dirai-je rien à votre femme de votre part?

TELL *prend son fils avec tendresse.* L'enfant est sain et sauf, Dieu me secourra! (*Il s'éloigne et suit les gens du gouverneur.*)

Vierter Aufzug.

Erste Scene.

Östliches Ufer des Vierwaldstättersees.

Die seltsam gestalteten schroffen Felsen im Westen schließen den Prospekt. Der See ist bewegt, heftiges Rauschen und Tosen, dazwischen Blitze und Donnerschläge.

Kunz von Gersau. Fischer und Fischerknabe.

Kunz.

Ich sah's mit Augen an, Ihr könnt mir's glauben;
's ist alles so gescheh'n, wie ich Euch sagte.

Fischer.

Der Tell gefangen abgeführt nach Küßnacht,
Der beste Mann im Land, der bravste Arm,
Wenn's einmal gelten sollte für die Freiheit!

ACTE QUATRIÈME.

SCÈNE PREMIÈRE.

La rive orientale du lac des Quatre-Cantons.

Des rochers escarpés et d'une forme étrange bornent la vue à l'ouest. Le lac est agité, et le bruit des vagues se mêle au tonnerre et aux éclairs.

KUNZ DE GERSAU, UN PÊCHEUR *et* SON FILS.

KUNZ. Je l'ai vu de mes propres yeux; vous pouvez m'en croire. Tout s'est passé comme je vous le dis.

LE PÊCHEUR. Tell prisonnier et conduit à Kussnacht! Le meilleur homme de la contrée, le bras le plus ferme, si un jour il fallait combattre pour la liberté!

Kunz.

Der Landvogt führt ihn selbst den See herauf;
Sie waren eben dran, sich einzuschiffen,
Als ich von Flüelen abfuhr; doch der Sturm,
Der eben jetzt im Anzug ist, und der
Auch mich gezwungen, eilends hier zu landen,
Mag ihre Abfahrt wohl verhindert haben.

Fischer.

Der Tell in Fesseln, in des Vogts Gewalt!
O glaubt, er wird ihn tief genug vergraben,
Daß er des Tages Licht nicht wieder sieht!
Denn fürchten muß er die gerechte Rache
Des freien Mannes, den er schwer gereizt!

Kunz.

Der Altlandammann auch, der edle Herr
Von Attinghausen, sagt man, lieg' am Tode.

Fischer.

So bricht der letzte Anker unsrer Hoffnung!
Der war es noch allein, der seine Stimme
Erheben durfte für des Volkes Rechte!

Kunz.

Der Sturm nimmt überhand. Gehabt Euch wohl!

KUNZ. Le gouverneur le conduit lui-même par le lac. Ils étaient prêts à s'embarquer lorsque j'ai quitté Fluelen. Mais l'orage qui approche, et qui m'a forcé à aborder subitement ici, peut bien avoir arrêté leur départ.

LE PÊCHEUR. Tell dans les fers, Tell au pouvoir du bailli! Oh! soyez-en sûr, il va l'ensevelir dans une prison assez profonde pour qu'il ne revoie plus la lumière du jour; car Gessler doit redouter la juste vengeance de l'homme libre qu'il a cruellement irrité.

KUNZ. Notre ancien landammann aussi, le noble seigneur d'Attinghausen, est, dit-on, à la mort.

LE PÊCHEUR. Ainsi va se briser la dernière ancre de nos espérances. C'était là le seul homme qui osât encore élever la voix pour défendre les droits du peuple.

KUNZ. La tempête s'accroît. Adieu, je vais chercher un gîte dans le

Ich nehme Herberg' in dem Dorf; denn heut'
Ist doch an keine Abfahrt mehr zu denken.

(Geht ab.)

Fischer.

Der Tell gefangen und der Freiherr todt!
Erheb' die freche Stirne, Tyrannei,
Wirf alle Scham hinweg! Der Mund der Wahrheit
Ist stumm, das seh'nde Auge ist geblendet,
Der Arm, der retten sollte, ist gefesselt!

Knabe.

Es hagelt schwer; kommt in die Hütte, Vater,
Es ist nicht kommlich, hier im Freien hausen.

Fischer.

Raset, ihr Winde! Flammt herab, ihr Blitze!
Ihr Wolken, berstet! Gießt herunter, Ströme
Des Himmels, und ersäuft das Land! Zerstört
Im Keim die ungeborenen Geschlechter!
Ihr wilden Elemente, werdet Herr!
Ihr Bären, kommt, ihr alten Wölfe, wieder
Der großen Wüste! Euch gehört das Land:
Wer wird hier leben wollen ohne Freiheit?

village, car pour aujourd'hui on ne peut plus songer à partir. (*Il sort.*)

LE PÊCHEUR. Tell prisonnier et le baron mort! Tyrannie, lève ton front impudent, abjure toute honte! La bouche de la vérité est muette, le regard clairvoyant est éteint, le bras qui devait nous délivrer est enchaîné.

LE FILS DU PÊCHEUR. Il grêle fort; venez dans la cabane, mon père; il ne fait pas bon à rester ici en plein air.

LE PÊCHEUR. Vents, déchaînez-vous; foudres, lancez vos feux, et vous, nuages, crevez; tombez, torrents du ciel, et noyez la terre! Étouffez dans leur germe les générations à venir! Éléments furieux, devenez les maîtres; que les ours et les loups s'emparent de nouveau de la terre dévastée! Qui voudra vivre ici sans liberté?

Knabe

Hört, wie der Abgrund tost, der Wirbel brüllt,
So hat's noch nie gerast in diesem Schlunde!

Fischer.

Zu zielen auf des eignen Kindes Haupt,
Solches ward keinem Vater noch geboten!
Und die Natur soll nicht in wildem Grimm
Sich drob empören?—O, mich soll's nicht wundern,
Wenn sich die Felsen bücken in den See,
Wenn jene Zacken, jene Eisesthürme,
Die nie aufthauten seit dem Schöpfungstag,
Von ihren hohen Kulmen niederschmelzen,
Wenn die Berge brechen, wenn die alten Klüfte
Einstürzen, eine zweite Sündfluth alle
Wohnstätten der Lebendigen verschlingt!

(Man hört läuten.)

Knabe.

Hört Ihr? sie läuten droben auf dem Berg;
Gewiß hat man ein Schiff in Noth geseh'n,
Und zieht die Glocke, daß gebetet werde.

(Steigt auf eine Anhöhe.)

LE FILS DU PÊCHEUR. Écoutez comme l'abîme résonne! comme le vent mugit! Jamais si furieuse tempête n'a soulevé ces vagues.

LE PÊCHEUR. Tirer sur la tête de son propre enfant! Jamais pareille chose n'a été commandée à un père! Et la nature entière ne se soulèverait pas avec fureur? Oh! je ne serais pas surpris de voir ces rochers s'affaisser dans le lac, ces aiguilles et ces remparts de glace, immuables depuis la création, se fondre depuis leur cime jusqu'à la base, les montagnes se briser, les antiques cavernes s'abîmer, un second déluge inonder la demeure des vivants. (*On entend un bruit de cloches.*)

LE FILS DU PÊCHEUR. Entendez-vous comme les cloches sonnent sur la montagne? Sans doute on a vu une barque en danger, et l'on sonne afin qu'on se mette en prière. (*Il monte sur une hauteur.*)

Fischer.

Wehe dem Fahrzeug, das jetzt unterwegs
In dieser furchtbarn Wiege wird gewiegt!
Hier ist das Steuer unnütz und der Steurer.
Der Sturm ist Meister, Wind und Wellen spielen
Ball mit dem Menschen — Da ist nah' und fern
Kein Busen, der ihm freundlich Schutz gewährte!
Handlos und schroff ansteigend starren ihm
Die Felsen, die unwirthlichen, entgegen,
Und weisen ihm nur ihre steinern schroffe Brust.

Knabe (deutet links).

Vater, ein Schiff, es kommt von Flüelen her.

Fischer.

Gott helf' den armen Leuten! Wenn der Sturm
In dieser Wasserkluft sich erst verfangen,
Dann ras't er um sich mit des Raubthiers Angst,
Das an des Gitters Eisenstäbe schlägt;
Die Pforte sucht er heulend sich vergebens,

LE PÊCHEUR. Malheur à la barque qui, en ce moment, est ballottée sur ces vagues terribles. Le pilote et le gouvernail y sont impuissants. L'orage est maître, les vents et les flots se jouent des efforts de l'homme. Il n'y a, de près ni de loin, aucune baie qui puisse lui offrir un asile protecteur; les rocs inhospitaliers dressent devant lui leurs pics insaisissables et ne lui présentent que leurs flancs hérissés.

LE FILS DU PÊCHEUR, *montrant à gauche.* Père, un bateau qui vient de Flueleu.

LE PÊCHEUR. Que Dieu vienne en aide à ces pauvres gens! Quand la tempête a pénétré dans ce gouffre, elle s'agite avec la rage d'une bête féroce qui frappe les barreaux de fer de sa cage: elle mugit et cherche en vain un passage, car de tous côtés les rocs élevés jusqu'au ciel

Denn ringsum schränken ihn die Felsen ein,
Die himmelhoch den engen Paß vermauern.

(Er steigt auf die Anhöhe.)

Knabe.

Es ist das Herrenschiff von Uri, Vater,
Ich kenn's am rothen Dach und an der Fahne.

Fischer.

Gerichte Gottes! Ja, er ist es selbst,
Der Landvogt, der da fährt — Dort schifft er hin,
Und führt im Schiffe sein Verbrechen mit!
Schnell hat der Arm des Rächers ihn gefunden;
Jetzt kennt er über sich den stärkern Herrn.
Diese Wellen geben nicht auf seine Stimme;
Diese Felsen bücken ihre Häupter nicht
Vor seinem Hute — Knabe, bete nicht!
Greif' nicht dem Richter in den Arm!

Knabe.

Ich bete für den Landvogt nicht — Ich bete
Für den Tell, der auf dem Schiff sich mit befindet.

Fischer.

O Unvernunft des blinden Elements!

l'arrêtent et lui ferment toute issue. (*Il monte sur la hauteur.*)

LE FILS DU PÊCHEUR. Mon père, c'est la barque seigneuriale d'Uri; je la reconnais à son pont rouge et à son drapeau.

LE PÊCHEUR. Justice de Dieu! Oui, c'est lui-même, c'est le bailli qui traverse le lac; c'est lui-même; il conduit avec lui son crime. La main du Dieu vengeur l'a promptement atteint; maintenant il reconnaît au-dessus de lui un maître plus puissant. Ces vagues ne cèdent point à sa voix, ces rochers ne se courbent point devant son chapeau. Enfant, ne prie pas, n'arrête pas le bras du juge.

LE FILS DU PÊCHEUR. Je ne prie pas pour le bailli, je prie pour Tell qui se trouve avec lui sur la barque.

LE PÊCHEUR. O fureur aveugle de la tempête! pour atteindre

Mußt du, um einen Schuldigen zu treffen,
Das Schiff mit sammt dem Steuermann verderben!

Knabe.

Sieh', sieh', sie waren glücklich schon vorbei
Am Buggisgrat; doch die Gewalt des Sturms,
Der von dem Teufelsmünster widerprallt,
Wirft sie zum großen Axenberg zurück.
—Ich seh' sie nicht mehr.

Fischer.

Dort ist das Hackmesser,
Wo schon der Schiffe mehrere gebrochen.
Wenn sie nicht weislich dort vorüberlenken,
So wird das Schiff zerschmettert an der Fluh,
Die sich gähstrotzig absenkt in die Tiefe.
—Sie haben einen guten Steuermann
Am Bord; könnt' einer retten, wär's der Tell;
Doch dem sind Arm' und Hände ja gefesselt.

Wilhelm Tell (mit der Armbrust).

(Er kommt mit raschen Schritten, blickt erstaunt umher und zeigt die heftigste

un coupable, faut-il que tu anéantisses la barque avec le pilote?

LE FILS DU PÊCHEUR. Voyez, voyez, ils ont déjà heureusement passé le Buggisgrat, mais la violence de la tempête, que refoule le Teufelmunster, les rejette vers le grand rocher d'Axenberg; je ne les vois plus.

LE PÊCHEUR. Là se trouve le Hackmesser, où plus d'un bateau s'est déjà brisé; s'ils ne gouvernent pas habilement, la barque va se briser contre le rocher qui plonge à pic dans l'abîme. Ils ont un bon pilote à bord; si quelqu'un peut les sauver, c'est Tell; mais ses bras sont enchaînés.

(*Tell, son arbalète à la main, arrive à grand pas; il regarde autour de lui avec surprise, et paraît vivement ému. Par-*

Bewegung. Wenn er mitten auf der Scene ist, wirft er sich nieder, die Hände zu der Erde und dann zum Himmel ausbreitend.)

Knabe (bemerkt ihn).

Sieh', Vater, wer der Mann ist, der dort kniet?

Fischer.

Er faßt die Erde an mit seinen Händen
Und scheint wie außer sich zu sein.

Knabe (kommt vorwärts).

Was seh' ich! Vater! Vater, kommt und seht!

Fischer (nähert sich).

Wer ist es?—Gott im Himmel! Was? der Tell?
Wie kommt Ihr hieher? Redet!

Knabe.

Wart Ihr nicht
Dort auf dem Schiff gefangen und gebunden?

Fischer.

Ihr wurdet nicht nach Küßnacht abgeführt?

Tell (steht auf).

Ich bin befreit.

Fischer und Knabe.

Befreit! O Wunder Gottes!

venu au milieu du théâtre, il se précipite à genoux étendant ses mains vers la terre, puis vers le ciel.)

LE FILS DU PÊCHEUR *l'apercevant.* Regarde, mon père, quel est cet homme agenouillé là-bas?

LE PÊCHEUR. Il embrasse la terre avec ses mains et parait hors de lui.

LE FILS DU PÊCHEUR *s'avance.* Que vois-je, mon père? Viens, regarde.

LE PÊCHEUR *s'approche.* Qui est-ce? Dieu du ciel! Quoi! C'est Tell. Comment êtes-vous venu ici? Parlez.

LE FILS DU PÊCHEUR. N'étiez-vous pas sur cette barque prisonnier et enchaîné?

LE PÊCHEUR. Ne devait-on pas vous conduire à Kussnacht?

TELL *se lève.* Je suis délivré.

LE PÊCHEUR ET SON FILS. Délivré! O miracle de Dieu!

Knabe.

Wo kommt Ihr her?

Tell.

Dort aus dem Schiffe.

Fischer.

Was?

Knabe (zugleich).

Wo ist der Landvogt?

Tell.

Auf den Wellen treibt er.

Fischer.

Ist's möglich? Aber Ihr? Wie seid Ihr hier?
Seid Euren Banden und dem Sturm entkommen?

Tell.

Durch Gottes gnäd'ge Fürsehung—Hört

Fischer und Knabe.

O redet, redet!

Tell.

Was in Altdorf sich
Begeben, wißt Ihr's?

Fischer.

Alles weiß ich, redet!

LE FILS DU PÊCHEUR. D'où venez-vous?
TELL. De cette barque là-bas.
LE PÊCHEUR. Comment?
LE FILS DU PÊCHEUR *en même temps*. Où est le bailli?
TELL. À la merci des flots.
LE PÊCHEUR. Est-il possible? Mais vous, comment êtes-vous ici? Comment avez-vous échappé à vos liens et à la tempête?
TELL. Par la bonté de Dieu. Écoutez.
LE PÊCHEUR ET SON FILS. Ah! parlez, parlez!
TELL. Ce qui s'est passé à Altorf, le savez-vous?
LE PÊCHEUR. Je sais tout, parlez.

Tell.

Daß mich der Landvogt fahen ließ und binden,
Nach seiner Burg zu Küßnacht wollte führen.

Fischer.

Und sich mit Euch zu Flüelen eingeschifft.
Wir wissen alles. Sprecht, wie Ihr entkommen!

Tell.

Ich lag im Schiff, mit Stricken fest gebunden,
Wehrlos, ein aufgegebner Mann — Nicht hofft' ich,
Das frohe Licht der Sonne mehr zu seh'n,
Der Gattinn und der Kinder liebes Antlitz,
Und trostlos blickt' ich in die Wasserwüste —

Fischer.

O armer Mann!

Tell.

So fuhren wir dahin,
Der Vogt, Rudolf der Harras und die Knechte.
Mein Köcher aber mit der Armbrust lag
Am hintern Gransen bei dem Steuerruder.
Und als wir an die Ecke jetzt gelangt
Beim kleinen Axen, da verhängt' es Gott,
Daß solch ein grausam mördrisch Ungewitter
Gählings herfürbrach aus des Gotthardts Schlünden,

TELL. Vous savez que le bailli m'avait fait saisir et attacher pour me conduire à la forteresse de Kussnacht.

LE PÊCHEUR. Et qu'il s'est embarqué avec vous à Fluelen. Nous savons tout cela; racontez-nous comment vous vous êtes échappé.

TELL. Étendu dans la barque, lié fortement avec des cordes, sans défense, j'étais un homme perdu. Je n'espérais plus revoir la riante lumière du jour, ni la douce figure de ma femme et de mes enfants, et je jetais un regard désespéré sur la vaste plaine des eaux.

LE PÊCHEUR. O pauvre homme!

TELL. Nous avancions de la sorte, le bailli, Rodolphe Harras, les domestiques et moi. Mon carquois et mon arbalète étaient sur le derrière de la barque, près du gouvernail. Au moment où nous arrivions au coin, près du petit Axenberg, Dieu voulut que soudain une tempête effroyable sortit des gouffres du Saint-Gothard, si bien

Daß allen Ruderern das Herz entsank,
Und meinten alle, elend zu ertrinken.
Da hört' ich's, wie der Diener einer sich
Zum Landvogt wendet' und die Worte sprach:
" Ihr sehet Eure Noth und unsre, Herr,
Und daß wir all' am Rand des Todes schweben—
Die Steuerleute aber wissen sich
Vor großer Furcht nicht Rath, und sind des Fahrens
Nicht wohl berichtet —Nun aber ist der Tell
Ein starker Mann und weiß ein Schiff zu steuern.
Wie, wenn wir sein jetzt brauchten in der Noth?"
Da sprach der Vogt zu mir: "Tell, wenn du dir's
Getrautest, uns zu helfen aus dem Sturm,
So möcht' ich dich der Bande wohl entled'gen."
Ich aber sprach: „Ja, Herr, mit Gottes Hülfe
Getrau' ich mir's, und helf' uns wohl hiedannen."
So ward ich meiner Bande los und stand

que le cœur faillit à tous les rameurs, tous s'imaginant qu'ils allaient périr misérablement. J'entends alors qu'un des valets s'adresse au bailli et lui dit : « Vous voyez, seigneur, notre détresse. La mort est là devant nos yeux; les rameurs consternés ne savent quel parti prendre; d'ailleurs ils ne connaissent pas bien la manœuvre. Mais voilà Tell qui est un homme vigoureux et qui sait tenir le gouvernail. Si dans ce péril nous avions recours à lui? » — Le gouverneur me dit : « Tell, si tu te croyais capable de nous sauver de la tempête, je te ferais bien ôter tes liens. » — « Oui, monseigneur, répondis-je, avec l'aide de Dieu j'espère pouvoir vous tirer d'ici. » Ainsi délivré de mes liens, je me place au gouvernail, et je manœuvre de mon mieux.

Am Steuerruder und fuhr redlich hin;
Doch schielt' ich seitwärts, wo mein Schießzeug lag,
Und an dem Ufer merkt' ich scharf umher,
Wo sich ein Vortheil aufthät' zum Entspringen.
Und wie ich eines Felsenriffs gewahre,
Das abgeplattet vorsprang in den See—

Fischer.

Ich kenn's, es ist am Fuß des großen Axen,
Doch nicht für möglich acht' ich's—so gar steil
Geht's an—vom Schiff es springend abzureichen—

Tell.

Schrie ich den Knechten, handlich zuzugeh'n,
Bis daß wir vor die Felsenplatte kämen,
Dort, rief ich, sei das Aergste überstanden—
Und als wir sie frischrudernd bald erreicht,
Fleh' ich die Gnade Gottes an, und drücke,
Mit allen Leibeskräften angestemmt,
Den hintern Gransen an die Felswand hin.
Jetzt schnell mein Schießzeug fassend, schwing' ich selbst

Je regardais cependant à la dérobée du côté où était mon arme, et mon œil inquiet cherchait sur le rivage un endroit où je pusse m'élancer. Et apercevant un rescif plat qui s'avance en saillie dans le lac...

LE PÊCHEUR. Je le connais, il est au pied du grand Axenberg; mais je ne pensais pas qu'il fût possible, tant le roc est escarpé, de l'atteindre en sautant d'une barque.

TELL... Je crie aux rameurs de manœuvrer vigoureusement jusqu'à ce que nous arrivions devant le rescif. Là, leur dis-je, le plus grand péril sera passé. Arrivés à force de rames auprès de cet endroit, j'invoque le secours de Dieu, j'appuie de tout mon pouvoir le derrière de la barque contre le rocher, puis, saisissant à la hâte mon arbalète, je m'élance sur le rocher uni, et d'un vigoureux coup de

Hochspringend auf die Platte mich hinauf,
Und mit gewalt'gem Fußstoß hinter mich
Schleudr' ich das Schifflein in den Schlund der Wassen —
Dort mag's, wie Gott will, auf den Wellen treiben!
So bin ich hier, gerettet aus des Sturms
Gewalt und aus der schlimmeren der Menschen.

Fischer.

Tell, Tell, ein sichtbar Wunder hat der Herr
An Euch gethan; kaum glaub' ich's meinen Sinnen —
Doch saget, wo gedenket Ihr jetzt hin?
Denn Sicherheit ist nicht für Euch, wofern
Der Landvogt lebend diesem Sturm entkommt.

Tell.

Ich hört' ihn sagen, da ich noch im Schiff
Gebunden lag, er wollt' bei Brunnen landen,
Und über Schwytz nach seiner Burg mich führen. —

Fischer.

Will er den Weg dahin zu Lande nehmen?

Tell.

Er denkt's.

pied je repousse la barque dans l'abîme des eaux, où elle peut flotter au gré de Dieu. Pour moi, me voici sauvé de la violence de l'orage et de la violence plus dangereuse encore des hommes.

LE PÊCHEUR. Tell, Tell, le Seigneur a fait pour vous un miracle visible. A peine puis-je en croire mes sens. Mais, dites-moi, où comptez-vous aller maintenant? Car il n'y a plus de sécurité pour vous, si le bailli échappe à la tempête.

TELL. Je lui ai entendu dire, lorsque j'étais encore enchaîné sur le bateau, qu'il voulait débarquer à Brunnen, et me conduire à son château en passant par Schwytz.

LE PÊCHEUR. Veut-il s'y rendre par terre?

TELL. C'était son intention.

Fischer.

so verbergt Euch ohne Säumen!
Nicht zweimal hilft Euch Gott aus seiner Hand.

Tell.

Nennt mir den nächsten Weg nach Arth und Küßnacht.

Fischer.

Die offne Straße zieht sich über Steinen;
Doch einen kürzern Weg und heimlichern
Kann Euch mein Knabe über Lowerz führen.

Tell (gibt ihm die Hand).

Gott lohn' Euch eure Gutthat. Lebet wohl!

(Geht und kehrt wieder um.)

—Habt Ihr nicht auch im Rütli mit geschworen?
Mir däucht, man nannt' Euch mir—

Fischer.

Ich war dabei
Und hab' den Eid des Bundes mit beschworen.

Tell.

So eilt nach Bürglen, thut die Lieb' mir an!
Mein Weib verzagt um mich; verkündet ihr,
Daß ich gerettet sei und wohl geborgen.

LE PÊCHEUR. Oh! alors, cachez-vous sans retard. Dieu ne vous délivrera pas deux fois de ses mains.

TELL. Indiquez-moi le chemin le plus court pour aller à Arth et à Kussnacht.

LE PÊCHEUR. La grande route passe par Steinen. Mais mon fils, en prenant un sentier plus court et peu connu, pourra vous conduire par Lowerz.

TELL *lui donne la main.* Que le ciel vous récompense de votre bonne action! Adieu. (*Il s'éloigne et revient.*) N'avez-vous pas aussi prêté serment au Rutli? Il me semble avoir entendu prononcer votre nom.

LE PÊCHEUR. J'y étais, et j'ai prêté le serment d'alliance.

TELL. Eh bien! allez à Burglen; rendez-moi ce service. Ma femme est inquiète de moi; dites-lui que je suis délivré et en sûreté.

Fischer.

Doch wohin sag' ich ihr, daß Ihr gefloh'n?

Tell.

Ihr werdet meinen Schwäher bei ihr finden
Und andre, die im Rütli mit geschworen —
Sie sollen wacker sein und gutes Muths;
Der Tell sei frei und seines Armes mächtig;
Bald werden sie ein Weitres von mir hören.

Fischer.

Was habt Ihr im Gemüth? Entdeckt mir's frei!

Tell.

Ist es gethan, wird's auch zur Rede kommen.

(Geht ab.)

Fischer.

Zeig' ihm den Weg, Jenni — Gott steh' ihm bei!
Er führt's zum Ziel, was er auch unternommen.

(Geht ab.)

LE PÊCHEUR. Où lui dirais-je que vous vous êtes retiré?

TELL. Vous trouverez chez elle mon beau-père et d'autres conjurés du Rutli. Dites-leur qu'ils aient bon courage, que Tell est sauvé et que son bras est libre. Bientôt ils entendront parler de moi.

LE PÊCHEUR. Que méditez-vous? dites-le-moi franchement

TELL. Quand cela sera fait, on en parlera. (*Il sort*.)

LE PÊCHEUR. Montre-lui le chemin, Jenny. Que Dieu soit avec lui! Quoi qu'il entreprenne, il en viendra à bout! (*Il sort*.)

Zweite Scene.

Edelhof zu Attinghausen.

Der Freiherr, in einem Armsessel, sterbend. **Walther Fürst**, **Stauffacher**, **Melchthal** und **Baumgarten**, um ihn beschäftigt. **Walther Tell**, knieend vor dem Sterbenden.

Walther Fürst.

Es ist vorbei mit ihm, er ist hinüber.

Stauffacher.

Er liegt nicht wie ein Todter — Seht, die Feder
Auf seinen Lippen regt sich! Ruhig ist
Sein Schlaf, und friedlich lächeln seine Züge.

(Baumgarten geht an die Thüre und spricht mit jemand.)

Walther Fürst (zu Baumgarten).

Wer ist's?

Baumgarten (kommt zurück).

Es ist Frau Hedwig, Eure Tochter;
Sie will Euch sprechen, will den Knaben seh'n.

(Walther Tell richtet sich auf.)

SCÈNE II.

Une salle du château d'Attinghausen.

LE BARON, *dans un fauteuil, mourant.* WALTHER FURST STAUFFACHER, MELCHTHAL *et* BAUMGARTEN, *empressés autour de lui.* WALTHER TELL, *à genoux devant lui.*

WALTHER FURST. C'en est fait de lui ; il n'est plus.

STAUFFACHER. Il n'a pas l'air d'un mort... Voyez, la plume que j'approche de ses lèvres remue. Son sommeil est tranquille et ses traits sont paisibles et souriants. (*Baumgarten va vers la porte et parle à quelqu'un.*)

WALTHER FURST, *à Baumgarten.* Qui est-ce?

BAUMGARTEN. C'est votre fille Hedwig qui veut vous parler et voir son enfant. (*Walther Tell se lève.*)

Walther Fürst.

Kann ich sie trösten? Hab' ich selber Trost?
Häuft alles Leiden sich auf meinem Haupt?

Hedwig (hereinbringend).

Wo ist mein Kind? Laßt mich, ich muß es seh'n —

Stauffacher.

Faßt Euch! Bedenkt, daß Ihr im Haus des Todes —

Hedwig (stürzt auf den Knaben).

Mein Wälty! O, er lebt mir!

Walther Tell (hängt an ihr).

Arme Mutter!

Hedwig.

Ist's auch gewiß? Bist du mir unverletzt?
(Betrachtet ihn mit ängstlicher Sorgfalt.)
Und es ist möglich? Konnt' er auf dich zielen?
Wie konnt' er's? O, er hat kein Herz — Er konnte
Den Pfeil abdrücken auf sein eignes Kind!

Walther Fürst.

Er that's mit Angst, mit schmerzzerrissner Seele;
Gezwungen that er's, denn es galt das Leben.

WALTHER FURST. Puis-je la consoler? Ai-je moi-même des consolations? Tous les malheurs ne s'amassent-ils pas sur ma tête?

HEDWIG, *entrant*. Où est mon enfant? Laissez-moi, je veux le voir.

STAUFFACHER. Remettez-vous! songez que vous êtes dans la maison de la mort.

HEDWIG *se précipite vers l'enfant*. Mon Walther! Oh! il vit.

WALTHER TELL, *dans les bras de sa mère*. Ma pauvre mère!

HEDWIG. Est-ce bien sûr? N'es-tu pas blessé? (*Elle regarde avec anxiété.*) Est-il possible? A-t-il pu tirer sur toi? Comment l'a-t-il pu? Oh! il n'a point de cœur... Lancer une flèche sur la tête de son propre enfant.

WALTHER FURST. Il l'a fait avec angoisse, avec une douleur qui lui déchirait l'âme, il l'a fait malgré lui, car il y allait de la vie.

Hedwig.

O, hätt' er eines Vaters Herz, eh' er's
Gethan, er wäre tausendmal gestorben!

Stauffacher.

Ihr solltet Gottes gnäd'ge Schickung preisen,
Die es so gut gelenkt—

Hedwig.

Kann ich vergessen,
Wie's hätte kommen können?—Gott des Himmels!
Und lebt' ich achtzig Jahr'—ich seh' den Knaben ewig
Gebunden steh'n, den Vater auf ihn zielen,
Und ewig fliegt der Pfeil mir in das Herz.

Melchthal.

Frau, wüßtet Ihr, wie ihn der Vogt gereizt!

Hedwig.

O, rohes Herz der Männer! Wenn ihr Stolz
Beleidigt wird, dann achten sie nichts mehr;
Sie setzen in der blinden Wuth des Spiels
Das Haupt des Kindes und das Herz der Mutter!

Baumgarten.

Ist Eures Mannes Loos nicht hart genug,

HEDWIG. Oh! s'il avait eu un cœur de père, avant de s'y résoudre il serait mort mille fois.

STAUFFACHER. Vous devriez louer la providence de Dieu qui a conduit tout si heureusement.

HEDWIG. Puis-je oublier ce qui aurait pu arriver? Dieu du ciel! Quand je vivrais quatre-vingts ans! je vois toujours cet enfant enchaîné, son père qui tire sur lui, et toujours ce trait me traverse le cœur.

MELCHTHAL. Si vous saviez comme le bailli l'a irrité!

HEDWIG. O cœur insensible des hommes! Quand leur orgueil est blessé, ils ne connaissent plus rien; dans leur aveugle fureur, ils jouent la tête d'un enfant et le cœur d'une mère.

BAUMGARTEN. Le sort de votre mari n'est-il pas déjà assez cruel,

Daß Ihr mit schwerem Tadel ihn noch kränkt?
Für seine Leiden habt Ihr kein Gefühl?

Hedwig

(kehrt sich nach ihm um und sieht ihn mit einem großen Blick an).

Hast du nur Thränen für des Freundes Unglück?
—Wo waret ihr, da man den Trefflichen
In Bande schlug? Wo war da eure Hülfe?
Ihr sahet zu, ihr ließt das Gräßliche gescheh'n;
Geduldig littet ihr's, daß man den Freund
Aus eurer Mitte führte—Hat der Tell
Auch so an euch gehandelt? Stand er auch
Bedauernd da, als hinter dir die Reiter
Des Landvogts drangen, als der wüth'ge See
Vor dir erbraus'te? Nicht mit müß'gen Thränen
Beklagt' er dich, in den Nachen sprang er, Weib
Und Kind vergaß er und befreite dich—

Walther Fürst.

Was konnten wir zu seiner Rettung wagen,
Die kleine Zahl, die unbewaffnet war!

sans que vous y ajoutiez encore vos amers reproches? N'avez-vous point de pitié de ses souffrances?

HEDWIG *se retourne vers lui et lui lance un regard sévère.* Et toi, n'as-tu que des larmes pour le malheur de ton ami? Où étiez-vous quand on a chargé de liens le meilleur des hommes? Quel secours lui avez-vous donné? Vous avez vu la violence, et vous l'avez laissé s'accomplir; vous avez souffert patiemment qu'on enlevât votre ami du milieu de vous. Est-ce ainsi que Tell a agi envers vous? Est-il resté là à te plaindre, lorsque tu avais derrière toi les cavaliers du bailli qui te poursuivaient, lorsque devant toi mugissait le lac furieux? Ce n'est point par de vaines larmes qu'il t'a plaint. Non, il s'est élancé dans le canot, il a oublié femme et enfants, et t'a sauvé.

WALTHER FURST. Que pouvions-nous faire pour le délivrer, nous, en si petit nombre et sans armes?

Hedwig (wirft sich an seine Brust).

O Vater! Und auch du hast ihn verloren!
Das Land, wir alle haben ihn verloren!
Uns allen fehlt er, ach, wir fehlen ihm!
Gott rette seine Seele vor Verzweiflung!
Zu ihm hinab ins öde Burgverließ
Dringt keines Freundes Trost — Wenn er erkrankte!
Ach, in des Kerkers feuchter Finsterniß
Muß er erkranken. — Wie die Alpenrose
Bleicht und verkümmert in der Sumpfesluft,
So ist für ihn kein Leben als im Licht
Der Sonne, in dem Balsamstrom der Lüfte.
Gefangen! Er! Sein Athem ist die Freiheit,
Er kann nicht leben in dem Hauch der Grüfte

Stauffacher.

Beruhigt Euch! Wir alle wollen handeln,
Um seinen Kerker aufzuthun.

Hedwig.

Was könnt ihr schaffen ohne ihn? — So lang
Der Tell noch frei war, ja, da war noch Hoffnung,

HEDWIG *se jette dans les bras de son père.* O mon père! et toi aussi tu l'as perdu, et le pays, et nous tous nous l'avons perdu! Il nous manque à tous, hélas! et nous lui manquons, à lui! Que Dieu préserve son âme du désespoir! Pas un ami ne lui portera quelque consolation dans les profondeurs de son cachot! S'il devenait malade!... Hélas! dans l'humide obscurité de sa prison il sera malade. La rose des Alpes pâlit et se fane dans l'air des marécages : ainsi pour lui, il n'y a de vie qu'à la lumière du soleil et au souffle embaumé de l'air. Prisonnier, lui! il ne respire que la liberté; il ne peut vivre dans les vapeurs d'un souterrain.

STAUFFACHER. Calmez-vous : nous travaillerons tous à ouvrir sa prison.

HEDWIG. Que pouvez-vous faire sans lui? Aussi longtemps que Tell fut libre, il y avait encore de l'espoir: l'innocence avait encore

Da hatte noch die Unschuld einen Freund,
Da hatte einen Helfer der Verfolgte,
Euch alle rettete der Tell — Ihr alle
Zusammen könnt nicht seine Fesseln lösen!

(Der Freiherr erwacht.)

Baumgarten.

Er regt sich, still!

Attinghausen (sich aufrichtend).

Wo ist er?

Stauffacher.

Wer?

Attinghausen.

Er fehlt mir,
Verläßt mich in dem letzten Augenblick!

Stauffacher.

Er meint den Junker — Schickte man nach ihm?

Walther Fürst.

Es ist nach ihm gesendet — Tröstet Euch!
Er hat sein Herz gefunden, er ist unser.

Attinghausen.

Hat er gesprochen für sein Vaterland?

Stauffacher.

Mit Heldenkühnheit.

---

un ami, et l'opprimé un défenseur. Tell vous eût tous délivrés vous tous réunis ne pouvez rompre ses fers! (*Le baron se réveille.*)

BAUMGARTEN. Il remue, silence!

ATTINGHAUSEN, *se relevant*. Où est-il?

STAUFFACHER. Qui?

ATTINGHAUSEN. Il me manque, il m'abandonne au dernier moment.

STAUFFACHER. Il veut parler du jeune gentilhomme. L'a-t-on envoyé chercher?

WALTHER FURST. On a envoyé après lui. Consolez-vous, il a écouté la voix de son cœur, il est à nous.

ATTINGHAUSEN. A-t-il parlé pour sa patrie?

STAUFFACHER. Avec un courage héroïque.

Attinghausen.

Warum kommt er nicht,
Um meinen letzten Segen zu empfangen?
Ich fühle, daß es schleunig mit mir endet.

Stauffacher.

Nicht also, edler Herr! Der kurze Schlaf
Hat Euch erquickt, und hell ist Euer Blick.

Attinghausen.

Der Schmerz ist Leben, er verließ mich auch.
Das Leiden ist, so wie die Hoffnung, aus.

(Er bemerkt den Knaben.)

Wer ist der Knabe?

Walther Fürst.

Segnet ihn, o Herr!
Er ist mein Enkel und ist vaterlos.

(Hedwig sinkt mit dem Knaben vor dem Sterbenden nieder.)

Attinghausen.

Und vaterlos lass' ich euch alle, alle
Zurück — Weh mir, daß meine letzten Blicke
Den Untergang des Vaterlands geseh'n!
Mußt' ich des Lebens höchstes Maß erreichen,
Um ganz mit allen Hoffnungen zu sterben!

ATTINGHAUSEN. Pourquoi ne vient-il pas recevoir ma dernière bénédiction? Je sens que ma fin approche rapidement.

STAUFFACHER. Non, mon noble seigneur, ce court sommeil vous a ranimé, et votre œil est brillant.

ATTINGHAUSEN. La douleur c'est la vie; elle aussi m'a abandonné; mes souffrances sont finies, comme mes espérances. (*Il aperçoit l'enfant.*) Quel est cet enfant?

WALTHER FURST. Bénissez-le, seigneur. C'est mon petit-fils, et il n'a plus de père! (*Hedwig tombe à genoux avec l'enfant devant le mourant.*)

ATTINGHAUSEN. Et je vous laisse tous sans père, tous. Hélas! mes derniers regards ont vu la ruine de la patrie! Devais-je donc arriver à la dernière limite de la vie pour mourir avec toutes mes espérances!

Stauffacher (zu Walther Fürst).

Soll er in diesem finstern Kummer scheiden?
Erhellen wir ihm nicht die letzte Stunde
Mit schönem Strahl der Hoffnung?—Edler Freiherr,
Erhebet Euren Geist! Wir sind nicht ganz
Verlassen, sind nicht rettungslos verloren.

Attinghausen.

Wer soll euch retten?

Walther Fürst.

Wir uns selbst. Vernehmt!
Es haben die drei Lande sich das Wort
Gegeben, die Tyrannen zu verjagen.
Geschlossen ist der Bund; ein heil'ger Schwur
Verbindet uns. Es wird gehandelt werden,
Eh' noch das Jahr den neuen Kreis beginnt.
Euer Staub wird ruh'n in einem freien Lande.

Attinghausen.

O, saget mir! Geschlossen ist der Bund?

Melchthal.

Am gleichen Tage werden alle drei
Waldstädte sich erheben. Alles ist
Bereit, und das Geheimniß wohlbewahrt

STAUFFACHER, *à Walther Furst.* Mourra-t-il dans ce profond chagrin? Ne ferons-nous pas luire sur ses dernières heures le beau rayon de l'espérance? Noble baron, revenez de votre abattement, nous ne sommes pas entièrement abandonnés, nous ne sommes pas perdus sans ressource.

ATTINGHAUSEN. Et qui vous sauvera?

WALTHER FURST. Nous-mêmes: écoutez. Les trois cantons se sont promis de chasser les tyrans; l'alliance est conclue, un serment sacré nous lie. Avant qu'une nouvelle année recommence son cours, nos projets seront accomplis, et votre poussière reposera sur une terre libre.

ATTINGHAUSEN. Oh! dites-moi, l'alliance est-elle conclue?

MELCHTHAL. Le même jour, les trois cantons se soulèveront. Tout est préparé; et, jusqu'à présent, le secret a été bien gardé, quoi-

Bis jetzt, obgleich viel Hunderte es theilen.
Hohl ist der Boden unter den Tyrannen;
Die Tage ihrer Herrschaft sind gezählt,
Und bald ist ihre Spur nicht mehr zu finden.

Attinghausen.

Die festen Burgen aber in den Landen?

Melchthal.

Sie fallen alle an dem gleichen Tag.

Attinghausen.

Und sind die Edlen dieses Bunds theilhaftig?

Stauffacher.

Wir harren ihres Beistands, wenn es gilt;
Jetzt aber hat der Landmann nur geschworen.

Attinghausen

(richtet sich langsam in die Höhe, mit großem Erstaunen).

Hat sich der Landmann solcher That verwogen,
Aus eignem Mittel ohne Hülf' der Edeln,
Hat er der eignen Kraft so viel vertraut—
Ja, dann bedarf es unserer nicht mehr;

que plusieurs centaines de complices le connaissent. Le sol est miné sous les pas des tyrans; les jours de leur règne sont comptés; et bientôt on ne trouvera même plus leurs vestiges.

ATTINGHAUSEN. Mais les châteaux-forts qui nous dominent?

MELCHTHAL. Ils tomberont tous le même jour.

ATTINGHAUSEN. Et les nobles ont-ils pris part à cettte alliance?

STAUFFACHER. Nous comptons, au moment du danger, sur leur secours; jusqu'à présent, les paysans seuls ont fait serment.

ATTINGHAUSEN *se dresse lentement avec une grande surprise.* Le paysan a-t-il osé entreprendre une telle chose avec ses propres ressources et sans le secours des nobles! A-t-il tant de confiance dans ses propres forces? Oh! alors on n'a plus besoin de nous, et nous

Getröstet können wir zu Grabe steigen.
Es lebt nach uns—durch andre Kräfte will
Das Herrliche der Menschheit sich erhalten.

(Er legt seine Hand auf das Haupt des Kindes, das vor ihm auf den Knieen liegt.)

Aus diesem Haupte, wo der Apfel lag,
Wird euch die neue beßre Freiheit grünen;
Das Alte stürzt, es ändert sich die Zeit,
Und neues Leben blüht aus den Ruinen.

Stauffacher (zu Walther Fürst).

Seht, welcher Glanz sich um sein Aug' ergießt!
Das ist nicht das Erlöschen der Natur,
Das ist der Strahl schon eines neuen Lebens.

Attinghausen.

Der Adel steigt von seinen alten Burgen,
Und schwört den Städten seinen Bürgereid;
Im Uechtland schon, im Thurgau hat's begonnen;
Die edle Bern erhebt ihr herrschend Haupt;
Freiburg ist eine sichre Burg der Freien;
Die rege Zürich waffnet ihre Zünfte
Zum kriegerischen Heer — Es bricht die Macht

pouvons sans regret descendre dans la tombe. La dignité de l'homme nous survit et se relèvera par d'autres forces. (*Il pose ses mains sur la tête de l'enfant, qui est à genoux devant lui.*) De la tête de cet enfant, où la pomme fut placée, une nouvelle et meilleure liberté va germer pour nous. Le vieux monde s'écroule, les temps se renouvellent, et une autre vie fleurit sur les ruines.

STAUFFACHER *à Walther Furst.* Voyez de quel éclat brille son œil; ce n'est pas là la nature qui s'éteint, c'est le rayon précurseur d'une vie nouvelle.

ATTINGHAUSEN. La noblesse descend de ses anciens châteaux pour prêter aux villes le serment de bourgeoisie. Déjà l'Uechtland, déjà la Turgovie ont commencé; la noble ville de Berne élève sa tête souveraine; Fribourg est l'asile assuré des hommes libres; l'active Zurich arme ses corporations et en fait une troupe guerrière; la

Der Könige sich an ihren ew'gen Wällen —

(Er spricht das Folgende mit dem Ton eines Sehers — seine Rede steigt bis zur Begeisterung.)

Die Fürsten seh' ich und die edeln Herrn
In Harnischen herangezogen kommen,
Ein harmlos Volk von Hirten zu bekriegen.
Auf Tod und Leben wird gekämpft, und herrlich
Wird mancher Paß durch blutige Entscheidung.
Der Landmann stürzt sich mit der nackten Brust,
Ein freies Opfer, in die Schaar der Lanzen
Er bricht sie, und des Adels Blüthe fällt,
Es hebt die Freiheit siegend ihre Fahne.

(Walther Fürsts und Stauffachers Hände fassend.)

Drum haltet fest zusammen — fest und ewig —
Kein Ort der Freiheit sei dem andern fremd —
Hochwachten stellet aus auf euren Bergen,
Daß sich der Bund zum Bunde rasch versammle —
Seid einig — einig — einig —

puissance des rois se brise au pied de ses murailles éternelles. (*Il prononce les paroles suivantes d'un ton prophétique; ces paroles vont peu à peu jusqu'à l'exaltation.*) Je vois les princes et les nobles seigneurs, revêtus de leur armure brillante, s'avancer contre un pauvre peuple de bergers. On combat à outrance, et plus d'un défilé est illustré par des luttes sanglantes. La poitrine nue, le paysan se précipite, victime volontaire, contre une forêt de lances; il l'entr'ouvre; la fleur de la noblesse tombe, et la liberté victorieuse élève son drapeau. (*Il prend la main de Walther Furst et de Stauffacher.*) Ainsi, tenez-vous unis, étroitement et à jamais. Qu'aucune contrée libre ne soit étrangère à l'autre. Allumez des fanaux sur vos montagnes, afin que les confédérés se hâtent de voler au secours des confédérés. Soyez unis, unis, unis. (*Il retombe sur son*

(Er fällt in das Kissen zurück — seine Hände halten entseelt noch die andern gefaßt. Fürst und Stauffacher betrachten ihn noch eine Zeitlang schweigend; dann treten sie hinweg, jeder seinem Schmerz überlassen. Unterdessen sind die Knechte still hereingedrungen, sie nähern sich mit Zeichen eines stillern oder heftigern Schmerzes, einige knieen bei ihm nieder und weinen auf seine Hand; während dieser stummen Scene wird die Burgglocke geläutet.)

Rudenz zu den Vorigen.

Rudenz (rasch eintretend).

Lebt er? O saget, kann er mich noch hören?

Walther Fürst

(deutet hin mit weggewandtem Gesicht).

Ihr seid jetzt unser Lehensherr und Schirmer,
Und dieses Schloß hat einen andern Namen.

Rudenz

(erblickt den Leichnam und steht von heftigem Schmerz ergriffen).

O gül'ger Gott! — Kommt meine Reu' zu spät?

oreiller. Ses mains inanimées tiennent encore celles de Furst et de Stauffacher, qui le regardent longtemps en silence, puis se retirent et se livrent à leur douleur. Pendant ce temps, les serviteurs du baron sont entrés. Ils s'approchent avec les signes d'une douleur plus ou moins vive. Les uns s'agenouillent près de lui et versent des larmes sur ses mains. Pendant cette scène muette, la cloche du château sonne.)

RUDENZ *entre à la hâte.* Vit-il encore? Oh! dites-moi, pourra-t-il m'entendre?

WALTHER FURST *montre Attinghausen en détournant le visage.* Vous êtes à présent notre seigneur et notre protecteur, et ce château a changé de maître.

RUDENZ *regarde le corps de son oncle, et reste saisi d'une violente douleur.* O Dieu! mon repentir a-t-il été trop tardif? Que n'a-

Konnt' er nicht wen'ge Pulse länger leben,
Um mein geändert Herz zu seh'n?
Verachtet hab' ich seine treue Stimme,
Da er noch wandelte im Licht — Er ist
Dahin, ist fort auf immerdar, und läßt mir
Die schwere unbezahlte Schuld! — O saget!
Schied er dahin in Unmuth gegen mich?

Stauffacher.

Er hörte sterbend noch, was Ihr gethan,
Und segnete den Muth, mit dem Ihr spracht —

Rudenz

(kniet an dem Todten nieder).

Ja, heil'ge Reste eines theuren Mannes!
Entseelter Leichnam! Hier gelob' ich dir's
In deine kalte Todtenhand — zerrissen
Hab' ich auf ewig alle fremden Bande;
Zurückgegeben bin ich meinem Volk;
Ein Schweizer bin ich, und ich will es sein
Von ganzer Seele — —

(aufstehend.)

Trauert um den Freund,
Den Vater aller, doch verzaget nicht!
Nicht blos sein Erbe ist mir zugefallen;

t-il pu vivre quelques instants de plus, pour voir mon cœur changé? J'ai méprisé sa noble voix alors qu'il jouissait encore de la lumière. Maintenant il n'est plus, il nous a quitté pour toujours, et il me laisse une grande dette à acquitter. Oh! dites, est-il mort irrité contre moi?

STAUFFACHER. Il a appris en mourant ce que vous avez fait, et il a béni le courage avec lequel vous avez parlé.

RUDENZ, *à genoux devant le mort.* Oui, restes sacrés d'un oncle chéri; dépouille inanimée, je le jure sur ces mains glacées par la mort, j'ai rompu pour toujours les liens étrangers, je suis revenu à ma patrie, je suis et je veux être de toute mon âme un vrai Suisse. (*Il se lève.*) Pleurez sur votre ami, sur votre père à tous, mais ne désespérez pas. Je n'hérite pas seulement de ses richesses; son cœur

Es steigt sein Herz, sein Geist auf mich herab,
Und leisten soll euch meine frische Jugend,
Was euch sein greises Alter schuldig blieb.
—Ehrwürd'ger Vater, gebt mir Eure Hand!
Gebt m : die Eurige! Melchthal, auch Ihr!
Bedenkt Euch nicht! O, wendet Euch nicht weg!
Empfanget meinen Schwur und mein Gelübde!

Walther Fürst.

Gebt ihm die Hand! Sein wiederkehrend Herz
Verdient Vertrau'n.

Melchthal.

Ihr habt den Landmann nichts geachtet.
Sprecht, wessen soll man sich zu Euch verseh'n?

Rudenz.

O, denket nicht des Irrthums meiner Jugend!

Stauffacher (zu Melchthal).

Seid einig! war das letzte Wort des Vaters.
Gedenket dessen!

Melchthal.

Hier ist meine Hand!
Des Bauern Handschlag, edler Herr, ist auch

et son esprit descendent sur moi, et ce que vous espériez de sa vieillesse, ma jeunesse pleine de force l'accomplira. Mon vénérable père, donnez-moi votre main, la vôtre, Stauffacher, et vous aussi, Melchthal. Oh! n'hésitez pas, ne vous détournez pas, recevez ma foi et mes serments.

WALTHER FURST. Donnez-lui la main; son cœur qui revient à nous mérite notre confiance.

MELCHTHAL. Vous avez traité avec dédain le paysan. Parlez, que devons-nous attendre de vous?

RUDENZ. Oh! ne pensez pas à l'erreur de ma jeunesse.

STAUFFACHER, *à Melchthal*. Soyez unis! tel a été le dernier mot de notre père. Pensez-y.

MELCHTHAL. Voici ma main. La promesse d'un paysan, noble sei-

Ein Manneswort! Was ist der Ritter ohne uns?
Und unser Stand ist älter als der Eure.

Rudenz.

Ich ehr' ihn, und mein Schwert soll ihn beschützen.

Melchthal.

Der Arm, Herr Freiherr, der die harte Erde
Sich unterwirft und ihren Schooß befruchtet,
Kann auch des Mannes Brust beschützen.

Rudenz.

Ihr
Sollt meine Brust, ich will die eure schützen,
So sind wir einer durch den andern stark.
— Doch wozu reden, da das Vaterland
Ein Raub noch ist der fremden Tyrannei?
Wenn erst der Boden rein ist von dem Feind,
Dann wollen wir's in Frieden schon vergleichen.

(Nachdem er einen Augenblick inne gehalten.)

Ihr schweigt? Ihr habt mir nichts zu sagen? Wie?
Verdien' ich's noch nicht, daß ihr mir vertraut?
So muß ich wider euren Willen mich
In das Geheimniß eures Bundes drängen.
—Ihr habt getagt—geschworen auf dem Rütli—
Ich weiß— weiß alles, was ihr dort verhandelt,

gneur, est aussi une parole d'honneur. Que serait le chevalier sans nous? Notre ordre est plus ancien que le vôtre.

RUDENZ. Je l'honore, et mon épée le protégera.

MELCHTHAL. Seigneur baron, le bras qui dompte et qui féconde un sol ingrat peut aussi défendre la poitrine de l'homme.

RUDENZ. Vous défendrez la mienne, et moi je défendrai la vôtre. Ainsi nous serons forts l'un par l'autre. Mais à quoi bon parler, quand la patrie est encore la proie de la tyrannie étrangère? C'est lorsque le sol sera délivré de ses ennemis que nous réglerons en paix cette question. (*Après un moment de silence.*) Vous vous taisez? Vous n'avez rien à me dire? Comment? N'ai-je pas encore mérité que vous ayez confiance en moi? Eh bien! il faut donc que malgré vous je pénètre dans le secret de votre alliance. Vous avez tenu une assemblée au Rutli, vous avez prêté serment, je le sais;

Und was mir nicht von euch vertrauet ward,
Ich hab's bewahrt gleich wie ein heilig Pfand.
Nie war ich meines Landes Feind, glaubt mir,
Und niemals hätt' ich gegen euch gehandelt.
—Doch übel thatet ihr, es zu verschieben,
Die Stunde dringt, und rascher That bedarf's—
Der Tell ward schon das Opfer eures Säumens—

Stauffacher.

Das Christfest abzuwarten, schwuren wir.

Rudenz.

Ich war nicht dort, ich hab' nicht mit geschworen.
Wartet ihr ab, ich handle.

Melchthal.

Was? Ihr wolltet—

Rudenz.

Des Landes Vätern zähl' ich mich jetzt bei,
Und meine erste Pflicht ist, euch zu schützen.

Walther Fürst.

Der Erde diesen theuren Staub zu geben,
Ist Eure nächste Pflicht und heiligste.

Rudenz.

Wenn wir das Land befreit, dann legen wir

je sais tout ce que vous avez fait, et ce qui ne m'a pas été confié par vous, je l'ai gardé comme un dépôt sacré. Je n'ai jamais été l'ennemi de mon pays, croyez-moi, et je n'aurais jamais agi contre vous. Mais vous avez mal fait de différer, le temps presse, et veut qu'on agisse promptement. Tell a déjà été la victime de vos retards.

STAUFFACHER. Nous avons juré d'attendre jusqu'à la fête de Noël.

RUDENZ. Je n'étais pas là, je n'ai pas juré. Si vous attendez, moi, j'agis.

MELCHTHAL. Quoi! vous voudriez...

RUDENZ. Je me compte maintenant au nombre des chefs du pays, et mon premier devoir est de vous protéger.

WALTHER FURST. Rendre à la terre cette dépouille précieuse est votre premier, votre plus saint devoir.

RUDENZ. Quand nous aurons délivré le pays, nous poserons sur le

Den frischen Kranz des Siegs ihm auf die Bahre.
—O Freunde! Eure Sache nicht allein,
Ich habe meine eigne auszufechten
Mit dem Tyrannen—Hört und wißt! Verschwunden
Ist meine Bertha, heimlich weggeraubt
Mit kecker Frevelthat aus unsrer Mitte!

Stauffacher.

Solcher Gewaltthat hätte der Tyrann
Wider die freie Edle sich verwogen?

Rudenz.

O meine Freunde! Euch versprach ich Hülfe,
Und ich zuerst muß sie von euch erfleh'n.
Geraubt, entrissen ist mir die Geliebte;
Wer weiß, wo sie der Wüthende verbirgt,
Welcher Gewalt sie frevelnd sich erkühnen,
Ihr Herz zu zwingen zum verhaßten Band!
Verlaßt mich nicht, o helft mir sie erretten —
Sie liebt euch, o, sie hat's verdient ums Land,
Daß alle Arme sich für sie bewaffnen —

Walther Fürst.

Was wollt Ihr unternehmen?

Rudenz.

Weiß ich's? Ach!

cercueil la noble couronne de la victoire. O mes amis! ce n'est pas seulement votre cause que je défends contre les tyrans, c'est la mienne. Écoutez; apprenez tout. Ma Berthe a disparu, elle a été secrètement enlevée du milieu de nous par un crime audacieux.

STAUFFACHER. Le tyran se serait permis une telle violence envers une personne libre et noble?

RUDENZ. Oh! mes amis, je vous ai promis mon secours, et je suis obligé de commencer par implorer le vôtre. On a ravi, on a enlevé ma bien-aimée. Qui sait où le barbare la cache? à quelle violence coupable il ose recourir pour contraindre son cœur à des liens odieux? Ne m'abandonnez pas! oh! aidez-moi à la sauver. Elle vous chérit, et elle mérite par son dévouement pour la patrie que tous les bras s'arment pour la défendre.

WALTHER FURST. Que voulez-vous entreprendre?

RUDENZ. Le sais-je? Hélas! dans les ténèbres qui enveloppent son

In dieser Nacht, die ihr Geschick umhüllt,
In dieses Zweifels ungeheurer Angst,
Wo ich nichts Festes zu erfassen weiß,
Ist mir nur dieses in der Seele klar:
Unter den Trümmern der Tyrannenmacht
Allein kann sie hervor gegraben werden.
Die Vesten alle müssen wir bezwingen,
Ob wir vielleicht in ihren Kerker dringen.

Melchthal.

Kommt, führt uns an! Wir folgen Euch. Warum
Bis morgen sparen, was wir heut' vermögen?
Frei war der Tell, als wir im Rütli schwuren;
Das Ungeheure war noch nicht geschehen.
Es bringt die Zeit ein anderes Gesetz;
Wer ist so feig, der jetzt noch könnte zagen?

Rudenz

(zu Stauffacher und Walther Fürst).

Indeß bewaffnet und zum Werk bereit
Erwartet ihr der Berge Feuerzeichen;
Denn schneller, als ein Botensegel fliegt,
Soll euch die Botschaft unsers Siegs erreichen

sort, dans l'affreuse anxiété de mon incertitude, je ne puis m'arrêter à aucune pensée déterminée. Une seule chose apparaît clairement à mon âme, c'est que je ne pourrai la découvrir que sous les débris de la tyrannie, et que nous devons nous emparer de toutes les forteresses; peut-être pénétrerons-nous ainsi dans son cachot.

MELCHTHAL. Venez, conduisez-nous, nous vous suivons. Pourquoi remettre à demain ce que nous pouvons faire aujourd'hui? Tell était libre quand nous avons prêté serment au Rutli; ce crime n'avait point encore été commis. Autre temps, autres devoirs. Qui serait assez lâche pour hésiter encore?

RUDENZ, *à Stauffacher et à Walther Furst.* Armez-vous et tenez-vous prêts. Attendez le signal de feu qui brillera sur les montagnes; plus rapide que la voile du batelier, il vous portera la nouvelle de

Und seht ihr leuchten die willkommnen Flammen,
Dann auf die Feinde stürzt wie Wetters Strahl,
Und brecht den Bau der Tyrannei zusammen!

(Gehen ab.)

Dritte Scene.

Die hohle Gasse bei Küßnacht.

Man steigt von hinten zwischen Felsen herunter, und die Wanderer werden, ehe sie auf der Scene erscheinen, schon von der Höhe gesehen. Felsen umschließen die ganze Scene; auf einer der vordersten ist ein Vorsprung mit Gesträuch bewachsen.

Tell (tritt auf mit der Armbrust).

Durch diese hohle Gasse muß er kommen,
Es führt kein andrer Weg nach Küßnacht—Hier
Vollend' ich's—Die Gelegenheit ist günstig.
Dort der Hollunderstrauch verbirgt mich ihm;
Von dort herab kann ihn mein Pfeil erlangen;
Des Weges Enge wehret den Verfolgern.

notre victoire. Quand vous verrez ces heureuses flammes, tombez sur l'ennemi comme l'éclair, et renversez l'édifice de la tyrannie. (*Ils s'en vont.*)

SCÈNE III.

Un chemin creux près de Kussnacht. On descend par derrière entre des rochers, et avant que les voyageurs arrivent sur la scène, on les voit déjà sur la hauteur. Des rochers de tous côtés; un d'eux forme un avancement couvert d'arbrisseaux.

TELL *s'avance avec son arbalète.* Il faut qu'il passe par ce chemin creux; aucun autre ne mène à Kussnacht. C'est ici que j'exécute mon projet; l'occasion est favorable. Ces sureaux me dérobent à sa vue; de cette hauteur, mon trait peut l'atteindre. Cet étroit sentier arrête re

Mach' deine Rechnung mit dem Himmel, Vogt!
Fort mußt du, deine Uhr ist abgelaufen.

Ich lebte still und harmlos — Das Geschoß
War auf des Waldes Thiere nur gerichtet,
Meine Gedanken waren rein von Mord —
Du hast aus meinem Frieden mich heraus
Geschreckt; in gährend Drachengift hast du
Die Milch der frommen Denkart mir verwandelt;
Zum Ungeheuren hast du mich gewöhnt —
Wer sich des Kindes Haupt zum Ziele setzte,
Der kann auch treffen in das Herz des Feinds.

Die armen Kindlein, die unschuldigen,
Das treue Weib muß ich vor deiner Wuth
Beschützen, Landvogt — Da, als ich den Bogenstrang
Anzog — als mir die Hand erzitterte —
Als du mit grausam teufelischer Lust
Mich zwangst, aufs Haupt des Kindes anzulegen —

ceux qui me poursuivraient. Règle ton compte avec le ciel, bailli! c'en est fait de toi; ton heure a sonné.

Je vivais innocent et paisible! — ma flèche n'était dirigée que contre les animaux des forêts; mes idées étaient pures de meurtre. C'est toi qui m'as arraché à cette paix, toi qui as changé en poison la douceur de mes pieuses pensées; toi qui m'as familiarisé avec l'homicide. Celui qui s'est choisi pour but la tête de son enfant peut aussi atteindre le cœur d'un ennemi.

Mes pauvres et innocents enfants, ma fidèle compagne, il faut que je les mette à l'abri de tes fureurs, bailli. Lorsque je tendis la corde de mon arc, lorsque ma main tremblait, lorsque tu me forçais

Als ich ohnmächtig flehend rang vor dir,
Damals gelobt' ich mir in meinem Innern
Mit furchtbarm Eidschwur, den nur Gott gehört,
Daß meines nächsten Schusses erstes Ziel
Dein Herz sein sollte—Was ich mir gelobt
In jenes Augenblickes Höllenqualen,
Ist eine heil'ge Schuld; ich will sie zahlen.

Du bist mein Herr und meines Kaisers Vogt;
Doch nicht der Kaiser hätte sich erlaubt,
Was du—Er sandte dich in diese Lande,
Um Recht zu sprechen—strenges, denn er zürnet—
Doch nicht, um mit der mörderischen Lust
Dich jedes Greuels straflos zu erfrechen;
Es lebt ein Gott, zu strafen und zu rächen.

Komm' du hervor, du Bringer bittrer Schmerzen,

avec un sourire infernal à viser la tête de mon enfant, lorsque je me tordais devant toi, prodiguant d'impuissantes supplications, alors je me jurai à moi-même, avec un serment redoutable entendu de Dieu seul, que le premier but de ma première flèche serait ton cœur. Ce que je me promis dans ce moment d'effroyable torture est une dette sacrée; je veux la payer.

Tu es mon seigneur et le bailli de mon Empereur; mais l'Empereur lui-même ne se serait pas permis ce que tu as osé. Il t'a envoyé dans ce pays pour rendre la justice—une justice sévère, car il est irrité; mais non pour te faire un jeu cruel du meurtre et du crime. Il est au ciel un Dieu qui punit et qui venge!

Viens, ma flèche, toi qui portes l'amère douleur, maintenant mon

Mein theures Kleinod jetzt, mein höchster Schatz—
Ein Ziel will ich dir geben, das bis jetzt
Der frommen Bitte undurchdringlich war—
Doch dir soll es nicht widersteh'n—Und du,
Vertraute Bogensehne, die so oft
Mir treu gedient hat in der Freude Spielen,
Verlaß mich nicht im fürchterlichen Ernst.
Nur jetzt noch halte fest, du treuer Strang,
Der mir so oft den herben Pfeil beflügelt—
Entränn' er jetzo kraftlos meinen Händen,
Ich habe keinen zweiten zu versenden.

(Wanderer gehen über die Scene.)

Auf diese Bank von Stein will ich mich setzen,
Dem Wanderer zur kurzen Ruh' bereitet—
Denn hier ist keine Heimath—Jeder treibt
Sich an dem andern rasch und fremd vorüber,
Und fraget nicht nach seinem Schmerz—Hier geht

précieux joyau, mon plus cher trésor. Je veux t'assigner un but, jusqu'à ce jour inaccessible aux saintes prières, mais qui ne te résistera point. Et toi, ma corde fidèle, qui, mainte fois, m'as servi dans mes joyeux passe-temps, ne me fais pas défaut dans cette épreuve terrible. Tiens bon pour cette fois encore, toi qui as si souvent donné des ailes à ma flèche mortelle. Si celle-là s'échappait sans force de mes mains, je n'en ai pas une seconde à lancer. (*Des voyageurs traversent la scène.*)

Asseyons-nous sur ce banc de pierre, qui offre au voyageur un instant de repos, car ce lieu n'est la patrie de personne. Chacun le traverse rapidement et avec indifférence, sans s'occuper des peines des autres. Là passe le marchand soucieux, le pèlerin léger de bagage, le

Der sorgenvolle Kaufmann und der leicht
Geschürzte Pilger—der andächt'ge Mönch,
Der düstre Räuber und der heitre Spielmann,
Der Säumer mit dem schwer beladnen Roß,
Der ferne herkommt von der Menschen Ländern;
Denn jede Straße führt ans End' der Welt.
Sie alle ziehen ihres Weges fort
An ihr Geschäft—und meines ist der Mord!

(Setzt sich.)

Sonst wenn der Vater auszog, liebe Kinder,
Da war ein Freuen, wenn er wieder kam;
Denn niemals kehrt' er heim, er bracht' euch etwas,
War's eine schöne Alpenblume, war's
Ein seltner Vogel oder Ammonshorn,
Wie es der Wandrer findet auf den Bergen—
Jetzt geht er einem andern Waidwerk nach;
Am wilden Weg sitzt er mit Mordgedanken;

moine pieux, le brigand au regard sombre, le joyeux ménétrier, le colporteur avec son cheval pesamment chargé, qui arrive des pays lointains, car chaque route conduit aux extrémités du monde. Tous poursuivent leur voyage, et vont à leurs affaires — la mienne c'est le meurtre.

Autrefois, chers enfants, si votre père quittait la maison, quelle joie à son retour! Il ne revenait jamais sans vous rapporter, soit une belle fleur des Alpes, soit un oiseau rare, ou un coquillage, comme le voyageur en trouve sur les montagnes. Maintenant, c'est une autre proie qu'il poursuit. Il est assis sur le bord de cette route sauvage, avec des pensées de meurtre. Son regard inquiet

Des Feindes Leben ist's, worauf er lauert.
—Und doch an euch nur denkt er, liebe Kinder,
Auch jetzt—Euch zu vertheid'gen, eure holde Unschuld
Zu schützen vor der Rache des Tyrannen,
Will er zum Morde jetzt den Bogen spannen.

(Steht auf.)

Ich laure auf ein edles Wild—Läßt sich's
Der Jäger nicht verdrießen, Tage lang
Umher zu streifen in des Winters Strenge,
Von Fels zu Fels den Wagesprung zu thun,
Hinan zu klimmen an den glatten Wänden,
Wo er sich anleimt mit dem eignen Blut,
—Um ein armselig Graththier zu erjagen.
Hier gilt es einen köstlicheren Preis,
Das Herz des Todfeinds, der mich will verderben.

(Man hört von ferne eine heitre Musik, welche sich nähert.)

Mein ganzes Leben lang hab' ich den Bogen

attend l'ennemi dont il veut la mort. Et pourtant, c'est à vous seuls qu'il pense, chers enfants, même à cette heure. C'est pour vous protéger, pour arracher à la rage du tyran votre aimable innocence, qu'il a maintenant tendu l'arc homicide. (*Il se lève.*)

Je guette une noble proie. Le chasseur ne se lasse point de battre la campagne tout le jour, dans les rigueurs de l'hiver. Au péril de sa vie il s'élance de roc en roc, il se cramponne aux flancs unis des glaciers, qu'il rougit de son sang—pour atteindre un misérable chamois. J'ambitionne ici un plus noble prix, le cœur de l'ennemi mortel, qui veut me perdre. (*On entend de loin une musique animée qui s'approche.*) Toute ma vie, j'ai manié l'arc, et

Gehandhabt, mich geübt nach Schützenregel;
Ich habe oft geschossen in das Schwarze,
Und manchen schönen Preis mir heimgebracht
Vom Freudenschießen — Aber heute will ich
Den Meisterschuß thun, und das Beste mir
Im ganzen Umkreis des Gebirgs gewinnen.

(Eine Hochzeit zieht über die Scene und durch den Hohlweg hinauf. Tell betrachtet sie, auf seinen Bogen gelehnt; Stüssi, der Flurschütz, gesellt sich zu ihm.)

Stüssi.

Das ist der Klostermei'r von Mörlischachen,
Der hier den Brautlauf hält — Ein reicher Mann;
Er hat wol zehen Senten auf den Alpen.
Die Braut holt er jetzt ab zu Imisee,
Und diese Nacht wird hoch geschwelgt zu Küßnacht.

me suis exercé au tir; dans nos luttes joyeuses j'ai souvent frappé le but, et rapporté à la maison mainte belle couronne. — Aujourd'hui, je veux faire un coup de maître et remporter le plus glorieux prix qui puisse se trouver dans l'enceinte de nos montagnes. (*Une noce passe sur la scène, en montant par le chemin creux. Tell la regarde, appuyé sur son arbalète. Stussi le messier s'approche de lui.*)

STUSSI. C'est le métayer du couvent de Mœrlischachen qui célèbre aujourd'hui sa noce, homme riche, qui possède bien dix troupeaux sur les Alpes. Il va chercher sa fiancée à Imisée; cette nuit il

Kommt mit! 's ist jeder Biedermann geladen.

Tell.

Ein ernster Gast stimmt nicht zum Hochzeithaus.

Stüssi.

Drückt Euch ein Kummer, werft ihn frisch vom Herzen!
Nehmt mit, was kommt, die Zeiten sind jetzt schwer;
Drum muß der Mensch die Freude leicht ergreifen,
Hier wird gefreit und anderswo begraben.

Tell.

Und oft kommt gar das eine zu dem andern.

Stüssi.

So geht die Welt nun. Es gibt allerwegen
Unglücks genug — Ein Ruffi ist gegangen
Im Glarner Land und eine ganze Seite
Vom Glärnisch eingesunken.

Tell.

Wanken auch
Die Berge selbst? Es steht nichts fest auf Erden.

Stüssi.

Auch anderswo vernimmt man Wunderdinge.
Da sprach ich einen, der von Baden kam.

y aura grand festin à Kussnacht. Venez avec nous; tous les braves gens sont invités.

TELL. Un convive triste n'est pas le bienvenu dans une noce.

STUSSI. Si quelque chagrin vous oppresse, bannissez-le gaiement de votre cœur. Prenez ce qui se présente; les temps sont rudes, voilà pourquoi l'homme doit prendre la joie au passage. Ici un mariage, ailleurs un enterrement.

TELL. Et souvent l'on passe de l'un à l'autre.

STUSSI. Ainsi va maintenant le monde. Les malheurs ne manquent nulle part. Il y a eu un éboulement dans le canton de Glaris, et tout un côté du Glaernisch s'est écroulé.

TELL. Les montagnes elles-mêmes chancellent. Il n'y a donc rien de solide sur la terre?

STUSSI. Ailleurs aussi on raconte des choses merveilleuses. Je parlais

Ein Ritter wollte zu dem König reiten,
Und unterwegs begegnet ihm ein Schwarm
Von Hornissen, die fallen auf sein Roß,
Das es vor Marter todt zu Boden sinkt,
Und er zu Fuße ankommt bei dem König.

Tell.

Dem Schwachen ist sein Stachel auch gegeben.

(Armgart kommt mit mehreren Kindern und stellt sich an den Eingang des Hohlwegs.)

Stüssi.

Man deutet's auf ein großes Landesunglück,
Auf schwere Thaten wider die Natur.

Tell.

Dergleichen Thaten bringet jeder Tag;
Kein Wunderzeichen braucht sie zu verkünden.

Stüssi.

Ja, wohl dem, der sein Feld bestellt in Ruh',
Und ungekränkt daheimsitzt bei den Seinen.

Tell.

Es kann der Frömmste nicht im Frieden bleiben,

récemment à un homme qui arrivait de Bade. Il m'a raconté qu'un chevalier voulait aller voir le roi : en route il rencontre un essaim de frelons qui se jettent sur son cheval et le tourmentent tellement que l'animal tombe mort, et le chevalier arrive à pied chez le roi.

TELL. Le faible a aussi son aiguillon. (*Hermengarde arrive avec plusieurs enfants et se place à l'entrée du chemin.*)

STUSSI. On regarde cela comme un présage de quelque grand malheur pour le pays, de quelque événement monstrueux.

TELL. Chaque jour il se passe des faits de ce genre, et il n'est besoin d'aucun signe merveilleux pour les annoncer.

STUSSI. Heureux celui qui cultive paisiblement son champ et reste au milieu des siens à l'abri du malheur!

TELL. L'homme le plus doux ne peut vivre en paix, si cela déplaît

Wenn es dem bösen Nachbar nicht gefällt.

(Tell sieht oft mit unruhiger Erwartung nach der Höhe des Weges.)

Stüssi.

Gehabt Euch wohl! — Ihr wartet hier auf jemand?

Tell.

Das thu' ich.

Stüssi.

Frohe Heimkehr zu den Euren!
— Ihr seid aus Uri? Unser gnäd'ger Herr,
Der Landvogt, wird noch heut' von dort erwartet.

Wandrer (kommt).

Den Vogt erwartet heut' nicht mehr! Die Wasser
Sind ausgetreten von dem großen Regen,
Und alle Brücken hat der Strom zerrissen.

(Tell steht auf.)

Armgart (kommt vorwärts).

Der Landvogt kommt nicht?

Stüssi.

Sucht Ihr was an ihn?

Armgart.

Ach, freilich!

à un méchant voisin. (*Tell regarde avec impatience vers le haut du chemin.*)

STUSSI. Adieu. Vous attendez ici quelqu'un?

TELL. Oui.

STUSSI. Je vous souhaite un heureux retour chez vous. Vous êtes d'Uri? Notre gracieux maître, le bailli, doit en revenir aujourd'hui même.

UN VOYAGEUR *qui arrive*. N'attendez plus le gouverneur aujourd'hui. Les eaux ont débordé par suite des grandes pluies, et le torrent a rompu tous les ponts. (*Tell se lève.*)

HERMENGARDE *s'avance*. Le bailli ne viendra pas?

STUSSI. Avez-vous quelque chose à lui demander?

HERMENGARDE. Hélas, oui.

Stüssi.

Warum stellet Ihr euch den
In dieser hohlen Gass' ihm in den Weg?

Armgart.

Hier weicht er mir nicht aus, er muß mich hören.

Frießhardt.

(kommt eilfertig den Hohlweg herab, und ruft in die Scene).

Man fahre aus dem Weg! — Mein gnäd'ger Herr,
Der Landvogt, kommt dicht hinter mir geritten.

(Tell geht ab.)

Armgart (lebhaft).

Der Landvogt kommt!

(Sie geht mit ihren Kindern nach der vordern Scene. Geßler und Rudolph der Harras zeigen sich zu Pferd auf der Höhe des Wegs.)

Stüssi (zum Frießhardt).

Wie kamt ihr durch das Wasser,
Da doch der Strom die Brücken fortgeführt?

Frießhardt.

Wir haben mit dem See gefochten, Freund,
Und fürchten uns vor keinem Alpenwasser.

STUSSI. Pourquoi vous placez-vous donc sur son passage dans ce chemin creux?

HERMENGARDE. Ici, il ne pourra m'éviter. Il faudra qu'il m'entende.

FRIESSHARDT *descend rapidement le chemin creux et crie sur la scène.* Faites place. Voici monseigneur le bailli qui me suit de près. (*Tell se retire.*)

HERMENGARDE, *vivement.* Le bailli vient! (*Elle va avec ses enfants sur le devant de la scène. Gessler et Rodolphe Harras se montrent à cheval sur la hauteur.*)

STUSSI, *à Friesshardt.* Comment avez-vous pu traverser les rivières, puisque les ponts ont été emportés?

FRIESSHARDT. Nous avons lutté contre le lac, mon ami, et nous ne craignons pas les torrents des Alpes.

Stüssi.

Ihr wart zu Schiff in dem gewalt'gen Sturm?

Frießhardt.

Das waren wir. Mein Lebtag denk' ich dran—

Stüssi.

O bleibt, erzählt!

Frießhardt.

Laß mich, ich muß voraus,
Den Landvogt muß ich in der Burg verkünden.

(Ab.)

Stüssi.

Wär'n gute Leute auf dem Schiff gewesen,
In Grund gesunken wär's mit Mann und Maus,
Dem Volk kann weder Wasser bei, noch Feuer.

(Er sieht sich um.)

Wo kam der Waidmann hin, mit dem ich sprach?

(Geht ab.)

Geßler und Rudolph der Harras zu Pferd

Geßler.

Sagt, was ihr wollt, ich bin des Kaisers Diener,
Und muß drauf denken, wie ich ihm gefalle.
Er hat mich nicht ins Land geschickt, dem Volk

STUSSI. Vous étiez sur une barque pendant la terrible tempête?

FRIESSHARDT. Oui, nous y étions, et toute ma vie j'y penserai.

STUSSI. Oh! restez, racontez-nous...

FRIESSHARDT. Laissez-moi, il faut que je prenne les devants pour annoncer l'arrivée du gouverneur au château. (*Il s'éloigne.*)

STUSSI. Si ce bateau eût porté de braves gens, il eût été englouti corps et biens; cette race est à l'abri de l'eau et du feu. (*Il regarde autour de lui.*) Qu'est donc devenu le chasseur avec qui je parlais? (*Il s'éloigne.*)

GESSLER, *à cheval, causant avec Rodolphe Harras.* Dites ce que vous voudrez, je suis l'agent de l'Empereur et je dois songer à lui plaire. Il ne m'a pas envoyé dans ce pays pour flatter le peuple et le

Zu schmeicheln und ihm sanft zu thun—Gehorsam
Erwartet er, der Streit ist, ob der Bauer
Soll Herr sein in dem Land, oder der Kaiser.

Armgart.

Jetzt ist der Augenblick! Jetzt bring' ich's an!

(Nähert sich furchtsam.)

Geßler.

Ich hab den Hut nicht aufgesteckt zu Altdorf
Des Scherzes wegen, oder um die Herzen
Des Volks zu prüfen; diese kenn' ich längst.
Ich hab' ihn aufgesteckt, daß sie den Nacken
Mir lernen beugen, den sie aufrecht tragen—
Das Unbequeme hab' ich hingepflanzt
Auf ihren Weg, wo sie vorbeigeh'n müssen,
Daß sie drauf stoßen mit dem Aug', und sich
Erinnern ihres Herrn, den sie vergessen.

Rudolph der Harras.

Das Volk hat aber doch gewisse Rechte—

traiter avec douceur. Il veut qu'on lui obéisse, et la question est de savoir si c'est le paysan qui sera le maître dans le pays ou l'Empereur.

HERMENGARDE. Voici le moment. Je vais présenter ma demande. (*Elle s'approche avec inquiétude.*)

GESSLER. Je n'ai pas fait placer ce chapeau à Altorf par plaisanterie, ni pour éprouver le cœur de ce peuple. Je le connais depuis longtemps. Je l'ai placé là pour qu'ils apprennent à courber cette tête qu'ils lèvent orgueilleusement. J'ai mis ce chapeau incommode sur la route par laquelle ils doivent passer, pour qu'il frappe leurs regards et leur rappelle le maître qu'ils oublient.

RODOLPHE. Le peuple a cependant certains droits...

Geßler.

Die abzuwägen, ist jetzt keine Zeit!
— Weitschicht'ge Dinge sind im Werk und Werden,
Das Kaiserhaus will wachsen; was der Vater
Glorreich begonnen, will der Sohn vollenden.
Dieß kleine Volk ist uns ein Stein im Weg —
So oder so — Es muß sich unterwerfen.

(Sie wollen vorüber. Die Frau wirft sich vor dem Landvogt nieder.)

Armgart.

Barmherzigkeit, Herr Landvogt! Gnade! Gnade!

Geßler.

Was bringt Ihr Euch auf offner Straße mir
In Weg? — Zurück!

Armgart.

Mein Mann liegt im Gefängniß;
Die armen Waisen schrei'n nach Brod — Habt Mitleid,
Gestrenger Herr, mit unserm großen Elend!

GESSLER. Ce n'est pas le moment de les peser... De grandes choses se préparent et vont s'accomplir. La maison impériale veut grandir. Ce que le père a glorieusement commencé, le fils veut l'achever. Ce petit peuple est une pierre sur notre route. D'une façon ou de l'autre... il faut qu'il se soumette. (*Ils veulent passer. Hermengarde se jette à genoux devant le bailli.*)

HERMENGARDE. Miséricorde! monseigneur. Grâce! grâce!

GESSLER. Pourquoi vous jetez-vous sur mon chemin? Arrière! retirez-vous!

HERMENGARDE. Mon mari est en prison. Mes pauvres orphelins demandent du pain.... Mon seigneur, ayez pitié de notre grande misère.

Rudolph der Harras.

Wer seid Ihr? Wer ist Euer Mann?

Armgart.

Ein armer
Wildheuer, guter Herr, vom Rigiberge,
Der überm Abgrund weg das freie Gras
Abmähet von den schroffen Felsenwänden,
Wohin das Vieh sich nicht getraut zu steigen —

Rudolph der Harras (zum Landvogt).

Bei Gott, ein elend und erbärmlich Leben!
Ich bitt' Euch, gebt ihn los, den armen Mann!
Was er auch Schweres mag verschuldet haben,
Strafe genug ist sein entsetzlich Handwerk.

(Zu der Frau.)

Euch soll Recht werden — Drinnen auf der Burg
Nennt Eure Bitte — Hier ist nicht der Ort.

Armgart.

Nein, nein, ich weiche nicht von diesem Platz,
Bis mir der Vogt den Mann zurückgegeben!
Schon in den sechsten Mond liegt er im Thurm,

RODOLPHE. Qui êtes-vous? Quel est votre mari?

HERMENGARDE. Mon bon seigneur, c'est un pauvre faucheur du Rigi, qui va couper l'herbe libre sur l'abîme des rocs escarpés, dans les lieux où les bestiaux n'osent pas se risquer.

RODOLPHE, *au bailli*. Par le ciel! c'est une triste et misérable vie. Je vous en prie, relâchez ce malheureux; quelque faute qu'il ait commise, son affreux métier est une assez grande punition. (*A Hermengarde.*) On vous rendra justice. Venez au château présenter votre requête. Ce n'est pas ici le lieu.

HERMENGARDE. Non, non, je ne quitterai pas cette place que le bailli ne m'ait rendu mon mari. Il y a déjà six mois qu'il est en pri-

Und harret auf den Richterspruch vergebens.

Geßler.

Weib, wollt Ihr mir Gewalt anthun? Hinweg!

Armgart

Gerechtigkeit, Landvogt! Du bist der Richter
Im Lande an des Kaisers Statt und Gottes.
Thu' deine Pflicht! So du Gerechtigkeit
Vom Himmel hoffest, so erzeig' sie uns!

Geßler.

Fort! Schafft das freche Volk mir aus den Augen!

Armgart

(greift in die Zügel des Pferdes).

Nein, nein, ich habe nichts mehr zu verlieren.
—Du kommst nicht von der Stelle, Vogt, bis du
Mir Recht gesprochen—Falte deine Stirne,
Rolle die Augen, wie du willst—Wir sind
So grenzenlos unglücklich, daß wir nichts
Nach deinem Zorn mehr fragen —

Geßler.

Weib, mach' Platz,
Oder mein Roß geht über dich hinweg.

son, et il attend vainement la sentence du juge.

GESSLER. Femme, voulez-vous donc me faire violence? Arrière!

HERMENGARDE. Justice, bailli! Tu es juge dans ce pays à la place de Dieu et de l'Empereur. Fais ton devoir. Si tu veux qu'il te soit fait justice au ciel, rends-nous justice.

GESSLER. Allons, que l'on chasse de mes yeux ce peuple insolent.

HERMENGARDE *saisit la bride de son cheval.* Non, non, je n'ai plus rien à perdre. Tu n'iras pas plus loin, bailli, avant de m'avoir rendu justice. Fronce le sourcil, roule tes yeux menaçants tant que tu voudras. Notre misère est si extrême, que nous ne nous inquiétons plus de ta colère.

GESSLER. Femme, éloigne-toi, ou mon cheval te passera sur le corps.

Armgart.

Lass' es über mich dahin geh'n — Da —

(Sie reißt ihre Kinder zu Boden und wirft sich mit ihnen ihm in den Weg.)

Hier lieg' ich
Mit meinen Kindern — Lass' die armen Waisen
Von deines Pferdes Huf zertreten werden!
Es ist das Aergste nicht, was du gethan —

Rudolph der Harras.

Weib, seid Ihr rasend?

Armgart (heftiger fortfahrend).

Tratest du doch längst
Das Land des Kaisers unter deine Füße!
— O, ich bin nur ein Weib! Wär' ich ein Mann,
Ich wüßte wohl was Besseres, als hier
Im Staub zu liegen —

(Man hört die vorige Musik wieder auf der Höhe des Wegs, aber gedämpft.)

Geßler.

Wo sind meine Knechte?
Man reiße sie von hinnen, oder ich
Vergesse mich und thue, was mich reuet.

ERMENGARDE. Eh bien! qu'il passe... Tiens... (*Elle pousse ses enfants par terre et se met avec eux au milieu du chemin.*) Me voici avec mes enfants... Écrase ces pauvres orphelins sous les pieds de ton cheval. Ce ne sera pas la plus affreuse de tes cruautés...

RODOLPHE. Femme, vous êtes donc folle?

HERMENGARDE, *avec plus de force.* Tu foules bien depuis longtemps la terre de l'Empereur sous tes pieds. Oh! je ne suis qu'une femme; si j'étais un homme, je sais bien qu'il y aurait quelque chose de mieux à faire que de me prosterner ici dans la poussière. (*On entend de nouveau la musique sur la hauteur, mais dans le lointain.*)

GESSLER. Où sont mes serviteurs? Qu'on arrache cette femme d'ici, ou je ne me retiens plus, et je ferai ce dont je pourrais me repentir.

Rudolph der Harras.

Die Knechte können nicht hindurch, o Herr!
Der Hohlweg ist gesperrt durch eine Hochzeit.

Geßler.

Ein allzumilder Herrscher bin ich noch
Gegen dies Volk—die Zungen sind noch frei,
Es ist noch nicht ganz, wie es soll, gebändigt—
Doch es soll anders werden, ich gelob' es,
Ich will ihn brechen, diesen starren Sinn,
Den kecken Geist der Freiheit will ich beugen.
Ein neu Gesetz will ich in diesen Landen
Verkündigen—Ich will—

(Ein Pfeil durchbohrt ihn; er fährt mit der Hand ans Herz und will sinken. Mit matter Stimme:)

Gott sei mir gnädig!

Rudolph der Harras.

Herr Landvogt—Gott, was ist das? Woher kam das?

Armgart (auffahrend).

Mord! Mord! Er taumelt, sinkt! Er ist getroffen!

RODOLPHE. Vos serviteurs ne peuvent passer. Le chemin est embarrassé par une noce.

GESSLER. Je suis pour ce peuple un maître trop doux encore. Les langues sont encore libres; ces gens ne sont pas domptés comme ils devraient l'être. Mais cela changera, je le jure. Je veux briser cette opiniâtre résistance, je veux faire plier cet impudent esprit de liberté, je veux promulguer dans cette contrée une nouvelle loi... Je veux.. (*Un trait le frappe. Il porte la main sur son cœur et chancelle. D'une voix étouffée, il dit :*) Que Dieu ait pitié de moi!

RODOLPHE. Monseigneur! Dieu! qu'est-ce donc! D'où vient cela?

HERMENGARDE *s'élançant.* Au meurtre! au meurtre! Il chancelle; il tombe; il est frappé.

Rudolph der Harras

(springt vom Pferde).

Welch gräßliches Ereigniß—Gott—Herr Ritter—
Ruft die Erbarmung Gottes an!—Ihr seid
Ein Mann des Todes!

Geßler.

Das ist Tell's Geschoß.

(Ist vom Pferd herab dem Rudolph Harras in den Arm gegleitet und wird auf der Bank niedergelassen.)

Tell

erscheint oben auf der Höhe des Felsens).

Du kennst den Schützen, suche keinen andern!
Frei sind die Hütten, sicher ist die Unschuld
Vor dir, du wirst dem Lande nicht mehr schaden!

(Verschwindet von der Höhe. Volk stürzt herein.)

Stüssi (voran).

Was gibt es hier? Was hat sich zugetragen?

Armgart.

Der Landvogt ist von einem Pfeil durchschossen.

RODOLPHE *saute à bas de son cheval.* Quel horrible événement! Dieu!... Seigneur chevalier! invoquez la clémence du ciel. Vous êtes un homme mort!

GESSLER. C'est la flèche de Tell. (*Il tombe du cheval dans les bras de Rodolphe, qui le dépose sur le banc de pierre.*)

TELL *se montre sur le haut du rocher.* Tu connais l'archer; n'en cherche pas un autre. Les chaumières sont libres, l'innocence n'a plus rien à craindre de toi, tu ne feras plus de mal au pays. (*Il disparaît. Le peuple accourt.*)

STUSSI. Qu'y a-t-il? que s'est-il passé?

ERMENGARDE. Le bailli a été percé d'une flèche.

Volk (im Hereinstürzen).

Wer ist erschossen?

(Indem die Vordersten von dem Brautzug auf die Scene kommen, sind die Hintersten noch auf der Höhe, und die Musik geht fort.)

Rudolph der Harras.

Er verblutet sich.
Fort, schaffet Hülfe! Setzt dem Mörder nach!
—Verlorner Mann; so muß es mit dir enden;
Doch meine Warnung wolltest du nicht hören!

Stüssi.

Bei Gott! Da liegt er bleich und ohne Leben!

Viele Stimmen.

Wer hat die That gethan?

Rudolph der Harras.

Ras't dieses Volk,
Daß es dem Mord Musik macht? Laßt sie schweigen!

(Musik bricht plötzlich ab, es kommt noch mehr Volk nach.)

Herr Landvogt, redet, wenn Ihr könnt—Habt Ihr
Mir nichts mehr zu vertrauen?

LE PEUPLE *entrant en tumulte.* Qui a été frappé? (*Pendant qu'une partie de la noce s'avance sur la scène, le reste est encore sur la hauteur, et la musique continue.*)

RODOLPHE. Il perd tout son sang! Allez! du secours! Poursuivez le meurtrier. Malheureux homme! mourir ainsi! Mais tu ne voulais pas écouter mes avertissements.

STUSSI. Par le ciel! Le voilà pâle et inanimé.

PLUSIEURS VOIX. Qui a fait le coup?

RODOLPHE. Ce peuple est-il donc fou de continuer ainsi sa musique auprès d'un mort? Faites-les taire. (*La musique cesse tout à coup. La foule augmente.*) Parlez, seigneur, si vous le pouvez... N'avez-vous plus rien à me confier? (*Gessler fait un signe de la*

(Geßler gibt Zeichen mit der Hand, die er mit Heftigkeit wiederholt, da sie nicht gleich verstanden werden.)

Wo soll ich hin?
—Nach Küßnacht? Ich versteh' Euch nicht—O werdet
Nicht ungeduldig—Laßt das Irdische!
Denkt jetzt, Euch mit dem Himmel zu versöhnen!

(Die ganze Hochzeitgesellschaft umsteht den Sterbenden mit einem fühllosen Grausen.)

Stüssi.

Sieh, wie er bleich wird—Jetzt, jetzt tritt der Tod
Ihm an das Herz—die Augen sind gebrochen.

Armgart

(hebt ein Kind empor).

Seht, Kinder, wie ein Wüthrich verscheidet!

Rudolph der Harras.

Wahnsinn'ge Weiber, habt ihr kein Gefühl,
Daß ihr den Blick an diesem Schreckniß weidet?
—Helft — leget Hand an—Steht mir niemand bei,

main, il le répète avec impatience, en s'apercevant qu'il n'est pas compris.) Où dois-je aller?... à Kussnacht... Je ne vous comprends pas... Oh! soyez résigné... Quittez les pensées terrestres... Songez à vous réconcilier avec le ciel. (*Toute la noce entoure le mourant avec effroi et indifférence.*)

STUSSI. Voyez comme il pâlit! Maintenant la mort gagne le cœur... ses yeux sont éteints.

HERMENGARDE *élève un de ses enfants dans ses bras.* Voyez, enfants, comment meurt un tyran.

RODOLPHE. Femmes insensées! n'avez-vous donc aucun sentiment, pour repaître ainsi vos regards de cet affreux spectacle? Aidez-moi:

Den Schmerzenspfeil ihm aus der Brust zu ziehn?

WEIBER (treten zurück).

Wir ihn berühren, welchen Gott geschlagen!

RUDOLPH DER HARRAS.

Fluch treff' euch und Verdammniß!

(Zieht das Schwert.)

STÜSSI (fällt ihm in den Arm).

Wagt es, Herr!
Eu'r Walten hat ein Ende. Der Tyrann
Des Landes ist gefallen. Wir erdulden
Keine Gewalt mehr. Wir sind freie Menschen.

ALLE (tumultuarisch).

Das Land ist frei!

RUDOLPH DER HARRAS.

Ist es dahin gekommen
Endet die Furcht so schnell und der Gehorsam?

(Zu den Waffenknechten, die hereindringen.)

Ihr seht die grausenvolle That des Mords,
Die hier geschehen—Hülfe ist umsonst—
Vergeblich ist's, dem Mörder nachzusetzen.

secourez-le... Personne ne m'aidera donc à retirer cette cruelle flèche de sa poitrine?

LES FEMMES *reculent*. Nous, toucher à celui que Dieu a frappé!

RODOLPHE. Que la malédiction tombe sur vous! (*Il tire son épée.*)

STUSSI *arrête son bras*. N'essayez pas, seigneur... Votre pouvoir est fini; le tyran du pays est tombé. Nous ne supporterons plus aucune violence; nous sommes libres.

TOUS, *en tumulte*. La contrée est libre!

RODOLPHE. En sommes-nous venus là? La crainte et l'obéissance ont-elles sitôt disparu? (*Aux hommes d'armes qui approchent.*) Vous voyez le meurtre affreux qui vient d'être commis; tout secours est inutile, et c'est en vain qu'on voudrait poursuivre le meurtrier.

Uns drängen andre Sorgen—Auf, nach Küßnacht,
Daß wir dem Kaiser seine Veste retten!
Denn aufgelöst in diesem Augenblick
Sind aller Ordnung, aller Pflichten Bande,
Und keines Mannes Treu' ist zu vertrauen.

(Indem er mit den Waffenknechten abgeht, erscheinen sechs barmherzige Brüder).

Armgart.

Platz! Platz! da kommen die barmherz'gen Brüder.

Stüssi.

Das Opfer liegt—Die Raben steigen nieder.

Barmherzige Brüder

(schließen einen Halbkreis um den Todten und singen in tiefem Ton):

Rasch tritt der Tod den Menschen an;
Es ist ihm keine Frist gegeben;
Es stürzt ihn mitten in der Bahn,
Es reißt ihn fort vom vollen Leben.
Bereitet oder nicht, zu gehen,
Er muß vor seinem Richter stehen!

(Indem die letzten Zeilen wiederholt werden, fällt der Vorhang.)

D'autres soucis nous pressent... Vite à Kussnacht; conservons à l'Empereur sa forteresse; car dans ce moment, tous les liens de l'ordre et du devoir sont rompus, et l'on ne peut plus compter sur la fidélité de personne. (*Il se retire avec sa suite, et l'on voit arriver six frères de la charité.*)

HERMENGARDE. Place! place! voici les frères de la charité.

STUSSI. La victime est là; les corbeaux descendent.

LES FRÈRES *forment un demi-cercle autour du mort, et chantent d'un ton grave.* « La mort atteint l'homme en un instant; nul délai « ne lui est accordé. Il est renversé au milieu de sa carrière, il est « emporté dans la plénitude de la vie. Qu'il soit prêt ou non à partir, « il faut qu'il paraisse devant son juge. » (*Pendant qu'on répète ces derniers mots, le rideau tombe.*)

Fünfter Aufzug.

Erste Scene.

Öffentlicher Platz bei Altdorf.

Im Hintergrunde rechts die Veste Zwing-Uri mit dem noch stehenden Baugerüste, wie in der dritten Scene des ersten Aufzugs; links eine Aussicht in viele Berge hinein, auf welchen allen Signalfeuer brennen. Es ist eben Tagesanbruch Glocken ertönen aus verschiedenen Fernen.

Ruodi, Kuoni, Werni, Meister Steinmetz
und viele andere Landleute, auch Weiber und Kinder.

Ruodi.

Seht ihr die Feu'rsignale auf den Bergen?

ACTE CINQUIÈME.

SCÈNE I.

Place publique d'Altorf.

Dans le fond, à droite, on voit le château fort d'Uri avec ses échafaudages encore debout, comme dans la troisième scène du premier acte; à gauche, la vue s'étend sur plusieurs montagnes au-dessus desquelles brillent les signaux de feu. Le jour commence à poindre, les cloches sonnent de différents côtés.

RUODI, KUONI, WERNI, LE MAITRE TAILLEUR DE PIERRE *et beaucoup d'autres habitants;* DES FEMMES *et* DES ENFANTS.

RUODI. Voyez-vous sur les montagnes ces signaux de feu?

Steinmetz.

Hört ihr die Glocken drüben überm Wald?

Ruodi.

Die Feinde sind verjagt.

Steinmetz.

Die Burgen sind erobert.

Ruodi.

Und wir im Lande Uri dulden noch
Auf unserm Boden das Tyrannenschloß?
Sind wir die letzten, die sich frei erklären?

Steinmetz.

Das Joch soll stehen, das uns zwingen wollte?
Auf, reißt es nieder!

Alle.

Nieder! Nieder! Nieder!

Ruodi.

Wo ist der Stier von Uri?

Stier von Uri.

Hier. Was soll ich?

Ruodi.

Steigt auf die Hochwacht, blast in Euer Horn,

LE TAILLEUR DE PIERRE. Entendez-vous les cloches qui sonnent de l'autre côté de la forêt?

RUODI. Les ennemis sont chassés.

LE TAILLEUR DE PIERRE. Les forteresses sont prises.

RUODI. Et nous, habitants d'Uri, nous souffrons encore ce château des tyrans sur notre sol! Serons-nous donc les derniers à nous déclarer libres?

LE TAILLEUR DE PIERRE. Faut-il laisser debout ce joug qui devait nous opprimer? Allons, renversez-le.

TOUS. A bas! à bas! à bas!

RUODI. Où est la trompe d'Uri?

LA TROMPE D'URI. Me voici; que faut-il faire?

RUODI. Allez sur la hauteur et sonnez de votre trompe. Que le

Daß es weitschmetternd in die Berge schalle,
Und, jedes Echo in den Felsenklüften
Aufweckend, schnell die Männer des Gebirgs
Zusammenrufe!

(Stier von Uri geht ab. Walther Fürst kommt.)

Walther Fürst.

Haltet, Freunde! Haltet!
Noch fehlt uns Kunde, was in Unterwalden
Und Schwytz geschehen. Laßt uns Boten erst
Erwarten!

Ruodi.

Was erwarten? Der Tyrann
Ist todt, der Tag der Freiheit ist erschienen.

Steinmetz.

Ist's nicht genug an diesen flammenden Boten,
Die rings herum auf allen Bergen leuchten?

Ruodi.

Kommt alle, kommt, legt Hand an, Männer und Weiber!
Brecht das Gerüste! Sprengt die Bogen! Reißt
Die Mauern ein! Kein Stein bleib' auf dem andern!

---

bruit en retentisse au loin dans les montagnes, et réveillant l'écho de chaque grotte, appelle à la hâte les montagnards! (*La trompe d'Uri s'en va. Walther Furst arrive.*)

ALTHER FURST. Arrêtez, amis, arrêtez; nous ignorons encore ce qui s'est passé à Unterwald et à Schwytz. Attendons un message.

RUODI. Pourquoi attendre? Le tyran est mort, le jour de la liberté est arrivé.

LE TAILLEUR DE PIERRE. Et ces feux allumés sur toutes les montagnes qui nous environnent ne sont-ils pas un message suffisant?

RUODI. Venez tous, venez, mettez la main à l'œuvre. Hommes et femmes, brisez ces échafaudages: faites sauter les voûtes, renversez les murailles. Qu'il ne reste pas pierre sur pierre!

Steinmetz.

Gesellen, kommt! Wir haben's aufgebaut;
Wir wissen's zu zerstören.

Alle.

Kommt, reißt nieder!

(Sie stürzen sich von allen Seiten auf den Bau.)

Walther Fürst.

Es ist im Lauf. Ich kann sie nicht mehr halten.

Melchthal und Baumgarten kommen.

Melchthal.

Was? Steht die Burg noch, und Schloß Sarnen liegt
In Asche, und der Roßberg ist gebrochen?

Walther Fürst.

Seid Ihr es, Melchthal? Bringt Ihr uns die Freiheit?
Sagt, sind die Lande alle rein vom Feind?

Melchthal (umarmt ihn).

Rein ist der Boden. Freut Euch, alter Vater!
In diesem Augenblicke, da wir reden,
Ist kein Tyrann mehr in der Schweizer Land.

Walther Fürst.

O sprecht, wie wurdet Ihr der Burgen mächtig?

LE TAILLEUR DE PIERRE. Venez, compagnons; nous avons bâti cet édifice, nous saurons le détruire.

TOUS. Renversons-le. (*Ils se précipitent de tout côté sur l'édifice.*)

WALTHER FURST. L'élan est donné. Je ne puis plus les retenir. (*Arrivent Melchthal et Baumgarten.*)

MELCHTHAL. Quoi! cette forteresse est encore debout, tandis que Sarnen est en cendres et que Rossberg est détruit?

WALTHER FURST. Est-ce vous, Melchthal? Nous apportez-vous la liberté? Dites : les cantons sont-ils délivrés de l'ennemi?

MELCHTHAL *l'embrasse.* Notre sol est libre. Réjouissez-vous, mon vieux père. Au moment où je vous parle, il n'y a plus de tyran sur la terre des Suisses.

WALTHER FURST. Oh! dites, comment vous êtes-vous emparés des forteresses?

Melchthal

Der Rudenz war es, der das Sarner-Schloß
Mit männlich kühner Wagethat gewann.
Den Roßberg hatt' ich Nachts zuvor erstiegen.
—Doch höret, was geschah. Als wir das Schloß
Vom Feind geleert, nun freudig angezündet,
Die Flamme prasselnd schon zum Himmel schlug,
Da stürzt der Diethelm, Geßlers Bub', hervor,
Und ruft, daß die Bruneckerin verbrenne.

Walther Fürst.

Gerechter Gott!

(Man hört die Balken des Gerüstes stürzen.)

Melchthal.

Sie war es selbst, war heimlich
Hier eingeschlossen auf des Vogts Geheiß.
Rasend erhub sich Rudenz—denn wir hörten
Die Balken schon, die festen Pfosten stürzen,
Und aus dem Rauch hervor den Jammerruf
Der Unglückseligen.

Walther Fürst.

Sie ist gerettet?

MELCHTHAL. C'est Rudenz qui, avec une mâle audace, s'est rendu maître du château de Sarnen. La nuit précédente, moi, j'avais escaladé le Rossberg. Mais écoutez ce qui est arrivé. Nous avions chassé l'ennemi, nous venions de mettre joyeusement le feu au château, et déjà la flamme montait au ciel, lorsque Dietelm, le valet de Gessler, s'élance du fort et s'écrie que la dame de Bruneck est la proie du feu.

WALTHER FURST. Juste Dieu! (*On entend les échafaudages s'écrouler.*)

MELCHTHAL. C'était elle-même; elle avait été renfermée secrètement dans ce château par ordre du bailli. Rudenz s'élance avec rage, car nous entendions déjà les poutres et les massifs poteaux qui s'écroulaient, et les cris de détresse de la malheureuse perçaient à travers la fumée.

WALTHER FURST. Est-elle sauvée?

Melchthal.

Da galt Geschwindsein und Entschlossenheit!
—Wär' er nur unser Edelmann gewesen,
Wir hätten unser Leben wohl geliebt;
Doch er war unser Eidgenoß, und Bertha
Ehrte das Volk—So setzten wir getrost
Das Leben dran, und stürzten in das Feuer.

Walther Fürst.

Sie ist gerettet?

Melchthal.

Sie ist's. Rudenz und ich,
Wir trugen sie selbander aus den Flammen,
Und hinter uns fiel krachend das Gebälk.
—Und jetzt, als sie gerettet sich erkannte,
Die Augen aufschlug zu dem Himmelslicht,
Jetzt stürzte mir der Freiherr an das Herz,
Und schweigend ward ein Bündniß jetzt beschworen,
Das, fest gehärtet in des Feuers Gluth,
Bestehen wird in allen Schicksalsproben—

Walther Fürst.

Wo ist der Landenberg?

MELCHTHAL. Il fallait ici de la résolution et de la promptitude. Si Rudenz n'eût été qu'un gentilhomme, nous aurions pris garde à notre vie; mais c'était notre allié, et Berthe honorait le peuple. Aussi, nous avons bravement risqué notre vie, et nous nous sommes précipités dans le feu.

WALTHER FURST. Est-elle sauvée?

MELCHTHAL. Oui, elle l'est. Rudenz et moi nous l'avons emportée du milieu des flammes, tandis que les poutres craquaient et se brisaient derrière nous. Et lorsqu'elle s'est vue sauvée et qu'elle a ouvert les yeux à la lumière du ciel, le baron s'est jeté dans mes bras; j'ai reçu en silence le serment d'une alliance qui, scellée dans l'ardeur du feu, résistera à toutes les épreuves du destin.

WALTHER FURST. Où est Laudenberg?

Melchthal.

Ueber den Brünig.
Nicht lag's an mir, daß er das Licht der Augen
Davon trug, der den Vater mir geblendet.
Nach jagt' ich ihm, erreicht' ihn auf der Flucht,
Und riß ihn zu den Füßen meines Vaters.
Geschwungen über ihn war schon das Schwert;
Von der Barmherzigkeit des blinden Greises
Erhielt er flehend das Geschenk des Lebens.
Urfehde schwur er, nie zurück zu kehren;
Er wird sie halten; unsern Arm hat er
Gefühlt.

Walther Fürst.

Wohl Euch, daß ihr den reinen Sieg
Mit Blute nicht geschändet!

Kinder

(eilen mit Trümmern des Gerüstes über die Scene).

Freiheit! Freiheit!

(Das Horn von Uri wird mit Macht geblasen.)

Walther Fürst.

Seht, welch ein Fest! Des Tages werden sich
Die Kinder spät als Greise noch erinnern.

MELCHTHAL. Par delà le Brunig. S'il jouit encore de la lumière, lui qui a rendu mon père aveugle, cela n'a pas dépendu de moi. J'ai couru à sa poursuite, je l'ai atteint, je l'ai traîné aux pieds de mon père. Déjà mon épée était levée sur sa tête, il a imploré la miséricorde du vieillard aveugle, et elle lui a sauvé la vie. Mais il a juré de s'exiler du pays et de n'y jamais revenir. Il tiendra son serment, car il a senti la force de notre bras.

WALTHER FURST. Honneur à vous de n'avoir pas souillé de sang cette noble victoire.

DES ENFANTS *courent sur la scène avec les débris de l'échafaudage*. Liberté! liberté! (*La trompe d'Uri sonne avec force.*)

WALTHER FURST. Voyez quelle fête! Ces enfants se souviendront

(Mädchen bringen den Hut auf einer Stange getragen; die ganze Scene füllt sich mit Volk an.)

Ruodi.

Hier ist der Hut, dem wir uns beugen mußten.

Baumgarten.

Gebt uns Bescheid, was damit werden soll.

Walther Fürst.

Gott! Unter diesem Hute stand mein Enkel!

Mehrere Stimmen.

Zerstört das Denkmal der Tyrannenmacht
Ins Feuer mit ihm!

Walther Fürst.

Nein, laßt ihn aufbewahren!
Der Tyrannei mußt' er zum Werkzeug dienen;
Er soll der Freiheit ewig Zeichen sein!

(Die Landleute, Männer, Weiber und Kinder stehen und sitzen auf den Balken des zerbrochenen Gerüstes malerisch gruppirt in einem großen Halbkreis umher.)

Melchthal.

So stehen wir nun fröhlich auf den Trümmern

encore dans leur vieillesse de ce jour glorieux. (*Des jeunes filles portent le chapeau sur une perche. Le peuple envahit le théâtre.*)

RUODI. Voici le chapeau devant lequel nous devions nous courber.

BAUMGARTEN. Eh bien, dites, qu'en faut-il faire?

WALTHER FURST. Dieu! c'est sous ce chapeau que se tenait mon petit-fils.

PLUSIEURS VOIX. Détruisez ce signe de la tyrannie. Jetez-le au feu.

WALTHER FURST. Non; conservons-le. Il devait servir d'instrument à la tyrannie; qu'il soit le symbole éternel de la liberté! (*Les paysans, hommes, femmes, enfants, assis ou debout en un grand demi-cercle sur les débris des échafaudages, forment des groupes pittoresques.*)

MELCHTHAL. Nous voilà donc debout avec joie sur les débris de la

Der Tyrannei, und herrlich ist's erfüllt,
Was wir im Rütli schwuren, Eidgenossen!

Walther Fürst.

Das Werk ist angefangen, nicht vollendet.
Jetzt ist uns Muth und feste Eintracht noth;
Denn seid gewiß, nicht säumen wird der König,
Den Tod zu rächen seines Vogts, und den
Vertriebnen mit Gewalt zurück zu führen.

Melchthal.

Er zieh' heran mit seiner Heeresmacht!
Ist aus dem Innern doch der Feind verjagt;
Dem Feind von außen wollen wir begegnen.

Ruodi.

Nur wen'ge Pässe öffnen ihm das Land;
Die wollen wir mit unsern Leibern decken.

Baumgarten.

Wir sind vereinigt durch ein ewig Band,
Und seine Heere sollen uns nicht schrecken!

tyrannie. Confédérés, ce que nous avons juré au Rutli est glorieusement accompli.

WALTHER FURST. L'entreprise est commencée, mais non pas achevée. C'est à présent qu'il nous faut du courage et une constante union: car, soyez-en sûrs, le roi ne tardera pas à vouloir venger la mort de son bailli, et nous ramener de force celui que nous avons chassé.

MELCHTHAL. Qu'il vienne avec ses armées! Maintenant que nous avons chassé l'ennemi intérieur, nous saurons bien nous défendre contre celui du dehors.

RUODI. Un petit nombre de passages lui ouvrent le pays. Nous y ferons de nos corps une barrière infranchissable.

BAUMGARTEN. Nous sommes unis par un lien éternel, et ses troupes ne nous effraieront pas. (*Arrivent Rœsselmann et Stauffacher.*)

Rösselmann und Stauffacher kommen.

Rösselmann (im Eintreten).

Das sind des Himmels furchtbare Gerichte.

Landleute.

Was gibt's?

Rösselmann.

In welchen Zeiten leben wir!

Walther Fürst.

Sagt an, was ist es? Ha, seid Ihr's, Herr Werner!
Was bringt Ihr uns?

Landleute.

Was gibt's?

Rösselmann.

Hört und erstaunt!

Stauffacher.

Von einer großen Furcht sind wir befreit—

Rösselmann.

Der Kaiser ist ermordet.

Walther Fürst.

Gnäd'ger Gott!

(Landleute machen einen Aufstand und umdrängen den Stauffacher.)

Alle.

Ermordet! Was? Der Kaiser! Hört! Der Kaiser!

ROESSELMANN *en entrant*. Les jugements du ciel sont terribles.
LES PAYSANS. Qu'y a-t-il?
ROESSELMANN. Dans quels temps vivons-nous!
WALTHER FURST. Parlez! qu'y a-t-il donc? Ah! vous voici, Werner! quelle nouvelle nous apportez-vous?
LES PAYSANS. Qu'y a-t-il?
ROESSELMANN. Écoutez l'étonnante nouvelle.
STAUFFACHER. Nous sommes délivrés d'une grande crainte. L'Empereur a été assassiné.
WALTHER FURST. Dieu de miséricorde! (*Les habitants se pressent en tumulte autour de Stauffacher.*)
TOUS. Assassiné! Quoi! L'Empereur! Écoutez! L'Empereur!

Melchthal.

Nicht möglich! Woher kam Euch diese Kunde?

Stauffacher.

Es ist gewiß. Bei Brugg fiel König Albrecht
Durch Mörders Hand — ein glaubenswerther Mann,
Johannes Müller, bracht' es von Schaffhausen.

Walther Fürst.

Wer wagte solche grauenvolle That?

Stauffacher.

Sie wird noch grauenvoller durch den Thäter.
Es war sein Neffe, seines Bruders Kind,
Herzog Johann von Schwaben, der's vollbrachte.

Melchthal.

Was trieb ihn zu der That des Vatermords?

Stauffacher.

Der Kaiser hielt das väterliche Erbe
Dem ungeduldig Mahnenden zurück;
Es hieß, er denk' ihn ganz darum zu kürzen,
Mit einem Bischofshut ihn abzufinden.
Wie dem auch sei — der Jüngling öffnete
Der Waffenfreunde bösem Rath sein Ohr,

MELCHTHAL. Cela n'est pas possible. D'où vous vient cette nouvelle?

STAUFFACHER. Cela est certain. L'Empereur Albert est tombé, près de Bruck, sous le coup d'un assassin. Un homme digne de foi, Jean Müller, a apporté cette nouvelle de Schaffhouse.

WALTHER FURST. Qui a osé commettre cet horrible crime?

STAUFFACHER. Le nom de l'assassin le rend plus horrible encore. C'est son neveu, le fils de son frère, le duc Jean de Souabe, qui a commis ce meurtre.

MELCHTHAL. Quel motif a pu le porter à ce parricide?

STAUFFACHER. L'Empereur retenait son héritage paternel et le refusait à ses impatientes réclamations. On dit même qu'il songeait à l'en frustrer, en offrant à son neveu la mitre épiscopale. Quoi qu'il en soit, le jeune prince prêta l'oreille aux méchants conseils de ses

Und mit den edeln Herrn von Eschenbach,
Von Tägerfelden, von der Wart und Palm
Beschloß er, da er Recht nicht konnte finden,
Sich Rach' zu holen mit der eignen Hand.

Walther Fürst.

O sprecht, wie ward das Gräßliche vollendet?

Stauffacher.

Der König ritt herab vom Stein zu Baden,
Gen Rheinfeld, wo die Hofstatt war, zu zieh'n,
Mit ihm die Fürsten, Hans und Leopold,
Und ein Gefolge hochgeborner Herren.
Und als sie kamen an die Reuß, wo man
Auf einer Fähre sich läßt übersetzen,
Da drängten sich die Mörder in das Schiff,
Daß sie den Kaiser vom Gefolge trennten.
Drauf als der Fürst durch ein geackert Feld
Hinreitet — eine alte große Stadt
Soll drunter liegen aus der Heiden Zeit —

compagnons d'armes, et avec les seigneurs d'Eschenbach, de Tægerfeld, de Wart et de Palm, il résolut, puisqu'on lui refusait justice, de se venger de sa propre main.

WALTHER FURST. Dites-nous comment cet affreux événement s'est accompli.

STAUFFACHER. L'Empereur descendait de Stein à Baden pour rentrer à Rheinfeld où était la cour. Il avait avec lui les princes Jean et Léopold et une suite nombreuse de grands seigneurs. Quand il fut arrivé près de la Reuss, à l'endroit où on la traverse en bateau, les meurtriers se hatèrent d'entrer dans la barque, de manière à séparer l'Empereur de sa suite. Arrivé à l'autre bord, lorsque le prince passait dans un champ labouré, près des ruines d'une ancienne cité construite par les païens, en face de l'antique forteresse de Habs-

Die alte Veste Habsburg im Gesicht,
Wo seines Stammes Hoheit ausgegangen —
Stößt Herzog Hans den Dolch ihm in die Kehle,
Rudolph von Palm durchrennt ihn mit dem Speer,
Und Eschenbach zerspaltet ihm das Haupt,
Daß er heruntersinkt in seinem Blut,
Gemordet von den Seinen, auf dem Seinen.
Am andern Ufer sahen sie die That,
Doch durch den Strom geschieden, konnten sie
Nur ein ohnmächtig Wehgeschrei erheben;
Am Wege aber saß ein armes Weib;
In ihrem Schooß verblutete der Kaiser.

Melchthal.

So hat er nur sein frühes Grab gegraben,
Der unersättlich alles wollte haben!

Stauffacher.

Ein ungeheurer Schrecken ist im Land umher.
Gesperrt sind alle Pässe des Gebirgs;
Jedweder Stand verwahret seine Gränzen;
Die alte Zürich selbst schloß ihre Thore,

bourg, d'où est sortie sa race illustre, le duc Jean lui enfonça le poignard dans la gorge, Rodolphe de Palm le perça de sa lance, et Eschenbach lui fendit la tête. L'Empereur tombe baigné dans son sang, égorgé par les siens, sur son propre domaine. De la rive opposée, ses compagnons, témoins de ce meurtre, mais séparés de lui par la rivière, ne peuvent que pousser des cris de douleur impuissants. Une pauvre femme était assise au bord de la route. L'Empereur a expiré dans ses bras.

MELCHTHAL. Ainsi il est descendu au tombeau avant le temps, lui dont l'avidité insatiable voulait s'emparer de tout.

STAUFFACHER. La terreur règne dans toute la contrée. Tous les passages des montagnes sont fermés, chaque canton garde ses frontières. La vieille Zurich elle-même a fermé ses portes pour la pre-

Die dreißig Jahr lang offen standen, zu,
Die Mörder fürchtend, und noch mehr — die Rächer.
Denn mit des Bannes Fluch bewaffnet, kommt
Der Ungarn Königinn, die strenge Agnes,
Die nicht die Milde kennet ihres zarten
Geschlechts, des Vaters königliches Blut
Zu rächen an der Mörder ganzem Stamm,
An ihren Knechten, Kindern, Kindeskindern,
Ja, an den Steinen ihrer Schlösser selbst.
Geschworen hat sie, ganze Zeugungen
Hinabzusenden in des Vaters Grab,
In Blut sich wie in Maienthau zu baden.

Melchthal.

Weiß man, wo sich die Mörder hingeflüchtet?

Stauffacher.

Sie flohen alsbald nach vollbrachter That
Auf fünf verschiednen Straßen aus einander,
Und trennten sich, um nie sich mehr zu seh'n —
Herzog Johann soll irren im Gebirge.

mière fois depuis trente ans, tant elle craint les meurtriers, et plus encore les vengeurs; car la reine de Hongrie, la sévère Agnès, qui n'a rien de la douceur de son sexe, s'approche armée de la proscription, pour venger le sang royal de son père sur toute la race des meurtriers, sur leurs serviteurs, leurs enfants et leurs petits-enfants, et sur les pierres mêmes de leurs châteaux. Elle a juré d'immoler sur le tombeau de son père des générations entières et de se baigner dans le sang comme dans une fraîche rosée.

MELCHTHAL. Sait-on où les assassins ont fui?

STAUFFACHER. Aussitôt après avoir commis leur crime, ils ont pris des chemins différents et se sont séparés pour ne plus se revoir. Le duc Jean, dit-on, erre dans les montagnes.

Walther Fürst.

So trägt die Unthat ihnen keine Frucht.
Rache trägt keine Frucht! Sich selbst ist sie
Die fürchterliche Nahrung, ihr Genuß
Ist Mord, und ihre Sättigung das Grausen.

Stauffacher.

Den Mördern bringt die Unthat nicht Gewinn;
Wir aber brechen mit der reinen Hand
Des blut'gen Frevels segenvolle Frucht.
Denn einer großen Furcht sind wir entledigt:
Gefallen ist der Freiheit größter Feind,
Und, wie verlautet, wird das Scepter geh'n
Aus Habsburgs Haus zu einem andern Stamm;
Das Reich will seine Wahlfreiheit behaupten.

Walther Fürst und mehrere.

Vernahmt Ihr was?

Stauffacher.

Der Graf von Luxemburg
Ist von den mehrsten Stimmen schon bezeichnet.

Walther Fürst.

Wohl uns, daß wir beim Reiche treu gehalten;

WALTHER FURST. Ainsi leur crime ne leur sera d'aucun profit. La vengeance est stérile. Elle se sert à elle-même d'un horrible aliment; sa jouissance est le meurtre; et c'est par l'horreur qu'elle s'assouvit.

STAUFFACHER. Le crime n'aura point profité aux assassins; mais nous, nous recueillerons, d'une main pure, la riche moisson de ce sanglant attentat, car nous sommes maintenant délivrés d'une grande crainte; le plus puissant ennemi de nos libertés est tombé, et l'on croit que le sceptre passera de la maison de Habsbourg à une autre race. L'Empire veut maintenir la liberté de son élection.

WALTHER FURST *et plusieurs autres.* En avez-vous appris quelque chose?

STAUFFACHER. Le comte de Luxembourg est désigné par le plus rand nombre de suffrages.

WALTHER FURST. Nous avons bien fait de rester fidèles à l'Empire.

Jetzt ist zu hoffen auf Gerechtigkeit!

Stauffacher.

Dem neuen Herrn thun tapfre Freunde noth;
Er wird uns schirmen gegen Oestreichs Rache.

(Die Landleute umarmen einander.)

Sigrist mit einem Reichsboten.

Sigrist.

Hier sind des Landes würd'ge Oberhäupter.

Rösselmann und mehrere.

Sigrist, was gibt's?

Sigrist.

Ein Reichsbot' bringt dieß Schreiben.

Alle (zu Walther Fürst).

Erbrecht und leset!

Walther Fürst (liest).

„Den bescheidnen Männern
Von Uri, Schwytz und Unterwalden bietet
Die Königinn Elsbeth Gnad' und alles Gute."

Viele Stimmen.

Was will die Königinn? Ihr Reich ist aus.

A présent, nous pouvons en espérer justice.

STAUFFACHER. Le nouvel Empereur a besoin d'amis dévoués, et il nous protégera contre la vengeance de l'Autriche. (*Les paysans s'embrassent entre eux.*)

LE SACRISTAIN *entre avec un messager de l'Empire.* Voici les dignes chefs de notre pays.

LE CURÉ *et plusieurs autres.* De quoi s'agit-il?

LE SACRISTAIN. C'est un messager de l'Empire qui apporte cette lettre.

TOUS *à Walther Furst.* Ouvrez et lisez.

WALTHER FURST *lit.* « Aux bons habitants d'Uri, de Schwytz et d'Unterwald, la reine Elisabeth, salut et prospérité. »

PLUSIEURS VOIX. Que veut la reine? Son règne est fini.

Walther Fürst (liest).

„In ihrem großen Schmerz und Wittwenleid,
Worein der blut'ge Hinscheid ihres Herrn
Die Königinn versetzt, gedenkt sie noch
Der alten Treu' und Lieb' der Schwyzerlande."

Melchthal.

In ihrem Glück hat sie das nie gethan.

Rösselmann.

Still! Lasset hören!

Walther Fürst (liest).

„Und sie versieht sich zu dem treuen Volk,
Daß es gerechten Abscheu werde tragen
Vor den verfluchten Thätern dieser That;
Darum erwartet sie von den drei Landen,
Daß sie den Mördern nimmer Vorschub thun,
Vielmehr getreulich dazu helfen werden,
Sie auszuliefern in des Rächers Hand,
Der Lieb' gedenkend und der alten Gunst,
Die sie von Rudolphs Fürstenhaus empfangen."

(Zeichen des Unwillens unter den Landleuten.)

WALTHER FURST *lit.* « Au milieu de sa grande douleur, dans le veuvage où la jette la mort sanglante de son époux, la reine a pensé à l'antique fidélité et à l'amour des Suisses. »

MELCHTHAL. Aux jours de son bonheur elle n'y a jamais pensé.

ROESSELMANN. Silence! écoutez!

WALTHER FURST *lit.* « Elle est persuadée que ce peuple fidèle éprouvera un juste sentiment d'horreur envers les hommes maudits qui ont commis ce crime. Elle espère que les trois cantons ne donneront aucune assistance aux meurtriers, qu'au contraire ils s'emploieront fidèlement à les remettre aux mains de la vengeance, se souvenant de l'amour et des faveurs que la maison de Rodolphe leur a toujours accordés. » (*Signes de mécontentement parmi les paysans.*)

Viele Stimmen.

Der Lieb' und Gunst!

Stauffacher.

Wir haben Gunst empfangen von dem Vater;
Doch wessen rühmen wir uns von dem Sohn?
Hat er den Brief der Freiheit uns bestätigt,
Wie vor ihm alle Kaiser doch gethan?
Hat er gerichtet nach gerechtem Spruch
Und der bedrängten Unschuld Schutz verleih'n?
Hat er auch nur die Boten wollen hören,
Die wir in unsrer Angst zu ihm gesendet?
Nicht Eins von diesem Allen hat der König
An uns gethan, und hätten wir nicht selbst
Uns Recht verschafft mit eigner muth'ger Hand,
Ihn rührte unsre Noth nicht an — Ihm Dank?
Nicht Dank hat er gesät in diesen Thälern.
Er stand auf einem hohen Platz, er konnte
Ein Vater seiner Völker sein; doch ihm
Gefiel es, nur zu sorgen für die Seinen:
Die er gemehrt hat, mögen um ihn weinen!

PLUSIEURS VOIX. L'amour et les faveurs!

STAUFFACHER. Nous avons reçu des témoignages de faveur du père; mais en quoi pouvons-nous nous louer du fils? A-t-il confirmé nos lettres de franchise comme tous les Empereurs l'avaient fait avant lui? A-t-il jugé d'après les lois de la justice, et prêté son appui à l'innocence opprimée? A-t-il seulement daigné entendre les messagers que nous lui avons envoyés dans notre anxiété? Non, il n'a rien fait de tout cela; et n'a-t-il pas fallu conquérir nos droits nous-mêmes par notre courage? Nos souffrances ne le touchaient point. De la reconnaissance à lui!... Ce n'est pas de la reconnaissance qu'il a semé dans ces vallées. Placé à un haut rang, il pouvait être le père de ses peuples, et il ne s'est occupé que de sa famille. Que ceux dont il a fait la fortune pleurent sur lui!

Walther Fürst.

Wir wollen nicht frohlocken seines Falls,
Nicht des empfangnen Bösen jetzt gedenken,
Fern sei's von uns! Doch, daß wir rächen sollten
Des Königs Tod, der nie uns Gutes that,
Und die verfolgen, die uns nie betrübten,
Das ziemt uns nicht und will uns nicht gebühren.
Die Liebe will ein freies Opfer sein;
Der Tod entbindet von erzwungnen Pflichten;
— Ihm haben wir nichts weiter zu entrichten.

Melchthal.

Und weint die Königin in ihrer Kammer,
Und klagt ihr wilder Schmerz den Himmel an,
So seht ihr hier ein angstbefreites Volk
Zu eben diesem Himmel dankend flehen —
Wer Thränen ernten will, muß Liebe säen.

(Reichsbote geht ab.)

Stauffacher (zu dem Volk).

Wo ist der Tell? Soll er allein uns fehlen,

WALTHER FURST. Nous voulons bien ne pas triompher de sa chute, ne pas nous souvenir maintenant des maux que nous avons soufferts. Loin de nous cette pensée! Mais venger la mort d'un souverain qui ne nous a jamais fait aucun bien, et persécuter ceux qui ne nous ont pas nui, cela ne nous convient pas, ce n'est pas *notre* affaire. L'amour se donne librement, et la mort nous a délivrés de toute contrainte. Nous n'avons plus aucun devoir à remplir envers lui.

MELCHTHAL. Que la reine pleure dans sa retraite, que sa douleur passionnée accuse le ciel. Ici vous voyez un peuple, affranchi de son angoisse, rendre grâces à ce même ciel. Celui qui veut mériter des larmes doit traiter les autres avec amour. (*Le messager s'en va.*)

STAUFFACHER *au peuple.* Où est Tell? Doit-il seul nous manquer,

Der unsrer Freiheit Stifter ist? Das Größte
Hat er gethan, das Härteste erduldet.
Kommt alle, kommt, nach seinem Haus zu wallen,
Und rufet Heil dem Retter von uns allen!

(Alle gehen ab.)

Zweite Scene.

Tells Hausflur.

Ein Feuer brennt auf dem Herd. Die offenstehende Thür zeigt ins Freie.

Hedwig. Walther und Wilhelm.

Hedwig.

Heut' kommt der Vater. Kinder, liebe Kinder!
Er lebt, ist frei, und wir sind frei und Alles
Und euer Vater ist's, der's Land gerettet.

Walther.

Und ich bin auch dabei gewesen, Mutter!
Mich muß man auch mit nennen. Vaters Pfeil

lui qui a fondé notre liberté? C'est lui qui a accompli la plus grande œuvre, qui a souffert la plus cruelle douleur. Venez tous, venez! Allons chez lui saluer notre libérateur à tous. (*Tous s'en vont.*)

SCÈNE II.

Le vestibule de la maison de Tell. Le feu est allumé dans le foyer. La porte entr'ouverte laisse voir la campagne.

HEDWIG, WALTHER *et* GUILLAUME.

HEDWIG. Le père arrive aujourd'hui. Mes enfants, mes chers enfants, il vit, il est libre, et nous sommes tous libres. C'est votre père qui a sauvé le pays.

WALTHER. Et moi aussi, ma mère, j'ai pris part à tout cela. Il faut

Ging mir am Leben hart vorbei, und ich
Hab' nicht gezittert.

Hedwig (umarmt ihn).

Ja, du bist mir wieder
Gegeben! Zweimal hab' ich dich geboren!
Zweimal litt ich den Mutterschmerz um dich.
Es ist vorbei — Ich hab' euch beide, beide!
Und heute kommt der liebe Vater wieder!

(Ein Mönch erscheint an der Hausthür.)

Wilhelm.

Sieh', Mutter, sieh' — dort steht ein frommer Bruder;
Gewiß wird er um eine Gabe fleh'n.

Hedwig.

Führ' ihn herein, damit wir ihn erquicken;
Er fühl's, daß er ins Freudenhaus gekommen.

(Geht hinein und kommt bald mit einem Becher wieder.)

Wilhelm (zum Mönch).

Kommt, guter Mann! Die Mutter will Euch laben.

Walther.

Kommt, ruht Euch aus und geht gestärkt von dannen!

---

qu'on me nomme aussi. La flèche de mon père a passé bien près de moi, et je n'ai pas tremblé.

HEDWIG *l'embrasse.* Oui, tu m'es rendu. Deux fois le ciel t'a donné à moi, deux fois j'ai souffert pour toi les douleurs de l'enfantement. A présent, c'est fini! je vous possède tous deux, tous deux, et c'est aujourd'hui que revient votre père chéri. (*Un moine parait à la porte.*)

GUILLAUME. Voyez, mère, voyez: voilà un bon religieux qui vient sans doute demander une aumône.

HEDWIG. Fais-le entrer pour que nous lui donnions de quoi se rafraîchir: qu'il se sente d'être entré dans une maison de bonheur. (*Elle entre, et revient aussitôt avec une coupe.*)

GUILLAUME, *au moine.* Venez, brave homme, ma mère veut vous donner de quoi vous rafraîchir.

WALTHER. Entrez, reposez-vous, et vous partirez ensuite avec de nouvelles forces.

Mönch

(scheu umherblickend, mit verstörten Zügen).

Wo bin ich? Saget an, in welchem Lande?

Walther.

Seid Ihr verirret, daß Ihr das nicht wißt?
Ihr seid zu Bürglen, Herr, im Lande Uri,
Wo man hineingeht in das Schächenthal.

Mönch (zu Hedwig, welche zurückkommt).

Seid Ihr allein? Ist Euer Herr zu Hause?

Hedwig.

Ich erwart' ihn eben—doch was ist Euch, Mann?
Ihr seht nicht aus, als ob Ihr Gutes brächtet.
—Wer Ihr auch seid, Ihr seid bedürftig, nehmt!

(Reicht ihm den Becher.)

Mönch.

Wie auch mein lechzend Herz nach Labung schmachtet,
Nichts rühr' ich an, bis Ihr mir zugesagt—

Hedwig.

Berührt mein Kleid nicht, tretet mir nicht nah'

LE MOINE, *avec un regard effaré et des traits altérés.* Où suis-je, dites-moi dans quelle contrée?

WALTHER. Êtes-vous égaré, que vous ne sachiez pas où vous êtes? Vous êtes à Burglen, dans le canton d'Uri, à l'entrée de la vallée du Schæchen.

LE MOINE, *à Hedwig qui revient.* Êtes-vous seule? Votre mari est-il à la maison?

HEDWIG. Je l'attends d'un moment à l'autre. Mais qu'avez-vous? Votre visage ne me semble pas d'un heureux augure. Qui que vous soyez, vous êtes dans le besoin, prenez. (*Elle lui présente la coupe.*)

LE MOINE. Quoique mon cœur et mes lèvres soient altérés, je ne toucherai rien que vous ne m'ayez dit..

HEDWIG. Ne touchez pas à mes vêtements, ne m'approchez pas.

Bleibt ferne steh'n, wenn ich Euch hören soll.

Mönch.

Bei diesem Feuer, das hier gastlich lodert,
Bei Eurer Kinder theurem Haupt, das ich
Umfasse—

(Ergreift die Knaben.)

Hedwig.

Mann, was sinnet Ihr? Zurück
Von meinen Kindern!—Ihr seid kein Mönch! Ihr seid
Es nicht! Der Friede wohnt in diesem Kleide;
In Euren Zügen wohnt der Friede nicht.

Mönch.

Ich bin der unglückseligste der Menschen.

Hedwig.

Das Unglück spricht gewaltig zu dem Herzen;
Doch Euer Blick schnürt mir das Innre zu.

Walther (aufspringend).

Mutter, der Vater!

(Eilt hinaus.)

Hedwig.

O mein Gott!

(Will nach, zittert und hält sich an.)

Restez à distance, si vous voulez que je vous écoute.

LE MOINE. Par ce feu qui brille au foyer hospitalier, par vos enfants chéris que j'embrasse... (*Il prend les enfants.*)

HEDWIG. Étranger, quel est votre pensée? Éloignez-vous de mes enfants. Vous n'êtes pas un religieux, non, vous ne l'êtes pas. Cet habit est un symbole de paix, et la paix ne respire point sur votre visage.

LE MOINE. Je suis le plus malheureux des hommes.

HEDWIG. La voix du malheur est puissante sur mon âme, mais mon cœur se ferme à votre aspect.

WALTHER *s'élançant.* Ma mère, voici mon père. (*Il sort en courant.*)

HEDWIG. O mon Dieu! (*Elle veut sortir, elle tremble et s'arrête.*)

Wilhelm (eilt nach).

Der Vater!

Walther (draußen).

Da bist du wieder!

Wilhelm (draußen).

Vater, lieber Vater!

Tell (draußen).

Da bin ich wieder — Wo ist eure Mutter?

(Treten herein.)

Walther.

Da steht sie an der Thür und kann nicht weiter,
So zittert sie vor Schrecken und vor Freude.

Tell.

O Hedwig! Hedwig! Mutter meiner Kinder!
Gott hat geholfen — Uns trennt kein Tyrann mehr.

Hedwig (an seinem Halse).

O Tell! Tell! welche Angst litt ich um dich!

(Mönch wird aufmerksam.)

Tell.

Vergiß sie jetzt und lebe nur der Freude!
Da bin ich wieder! Das ist meine Hütte!
Ich stehe wieder auf dem Meinigen!

GUILLAUME *courant au devant de son père.* Mon père!

WALTHER, *dehors.* Te voilà de retour?

GUILLAUME, *dehors.* Mon cher père! mon cher père!

TELL, *dehors.* Me voilà revenu. Où est votre mère? (*Ils entrent.*)

WALTHER. Elle est là sur la porte, et ne peut avancer, tant elle tremble de peur et de joie.

TELL. O Hedwig, Hedwig, mère de mes enfants, Dieu nous est venu en aide. Aucun tyran ne nous séparera plus.

HEDWIG *se jette dans ses bras.* O Tell, Tell, quelle angoisse ai-je soufferte pour toi! (*Le moine devient attentif.*)

TELL. Oublie-la maintenant, et ne vis plus que pour la joie. Me voilà de retour; voici ma demeure. Je me retrouve chez moi.

Wilhelm.

Wo aber hast du deine Armbrust, Vater?
Ich seh' sie nicht.

Tell.

Du wirst sie nie mehr seh'n.
An heil'ger Stätte ist sie aufbewahrt;
Sie wird hinfort zu keiner Jagd mehr dienen.

Hedwig.

O Tell! Tell!

(Tritt zurück, läßt seine Hand los.)

Tell.

Was erschreckt dich, liebes Weib?

Hedwig.

Wie — wie kommst du mir wieder? — Diese Hand
— Darf ich sie fassen? — Diese Hand — O Gott!

Tell (herzlich und muthig).

Hat euch vertheidigt und das Land gerettet;
Ich darf sie frei hinauf zum Himmel heben.

(Mönch macht eine rasche Bewegung, er erblickt ihn.)

Wer ist der Bruder hier?

Hedwig.

Ach, ich vergaß ihn!
Sprich du mit ihm, mir graut in seiner Nähe.

GUILLAUME. Où est ton arbalète, mon père? je ne la vois pas.

TELL. Tu ne la verras plus; elle est déposée dans un lieu saint; je ne la porterai plus à la chasse.

HEDWIG. O Tell, Tell! (*Elle recule, et abandonne sa main.*)

TELL. Qui t'effraie encore, ma chère femme?

HEDWIG. Quoi?... quoi?... te voilà revenu... cette main... je puis encore la presser... cette main... ô Dieu!

TELL, *d'un ton tendre et résolu.* Cette main vous a défendus, elle a sauvé le pays. Je puis l'élever libre vers le ciel. (*Le moine fait un mouvement brusque; Tell l'aperçoit.*) Quel est ce religieux?

HEDWIG. Ah! je l'oubliais. Parle-lui. Son aspect me fait peur.

Mönch (tritt näher).

Seid Ihr der Tell, durch den der Landvogt fiel?

Tell.

Der bin ich, ich verberg' es keinem Menschen.

Mönch.

Ihr seid der Tell! Ach, es ist Gottes Hand,
Die unter Euer Dach mich hat geführt.

Tell (mißt ihn mit den Augen).

Ihr seid kein Mönch! Wer seid Ihr?

Mönch.

Ihr erschlugt
Den Landvogt, der Euch Böses that — Auch ich
Hab' einen Feind erschlagen, der mir Recht
Versagte — Er war Euer Feind, wie meiner —
Ich hab' das Land von ihm befreit

Tell (zurückfahrend).

Ihr seid —
Entsetzen! — Kinder! Kinder, geht hinein!
Geh', liebes Weib! Geh'! Geh'! — Unglücklicher,
Ihr wäret —

Hedwig.

Gott, wer ist es?

LE MOINE *s'approche*. Êtes-vous ce Tell dont la main a tué le gouverneur?

TELL. Oui, je le suis, je ne le nierai devant aucun homme.

LE MOINE. Vous êtes Tell. Ah! c'est la main de Dieu qui m'a conduit sous votre toit.

TELL *fixe ses regards sur lui*. Vous n'êtes pas un religieux? Qui êtes-vous?

LE MOINE. Vous avez frappé le gouverneur qui avait été cruel envers vous, moi j'ai tué un ennemi qui me refusait mes droits... C'était votre ennemi comme le mien. J'ai délivré la contrée de cet homme.

TELL, *reculant*. Vous êtes... oh! c'est horrible.... Enfants, enfants, rentrez.... Va, ma chère femme... va. Malheureux! vous seriez....

HEDWIG. Dieu! qui est-il?

Tell.

Frage nicht!
Fort! fort! Die Kinder dürfen es nicht hören.
Geh' aus dem Hause — weit hinweg! — Du darfst
Nicht unter einem Dach mit diesem wohnen.

Hedwig.

Weh' mir, was ist das? Kommt!

(Geht mit den Kindern.)

Tell (zu dem Mönch).

Ihr seid der Herzog
Von Oesterreich — Ihr seid's! Ihr habt den Kaiser
Erschlagen, euern Ohm und Herrn.

Johannes Parricida.

Er war
Der Räuber meines Erbes.

Tell.

Euern Ohm
Erschlagen, Euern Kaiser! Und Euch trägt
Die Erde noch! Euch leuchtet noch die Sonne!

Parricida.

Tell, hört mich, eh' Ihr —

Tell.

Von dem Blute triefend
Des Vatermordes und des Kaisermords,

TELL. Ne le demande pas. Éloignez-vous, éloignez-vous! les enfants ne doivent pas l'entendre... Sors de la maison... loin d'ici... Tu ne peux rester sous le même toit que cet homme.

HEDWIG. Juste ciel! qu'est-ce donc? Venez. (*Elle sort avec les enfants.*)

TELL, *au moine*. Vous êtes le duc d'Autriche? Vous l'êtes; vous avez assassiné l'Empereur votre oncle et votre maître?

JEAN LE PARRICIDE. Il m'avait ravi mon héritage...

TELL. Assassiné votre oncle, votre Empereur! Et la terre vous porte encore! et le soleil vous éclaire encore!

LE PARRICIDE. Tell, écoutez-moi, avant de...

TELL. Et couvert encore du sang de ton père, du sang de ton Em-

Wagst du zu treten in mein reines Haus?
Du wagst's, dein Antlitz einem guten Menschen
Zu zeigen und das Gastrecht zu begehren?

Parricida.

Bei Euch hofft' ich Barmherzigkeit zu finden;
Auch Ihr nahmt Rach' an Eurem Feind.

Tell.

Unglücklicher!
Darfst du der Ehrsucht blut'ge Schuld vermengen
Mit der gerechten Nothwehr eines Vaters?
Hast du der Kinder liebes Haupt vertheidigt?
Des Herdes Heiligthum beschützt? Das Schrecklichste,
Das Letzte von den Deinen abgewehrt?
—Zum Himmel heb' ich meine reinen Hände,
Verfluche dich und deine That.—Gerächt
Hab' ich die heilige Natur, die du
Geschändet—Nichts theil' ich mit dir—Gemordet
Hast du, ich hab' mein Theuerstes vertheidigt.

Parricida.

Ihr stoßt mich von Euch, trostlos, in Verzweiflung?

pereur, tu oses entrer dans cet innocent asyle? tu oses montrer ta figure à un honnête homme, et réclamer de lui l'hospitalité?

LE PARRICIDE. J'espérais trouver de la commisération près de vous; car vous vous êtes aussi vengé de votre ennemi.

TELL. Malheureux! oses-tu comparer l'œuvre sanglante de l'ambition avec la juste défense d'un père? Avais-tu à défendre la tête chérie de tes enfants, à protéger le sanctuaire de ton foyer, à préserver les tiens de la plus terrible catastrophe? J'élève vers le ciel mes mains pures, et je te maudis, toi et ton crime. J'ai vengé les droits sacrés de la nature; toi, tu les as profanés. Je n'ai rien de commun avec toi; j'ai défendu ce que j'avais de plus cher, et toi tu as assassiné.

LE PARRICIDE. Vous me repoussez loin de vous, sans consolation, en proie au désespoir?

Tell.

Mich faßt ein Grausen, da ich mit dir rede.
Fort! Wandle deine fürchterliche Straße!
Lass' rein die Hütte, wo die Unschuld wohnt!

Parricida (wendet sich zu gehen).

So kann ich, und so will ich nicht mehr leben!

Tell.

Und doch erbarmt mich deiner — Gott des Himmels
So jung, von solchem adeligen Stamm,
Der Enkel Rudolphs, meines Herrn und Kaisers,
Als Mörder flüchtig hier an meiner Schwelle,
Des armen Mannes, flehend und verzweifelnd —

(Verhüllt sich das Gesicht.)

Parricida.

O, wenn Ihr weinen könnt, laßt mein Geschick
Euch jammern; es ist fürchterlich — Ich bin
Ein Fürst — ich war's — ich konnte glücklich werden,
Wenn ich der Wünsche Ungeduld bezwang.
Der Neid zernagte mir das Herz — Ich sah
Die Jugend meines Vetters Leopold
Gekrönt mit Ehre und mit Land belohnt,

TELL. Je frémis d'horreur en te parlant. Va-t'en, poursuis ton effroyable chemin, ne souille pas la paisible maison où habite l'innocence.

LE PARRICIDE *se retourne pour sortir.* Désormais je ne puis, je ne veux plus vivre.

TELL. Et pourtant, j'ai pitié de toi... Dieu du ciel! si jeune et d'une race si noble, le petit-fils de Rodolphe, de mon Empereur et maître, poursuivi comme meurtrier, est là sur le seuil de ma porte, sur mon pauvre seuil, suppliant et se désespérant. (*Il se cache la figure.*)

LE PARRICIDE. Oh! si vous pouvez pleurer, laissez-vous émouvoir par mon sort, il est affreux. Je suis un prince, je l'étais, je pouvais vivre heureux, si j'avais réprimé l'impatience de mes désirs. Mais l'envie me rongeait le cœur... Je voyais la jeunesse de mon cousin Léopold couronnée d'honneurs, riche en apanages; et moi, qui étais

Und mich, der gleiches Alters mit ihm war,
In sklavischer Unmündigkeit gehalten —

Tell.

Unglücklicher, wohl kannte dich dein Ohm,
Da er dir Land und Leute weigerte!
Du selbst mit rascher, wilder Wahnsinnsthat
Rechtfertigst furchtbar seinen weisen Schluß.
— Wo sind die blut'gen Helfer deines Mords?

Parricida.

Wohin die Rachegeister sie geführt;
Ich sah sie seit der Unglücksthat nicht wieder.

Tell.

Weißt du, daß dich die Acht verfolgt, daß du
Dem Freund verboten und dem Feind erlaubt?

Parricida.

Darum vermeid' ich alle offne Straßen;
An keine Hütte wag' ich anzupochen —
Der Wüste kehr' ich meine Schritte zu;
Mein eignes Schreckniß, irr' ich durch die Berge,

du même âge que lui, j'étais retenu dans une servile minorité.

TELL. Malheureux! ton oncle te connaissait bien, quand il te refusait tes domaines et tes vassaux. Par la promptitude de ton action féroce et insensée, tu as toi-même cruellement justifié la prudence de ses décisions. Où sont les complices sanglants de ton crime?

LE PARRICIDE. Où les furies vengeresses les ont conduits. Depuis ce fatal attentat, je ne les ai plus revus.

TELL. Sais-tu que la proscription te poursuit? que nul ami ne peut te recevoir, que tout ennemi peut te tuer?

LE PARRICIDE. Voilà pourquoi j'évite les chemins fréquentés, voilà pourquoi je n'ose frapper à aucune porte. Je tourne mes pas vers le désert, ayant horreur de moi-même, j'erre à travers les montagnes,

Und fahre schaudernd vor mir selbst zurück,
Zeigt mir ein Bach mein unglückselig Bild.
O, wenn Ihr Mitleid fühlt und Menschlichkeit—

(Fällt vor ihm nieder.)

Tell (abgewendet).

Steht auf! Steht auf!

Parricida.

Nicht, bis Ihr mir die Hand gereicht zur Hülfe.

Tell.

Kann ich Euch helfen? Kann's ein Mensch der Sünde?
Doch stehet auf—Was Ihr auch Gräßliches
Verübt—Ihr seid ein Mensch—Ich bin es auch—
Vom Tell soll keiner ungetröstet scheiden—
Was ich vermag, das will ich thun.

Parricida.

(aufspringend und seine Hand mit Heftigkeit ergreifend).

O Tell!
Ihr rettet meine Seele vor Verzweiflung.

Tell.

Laßt meine Hand los—Ihr müßt fort. Hier könnt

---

et quand ma malheureuse image se reflète dans un ruisseau, je recule avec effroi devant elle. Oh! si vous éprouviez quelque sentiment de pitié et d'humanité... (*Il se prosterne devant lui.*)

TELL, *se détournant.* Levez-vous! levez-vous!

LE PARRICIDE. Non, jusqu'à ce que vous m'ayez tendu une main secourable...

TELL. Puis-je vous aider? Que peut faire un pauvre mortel? Mais levez-vous... Si affreux que soit votre crime, vous êtes homme, vous êtes mon semblable... Personne ne quittera Tell sans consolation. Ce que je puis faire, je le ferai.

LE PARRICIDE *se lève précipitamment et lui prend la main avec vivacité.* O Tell! vous sauvez mon âme du désespoir!

TELL. Laissez ma main, partez; vous ne pouvez rester ici sans être

Ihr unentdeckt nicht bleiben, könnt entdeckt
Auf Schutz nicht rechnen — Wo gedenkt Ihr hin?
Wo hofft Ihr Ruh' zu finden?

Parricida.

Weiß ich's? Ach!

Tell.

Hört, was mir Gott ins Herz gibt — Ihr müßt fort
Ins Land Italien, nach Sanct Peters Stadt!
Dort werft Ihr Euch dem Papst zu Füßen, beichtet
Ihm Eure Schuld und löset Eure Seele.

Parricida.

Wird er mich nicht dem Rächer überliefern?

Tell.

Was er Euch thut, das nehmet an von Gott!

Parricida.

Wie komm' ich in das unbekannte Land?
Ich bin des Wegs nicht kundig, wage nicht
Zu Wanderern die Schritte zu gesellen.

Tell.

Den Weg will ich Euch nennen, merket wohl!

découvert; et si vous êtes découvert, vous ne pouvez compter sur mon appui. Où pensez-vous aller? Où espérez-vous trouver du repos?

LE PARRICIDE. Le sais-je? hélas!

TELL. Écoutez ce que Dieu m'inspire. Il faut que vous alliez en Italie, dans la ville de saint Pierre. Jetez-vous aux pieds du pape, confessez votre crime, et délivrez votre âme.

LE PARRICIDE. Ne me livrera-t-il pas aux coups de la vengeance?

TELL. Quoi qu'il fasse, soumettez-vous à la volonté de Dieu.

LE PARRICIDE. Comment arriver dans cette terre inconnue? J'ignore le chemin et je n'oserai me joindre aux voyageurs.

TELL. Je veux vous indiquer la route. Écoutez bien : vous monte-

Ihr steigt hinauf, dem Strom der Reuß entgegen,
Die wildes Laufes von dem Berge stürzt —

Parricida (erschrickt).

Seh' ich die Reuß? Sie floß bei meiner That.

Tell.

Am Abgrund geht der Weg, und viele Kreuze
Bezeichnen ihn, errichtet zum Gedächtniß
Der Wanderer, die die Lawine begraben.

Parricida.

Ich fürchte nicht die Schrecken der Natur,
Wenn ich des Herzens wilde Qualen zähme.

Tell.

Vor jedem Kreuze fallet hin und büßet
Mit heißen Reuethränen Eure Schuld —
Und seid Ihr glücklich durch die Schreckensstraße,
Sendet der Berg nicht seine Windeswehen
Auf Euch herab von dem beeis'ten Joch,
So kommt Ihr auf die Brücke, welche stäubet.
Wenn sie nicht einbricht unter Eurer Schuld,

rez le cours de la Reuss qui du haut des montagnes précipite ses flots écumants....

LE PARRICIDE. Reverrai-je la Reuss? C'est sur ses bords que j'ai commis mon crime.

TELL. Le chemin suit le bord de l'abîme ; on y trouve grand nombre de croix élevées en mémoire des voyageurs ensevelis sous l'avalanche.

LE PARRICIDE. Je ne crains pas les horreurs de la nature, si je puis dompter les cruels tourments de mon cœur.

TELL. Tombez à genoux devant chaque croix, expiez votre crime par les larmes d'un ardent repentir, et si vous parvenez à passer heureusement cette route terrible, si du sommet des montagnes de glace les avalanches ne se précipitent pas sur vous, vous arriverez sur l'humide pont du Diable. S'il ne s'écroule point sous le poids de

Wenn Ihr sie glücklich hinter Euch gelassen,
So reißt ein schwarzes Felsenthor sich auf;
Kein Tag hat's noch erhellt — da geht Ihr durch,
Es führt Euch in ein heitres Thal der Freude —
Doch schnellen Schritts müßt Ihr vorüber eilen;
Ihr dürft nicht weilen, wo die Ruhe wohnt.

Parricida.

O Rudolph! Rudolph! Königlicher Ahn!
So zieht dein Enkel ein auf deines Reiches Boden!

Tell.

So immer steigend kommt Ihr auf die Höhen
Des Gotthardts, wo die ew'gen Seen sind,
Die von des Himmels Strömen selbst sich füllen.
Dort nehmt Ihr Abschied von der deutschen Erde,
Und muntern Laufs führt Euch ein andrer Strom
Ins Land Italien hinab, Euch das gelobte —

(Man hört den Kuhreihen, von vielen Alphörnern geblasen.)

Ich höre Stimmen. Fort!

votre crime, si vous le traversez sans accident, alors s'ouvrira devant vous une sombre entrée taillée dans les rochers. Le jour n'y a jamais pénétré. Vous la traversez, et elle vous conduit dans une riante et heureuse vallée. Parcourez-la d'un pas rapide, car vous ne devez pas vous arrêter aux lieux où habite le repos.

LE PARRICIDE. O Rodolphe! Rodolphe! o mon royal aïeul! faut-il que ton petit-fils passe ainsi sur le sol de ton empire!

TELL. En montant toujours, vous arriverez sur la cime du Saint-Gotthardt, où se trouvent les lacs éternels alimentés par les torrents du ciel. Là, vous quittez les contrées allemandes, et le cours rapide d'un autre fleuve vous conduira en Italie, dans la terre de salut. *(On entend le ranz des vaches et le son de nombreuses trompes.)* J'entends des voix. Allez.

Hedwig (eilt herein).

Wo bist du, Tell?
Der Vater kommt! Es nah'n in frohem Zug
Die Eidgenossen alle—

Parricida (verhüllt sich).

Wehe mir!
Ich darf nicht weilen bei den Glücklichen.

Tell.

Geh', liebes Weib! Erfrische diesen Mann!
Belad' ihn reich mit Gaben; denn sein Weg
Ist weit, und keine Herberg' findet er.
Eile! Sie nah'n.

Hedwig.

Wer ist er?

Tell.

Forsche nicht!
Und wenn er geht, so wende deine Augen,
Daß sie nicht sehen, welchen Weg er wandelt!

(Parricida geht auf den Tell zu mit einer raschen Bewegung; dieser aber bedeutet ihn mit der Hand und geht. Wenn beide zu verschiednen Seiten abgegangen, verändert sich der Schauplatz, und man sieht in der

HEDWIG *accourt.* Où es-tu, Tell? Voici mon père et l'assemblée joyeuse des confédérés.

LE PARRICIDE, *se cachant la tête.* Malheur à moi! je ne puis m'arrêter là où habite le bonheur.

TELL. Va, chère femme. Donne à cet homme ce qu'il faut pour le rafraîchir, et charge-le de provisions, car sa route est longue, et il ne trouvera point de gîte. Va, hâte-toi. Ils approchent.

HEDWIG. Qui est-il?

TELL. Ne le demande pas; et quand il partira, détourne les yeux, afin de ne pas voir la route qu'il prend. (*Le parricide s'approche vivement de Tell. Mais celui-ci lui fait un signe de la main et s'éloigne. Quand tous deux sont sortis d'un côté différent, la scène change.*)

Letzten Scene

den ganzen Thalgrund vor Tells Wohnung, nebst den Anhöhen, welche ihn einschließen, mit Landleuten besetzt, welche sich zu einem Ganzen gruppiren. Andre kommen über einen hohen Steg, der über den Schächen führt, gezogen. Walther Fürst mit den beiden Knaben, Melchthal und Stauffacher kommen vorwärts; andre drängen nach: wie Tell heraustritt, empfangen ihn alle mit lautem Frohlocken.)

Alle.

Es lebe Tell! der Schütz' und der Erretter!

(Indem sich die Vordersten um den Tell drängen und ihn umarmen, erscheinen noch Rudenz und Bertha, jener die Landleute, diese die Hedwig umarmend. Die Musik vom Berge begleitet diese stumme Scene. Wenn sie geendigt, tritt Bertha in die Mitte des Volks.)

Bertha.

Landleute! Eidgenossen! Nehmt mich auf

SCÈNE III.

On voit le fond de la vallée devant la maison de Tell ; près de là le côteau couvert de paysans qui forment différents groupes. D'autres descendent des hauteurs par un sentier qui conduit vers le Schæchen. WALTHER FURST s'avance avec les deux enfants, MELCHTHAL, STAUFFACHER et quelques autres. Au moment où TELL paraît, on l'accueille avec des démonstrations de joie.

TOUS. Vive Tell le chasseur et le libérateur! (*Pendant que ceux qui sont sur le devant de la scène se pressent autour de Tell et l'embrassent, apparaît Rudenz qui embrasse les paysans, et Berthe qui embrasse Hedwig. La musique accompagne cette scène muette. Un moment après, Berthe s'avance au milieu du peuple.*)

BERTHE. Amis et confédérés, admettez dans votre alliance la femme

In euern Bund, die erste Glückliche,
Die Schutz gefunden in der Freiheit Land.
In eure tapfre Hand leg' ich mein Recht.
Wollt ihr als eure Bürgerin mich schützen?

Landleute.

Das wollen wir mit Gut und Blut.

Bertha.

Wohlan!
So reich' ich diesem Jüngling meine Rechte,
Die freie Schweizerin dem freien Mann!

Rudenz.

Und frei erklär' ich alle meine Knechte.

(Indem die Musik von neuem rasch einfällt, fällt der Vorhang.

qui, la première, a eu le bonheur de trouver assistance sur la terre de la liberté. Je dépose mes droits entre vos vaillantes mains, voulez-vous me protéger comme votre concitoyenne?

LES PAYSANS. Oui, de nos biens et de notre sang.

BERTHE. Eh bien! je donne ma main à ce jeune homme. La libre citoyenne suisse devient l'épouse de l'homme libre.

RUDENZ. Et moi, je déclare libres tous mes serfs.

La musique recommence. Le rideau tombe.

PARIS. IMPRIMERIE LAHURE
9, rue de Fleurus, 9

TRADUCTIONS FRANÇAISES

D'AUTEURS CLASSIQUES ALLEMANDS

Auerbach: *Scènes villageoises de la Forêt-Noire*. Traduction de M. Lang, professeur au collège Janson-de-Sailly, sans le texte. 1 vol. petit in-16. 1 fr. 50

Benedix: *Le Procès*. Traduction de M. [illegible], avec le texte. 1 vol. in-16, broché. [illegible]

— *L'Entêtement*. Traduction par le même, avec le texte. 1 vol. in-16, broché. [illegible]

Chamisso: *Pierre Schlemihl*. Traduction sans le texte. 1 vol. petit in-16, broché. 1 fr.

Goethe: *Campagne de France*. Traduction de M. Porchat, sans le texte. 1 vol. petit in-16, broché. 2 fr.

— *Faust*, 1re partie. Traduction de M. Porchat, revue par M. Büchner, sans le texte. 1 vol. petit in-16, broché. 2 fr.

— *Hermann et Dorothée*. Traduction de M. B. Lévy, avec le texte. 1 vol. in-16, broché. 1 fr. 50

— *Iphigénie en Tauride*. Traduction de M. B. Lévy, avec le texte. 1 vol. in-16, broché. 2 fr.

— *Le Tasse*. Traduction de M. Jacques Porchat, avec le texte. 1 vol. in-16, broché. [illegible]

Krummacher: *Paraboles*. Traduction française de l'abbé Bautain, sans le texte. 1 vol. in-16, broché. 1 fr. [illegible]

Lessing: *Dramaturgie de Hambourg*. Extraits de M. [illegible], trad. par M. [illegible], avec le texte. 1 vol. in-16, broché. 2 fr.

— *Lettres sur la littérature moderne et Lettres archéologiques*. Traduction de M. [illegible], sans le texte. 1 vol. petit in-16. 2 fr. 50

— *Laocoon*. Traduction de M. Courtin, sans le texte. 1 vol. petit in-16, broché. [illegible]

— *Minna de Barnhelm*. Traduction de M. Lang, sans le texte. 1 vol. petit in-16, broché. 2 fr.

Niebuhr: *Histoires tirées des temps héroïques de la Grèce*. Traduction de M. Koch, avec le texte. 1 vol. in-16, broché. 1 fr. [illegible]

Schiller: *Histoire de la guerre de Trente ans*. Traduction de M. Ad. Regnier, sans le texte. 1 vol. in-16, broché. 3 fr. 50

— *Histoire de la révolte des Pays-Bas*. Traduction de M. Ad. Regnier, sans le texte. 1 vol. petit in-16, broché. 3 fr.

— *Jeanne d'Arc*. Traduction de M. Ad. Regnier, sans le texte. 1 vol. petit in-16, broché. 2 fr.

— *Guillaume Tell*. Traduction de M. Fix, avec le texte. 1 volume in-16, broché. 1 fr. 50

— *La Fiancée de Messine*. Traduction de M. Ad. Regnier, avec le texte. 1 vol. in-16, broché. [illegible]

— *Marie Stuart*. Traduction de M. Fix, avec le texte. 1 volume in-16, broché. [illegible]

— *Wallenstein*, poème en trois parties. Traduction française de M. Ad. Regnier, sans le texte. 1 vol. petit in-16, broché. 3 fr.

Schiller et Goethe: *Extraits de leur correspondance*. Traduction de M. B. Lévy, sans le texte. 1 vol. petit in-16, broché. 3 fr. 50

Schmid: *Cent contes*. Traduction de M. Scherdlin, avec le texte. 1 vol. in-16, broché. 2 fr.

[illegible] — Imprimerie A. Lahure, rue de Fleurus, 9, à Paris.

www.ingramcontent.com/pod-product-compliance
Ingram Content Group UK Ltd.
Pitfield, Milton Keynes, MK11 3LW, UK
UKHW012204240726
13966UKWH00002B/575

9 782012 197916